中國學術思想 研究輯刊

二九編

林 慶 彰 主編

第3冊

駱香林：儒家型知識分子研究

黃 憲 作 著

花木蘭文化事業有限公司

國家圖書館出版品預行編目資料

駱香林：儒家型知識分子研究／黃憲作 著 — 初版 — 新北市：
花木蘭文化事業有限公司，2019〔民108〕
目 2+236 面；19×26 公分
（中國學術思想研究輯刊 二九編；第 3 冊）
ISBN 978-986-485-705-0（精裝）
1. 駱香林 2. 學術思想 3. 儒家
030.8   108001199

ISBN-978-986-485-705-0

9 789864 857050

中國學術思想研究輯刊
二九編 第三冊   ISBN：978-986-485-705-0

駱香林：儒家型知識分子研究

作　　者　黃憲作
主　　編　林慶彰
總 編 輯　杜潔祥
副總編輯　楊嘉樂
編　　輯　許郁翎、王　筑　美術編輯　陳逸婷
出　　版　花木蘭文化事業有限公司
發 行 人　高小娟
聯絡地址　235 新北市中和區中安街七二號十三樓
　　　　　電話：02-2923-1455／傳眞：02-2923-1452
網　　址　http://www.huamulan.tw 信箱 hml810518@gmail.com
印　　刷　普羅文化出版廣告事業
封面設計　劉開工作室
初　　版　2019 年 3 月
全書字數　220232 字
定　　價　二九編 15 冊（精裝）新台幣 28,000 元

駱香林：儒家型知識分子研究

黃憲作　著

作者簡介

黃憲作，國立東華大學中國語文學系博士，現任佛光大學副教授。著有詩集《野薑花的秘密》（高雄縣文化局，1994），研究論文《在地與流離：駱香林花蓮之居與游》（花蓮縣文化局，2009），台灣古典文學精選賞析《駱香林集》（國立台灣文學館，2013），自然書寫《鯉魚潭自然誌》（花蓮縣文化局，2013）。

提　要

　　本論文係針對駱香林從日治時期到戰後國民黨政府時期的研究，綜合其思想與行動而歸類為儒家型知識分子。所謂「知識分子」一詞係來自西方的現代概念，尤其是「德雷福斯事件」改變了其內涵，係指掌握知識的職業人，具有游離與無根性，不依賴於政治體制與利益團體，保障了對真理的獲取及道德的判斷，超越各階層或黨派的利益，扮演社會良知與理性的代言人。儒家型知識分子則是中國傳統帝國獨尊儒術以來，承擔道統與政統繫於一身的代表，是中國傳統社會倫常與道德的代表與發言人。中西知識分子兩者之間有極大的落差，西方在現代化之後的知識分子已經獲得超然的立場，而儒家型知識分子則常局限於意識形態而代表上層社會，向下層社會灌輸與傳播意識形態，自覺或不自覺的為當權者建立文化霸權。駱香林生於1895年，當時台灣為日本統治，駱香林因為民族主義的意識形態，堅持承擔漢文化的傳播而對抗殖民政府，導致家毀人亡，移居花蓮，備受花蓮民眾尊崇。終戰後，國民黨政府接收台灣不當導致發生二二八事件，駱香林此時挺身而出，一方面避免濫權捕抓無辜者，一方面擔任「再中國化」的協力者，安定社會人心，完美詮釋了儒家型知識分子的社會作用。國民黨政府認為台灣人的反抗，是被日本殖民統治「奴化」過深所導致，因此竭力於中國傳統文化的重建，建構統治合法性與正當性的文化霸權。駱香林不但擔任《花蓮縣志》的總編纂，而且協助《台灣省通志》〈名勝古蹟〉的供稿與攝影，在國家認同的大敘事竭盡心力。但是時代的腳步不停歇，卻發現他心目中的家鄉──台北──在現代化的進程中已經變了樣，回過頭來看到花蓮也正在改變當中，於是自行出版《題詠花蓮風物》與《俚歌百首》、《俚歌百首二集》，對現代化加以批判。顯示駱香林仍停留在中體西用的思維，因強國意識支持政府工業化政策，一方面又感嘆資本主義的現代化造成道德與文化淪喪，這樣的矛盾普遍存在儒家型知識分子當中。

謹以此書
獻給我敬愛的父親、母親

致謝辭——代序

我在學術的路上趑趄而行，不是能力的問題，而是選擇的問題。

念完碩士，對於追求知識的熱情還在，但是在花蓮山水清明的環境下，我選擇了文學創作，在此我完成第一本詩集，並開拓新的寫作題材——自然書寫。然而幾番周折，終究在碩士畢業十年後重返學術殿堂攻讀博士學位，這事在意料之外，情理之中，因為廣設大學後，學歷貶值得厲害。轉身成為學術的學徒，必然割捨我所喜愛的自然觀察與自然寫作，掙扎了一年，終於屈服，畢竟在台灣很難以文學創作為業。學術之路其實沒那麼好走，雖然顏崑陽老師已經為我鋪好路，帶我做花蓮文學史料蒐集，重新點燃了我的學術熱情，研究發表後引來施懿琳老師邀我加入《全台詩》的團隊，這時才剛考上博士班呢！

東華大學博士班為我打開學術的大門，建立研究的新觀念和方法，與教授和諸學友的論學總能帶來大腦與心臟的刺激，寫論文也能像文學創作一般有趣。可是，很快兩年修完課，開始獨力與論文奮戰，每次滿懷興奮的與指導教授——顏崑陽老師——討論，走出老師的研究室門外就像洩了氣的皮球，再也提不起一點勁，要達到老師的要求好難。期間遭遇了中年危機，在精神上不斷的自我否定，身體健康也亮起紅燈，腰背痛到無法坐在書桌前，要如何做研究？於是把以前寫的論文組合成《在地與流離：駱香林花蓮之居與游》一書出版，升等成功。那我還需要寫博士論文嗎？我錯估了台灣文憑主義的威力，在大學職場中，職等不如博士文憑，要轉換學校，沒有博士學位是行不通的，我只能重新與博士論文奮戰。這時台灣高教環境嚴重惡化的程度，就如顏崑陽老師〈哀大學〉系列文章所寫的那樣，而我正身陷在其中，

讓我更深切的思考論文主題，面對考驗，知識分子處事的態度，是選擇與環境對抗或退縮還是妥協？

在各個求學階段，父母親很少干涉我，大學聯考選填志願時，他們對我的要求不多，只要當個平凡的小老百姓，有一技之長能養活自己就好。他們的放任讓我能夠隨著自己的心意，優游於知識與文學之林。然而這個糾纏我近十年的博士學位，卻讓父母親憂心忡忡，叨念著「博士怎麼那麼難念，不要讀算了！」父親更加碼說：「學校的工作沒有了也沒關係！」他一度要把家裡的農地賣掉，讓我在花蓮買地經營民宿。很感謝他們對我幾近溺愛的包容，使我沒有後顧之憂，加上太太的安慰、打氣，我才有力氣撐下去。

說起來也是幸運，在休學的最後一年，我打電話到教務處詢問辦理退學的程序，其實不管有沒有去辦，學校都會把我退學，我心想自己退總比被學校退好，沒想到教務處人員告訴我還有一年的時間，不用退學，反而催促我趕快辦復學。這戲劇性的轉折，是因為東華大學與花蓮教育大學合併，兩校的規定不同，所以……。總之，就是我的畢業年限還有一年，這時我看到一道光──天意不可違。於是重振精神，細細擬定作戰策略，規定自己每天寫作要達到多少字數的量。其實扣掉學校各項作業程序的時間，只有八個月可寫，看起來是不可能的任務，卻如有神助般，一路順暢地寫下去，時間到，羞赧地交出論文，出乎意料的，指導老師沒有太多意見，很快地幫我安排初審與口試，然後就拿到學位了！

雖然拿到學位，其實心裡很羞愧，我以為是指導老師放水才能拿到這學位，所以一直不敢再看這論文一眼。不料事隔七年後，老師竟然要把我的論文推薦出版，因為上述的原因我拒絕了。老師說：「我怎麼可能放水！」真的嗎？想想老師的行事作風，確實如此，他是不可能放水的。再想想，我也的確寫出一些被肯定的論文，可見我的學術能力並沒有自己想像中的差。也許是在被老師鍛鑄的過程中，把自己的一些缺點鎔鑄掉，重新鍛造成功。現在又因為老師的推薦，我才有信心把這本論文拿來出版，最近重看，有些缺點很明顯，畢竟當時的時間不多，現在也是如此，所以明知缺點所在，還是沒有時間好好地修改，只好安慰自己，要改永遠改不完，就以它最原始的樣貌面世吧！畢竟這個題材比較少人觸及，對此領域有興趣者，興許這論文也能提供一些墊腳的材料。

目

次

第一章 緒 論

第一節 研究動機

「所有的歷史都是當代史」，克羅齊如是說，原本已經是過去了的人物、事件，又在我們的言說間有了新生命。我在寫完〈後山桃花源——論駱香林「桃花源」世界的追尋與「後山」的地方認同、建構〉之後，我想，該寫的都寫了，應該不會再有駱香林相關的研究了。豈知這是起點而非終點，因為那篇論文引來更多的邀約，陸續接到《東海岸評論》、台北市立美術館《躡影追飛——駱香林攝影的畫境》與東華大學「後山人文講座」的邀請，引發出更多的研究，之後甚至產出《在地與流離：駱香林花蓮之居與游》這本論文集。因此，我知道駱香林還「活著」，我感受到駱香林真實的生命力，堅持一貫之道，卻又不忘生活美學的追尋，是一個令人敬佩的文學家與儒家型知識分子。

駱香林不僅是文人，也是政治人與社會人，本書係上述駱香林研究的延續，針對駱香林政治面與社會面的研究，他的思想核心是儒學，社會身分是知識分子，歸屬於儒家型的知識分子類型。他所強調的生活價值是以民族、國家為依歸，以道德、倫理為規範的傳統社會，我以為那些是陳腐的封建思想，應該早就被時代淘汰了，但事實並非如此，時代的進步並沒有想像中的快，即使科技不斷在翻新，文化的核心結構並未隨之翻轉。例如五四新文化運動認定儒家妨礙中國的現代化與進步，所以要打倒儒家及其以家庭倫理為核心的思想，然而幾番政治、社會文化的翻轉，儒家文化傳統依然盤踞於中

國人／台灣人的心靈，在台灣被日本化與現代化之後，對於「祖國」的殷殷期盼，和那些被隱藏的宗教信仰的神像一樣，並非不存在，只是隱匿不顯。新統治者在 1945 年漂洋過海而來，積極施行去日本化與再中國化的文化重構，1949 年的大撤退後「再中國化」更加如火如荼的展開，透過「中華文化復興運動」進一步的全面深化。國府統治危機因為冷戰對峙趨緩，在美國的支援下，台灣經濟起飛，現代化／西化派似乎占了上風，駱香林在《俚歌百首》裡聲聲呼喚，透露出傳統文化面對西化變遷的焦慮心態，延續著「中體西用」的思維，硬體的現代化則可，精神文明的現代化則期期以為不可。曾幾何時，在晚清以來被認為阻礙中國進步的儒家，卻被視為東亞四小龍經濟成功背後的文化因素而交相讚譽〔註1〕。甚至以掃除儒家「封建毒瘤」、「破四舊、立四新」、「把四書丟到茅坑」而建立「新」中國的中國共產黨，在文革結束後也在世界各地建立「孔子學院」來跟台灣、新加坡搶當儒家代言人，民間更吹起「兒童讀經」的風潮，最近甚至在天安門廣場邊立起孔子的塑像〔註2〕，讓人有時空錯置的感覺。有趣的是，中國網路文章與調查似乎反對的聲音居多，台灣媒體上正反意見都有，許又方表示贊成：「中共尊孔，好的開始」〔註3〕，金恆煒則以嘲弄的方式稱：「你孔子我四書，麻吉麻吉」〔註4〕，因為

〔註1〕 顧忠華〈資本主義與中華文化〉：「八十年代開始，東亞『四小龍』（台灣、韓國、新加坡、香港）的經濟成長引起世人矚目，也出現不少各式各樣的學理解釋。有些學者認為，這些地區可算是『儒家文化圈』，經濟上的成就應該和文化因素有正面的相關，尤其儒家的價值觀如節儉、勤勞、注重教育、照顧家庭等美德，都對經濟的繁榮有所幫助。綜合這些『文化論』的意見，金耀基於是宣稱『韋伯錯了！』，韋伯的中國命題正式遭到東亞地區經驗事實的挑戰，儒家倫理不但不是阻礙經濟的因素，反而有促進經濟發展的作用。一時之間，『儒家倫理』成為交相讚揚的對象，直可媲美新教倫理對西方資本主義的貢獻。」見氏著《社會學理論與社會實踐》（台北：允晨，1999 年），頁 16～17。

〔註2〕 2011 年 1 月 11 日，一座高 9.5 米的孔子塑像在天安門廣場東側的中國國家博物館北門廣場豎立起來。國家博物館館長呂章申受訪時表示，國家博物館北門廣場是重要的觀眾出入口，它面向世界著名的長安大街，並與故宮面對，有特殊的政治與文化地位。而國博是展示悠久中國歷史文化的最高國家殿堂，因此必須選定一件代表性的展品放在此處，增加與這一宏偉莊嚴的建築相映的文化含量，他所謂的代表性展品就是孔子，並稱孔子是中國文化的名片。見《大公報》2011 年 1 月 13 日網路版，網址：http://www.takungpao.com/news/china/2011-01-13/467062.html。

〔註3〕 《中國時報》，〈時論廣場〉，2011 年 1 月 18 日。

〔註4〕 《自由時報》，〈自由廣場〉，2011 年 2 月 15 日。

教育部計劃將「四書」列入高中課綱的必選課，引發了爭議，教育部強硬表示：「今天不做，明天就後悔」〔註5〕。

　　後悔什麼呢？為什麼一個曾經被棄之如敝屣的古老傳統文化，如今卻又大家搶著要恢復？究竟現代社會需不需要儒家文化，或者換一種方式來問，儒家文化對於現代化究竟是正數還是負數？固然文化無對錯之別，但是中國自晚清以來，鴉片戰爭、八國聯軍、甲午戰爭，一再遭受慘敗的羞辱，中國人開始對自家文化的信心動搖進而產生認同危機，終至完全唾棄儒家傳統文化欲除之而後快。中華人民共和國的建國和其後的文化大革命就是順著這一思路的極端發展，從國共鬥爭的結果不妨視之為此一論述的勝利。然而鐘擺總會盪向另一邊，這一股推力可視為傳統文化勢力的反撲，在這一股力量的激盪之下走向另一條路，這一路的發展就是中國國民黨的保守派，與晚清以來的國粹派相同的思路──中體西用──對西方文明接受一半（工業化），另一半則維持儒家的核心價值。這一種模式在台灣因為政治力的關係而獲得發展，在七〇年代的經濟起飛之後，雖然西方學者因東亞儒家的文化模式對經濟發展給予正面評價，但在台灣社會的發展正好相反，在經濟發展使得現代化加速之下，儒家傳統文化再一次迅速流失。在兩種文化模式的衝撞之下，既欲維持民族尊嚴，又想接受西方文化而獲得國家強盛的雙贏顯然並不容易，所以顯得矛盾處處而左支右絀。駱香林的作品，就是這些現象具體的表徵。駱香林辭世那年正好發生中壢事件，其後美麗島事件與解嚴的種種發展，這些民主化的進程正是在經濟發展的基礎上獲得大幅躍進的機會〔註6〕。反觀對岸的發展，不論是激進或保守的知識分子，選擇了馬克思主義或社會主義，其共通點是受儒家「大同」、「均富」等平均主義價值的影響，也就是說，中國共產黨表面上是對傳統儒家的反叛，骨子裡卻是以儒──法霸權為內核，

〔註5〕　《聯合晚報》記者王彩鸝的報導表示：教育部更強調，「這是價值觀問題。今天不做，明天就後悔，30 年後就完全消失」。從語意來分析，所謂「30 年後就完全消失」指的是什麼，應該不是霸凌或道德問題，雖然教育部中教司張明文將閱讀四書的價值指向遏止霸凌與生命教育，但是他又說：「這是教育部主動積極規畫的重要政策，讓高中學生體認中華文化並培養倫理道德觀念。」從這裡我們終於知道教育部焦慮 30 年後會消失的是「中華文化」，因此可以確定這是一個「政治」政策而非「教育」政策。

〔註6〕　台灣因為特殊的經濟發展模式產生以中小企業而非以財團為主流的中產階級，在解嚴以前，這些求變的新生代本土中小企業的中產階級是黨外運動主要的資金來源，對台灣的民主化發展頗有貢獻。

在經過數十年的實驗失敗之後，雖然走向資本主義的道路，卻不願放棄集權走向民主，都是儒——法霸權的核心思想所致。

事實已經證明在西方資本主義的優勢文化衝擊下，任何政體都很難不接受現代化，而自由主義構成西方現代性的根源，自由主義來自個體對自由的追求，強調個體的自由與自我認同並要求他人對自我的尊重，只有這樣，才能從個體中發展出自由的權利訴求。個人主體性的發現孕育於資本主義的市民社會，這與市民社會的商業活動以及宗教改革有關，在宗教上它否定了神聖與超越性之權威對人世的主導，轉而肯定此世的權力，發現了內蘊的世界與人生觀，發展出科學與技術，確立了實證之知識與行動方針，以及促進民主政治〔註7〕。個人的自由與共同體的民主實踐又是分不開的，自由是目的而民主是手段，個人的權利在自然權利的論述中，被賦予一種超越國家和社會之上的道德地位，因而個人享有的基本權利不是國家、社會或任何人與團體所能剝奪的，也就是說個人的存在先於社會或國家〔註8〕。然而人又是群體的動物，人無法脫離群體或社會而存在，個人存在的意義只能以認同的方式才能呈現並獲得正當性，「認同」的本意是「同一性」，因此個人的自我確證又被引向社會之內，市民社會既要尊重個人之特殊性，又必須獲得個人的認同，故又被譯為「公民社會」自有其道理在〔註9〕。「公民」是一個政治人與社會人，在遇到與國家政治和社會利益相關的問題時，作為一個公民的身分是超越其私民的身分，必須以普遍公民的利益為優先，而克服個別私人的利益與人際關係。在大部分西方國家、社會中，這種理念居於主宰地位，而且內化到整個國家社會體制中，無形中形成一種制約力量，足以約束私民心態的破

〔註7〕 參考蔡英文〈現代性與民主制〉，見蔡英文，江宜樺主編《現代性與中國社會文化》（台北：新台灣人基金會，2002年），頁197。

〔註8〕 蔡英文〈現代性與民主制〉，同上注所揭書，頁201。

〔註9〕 陳其南〈公民社會與公民國家〉：「西方的近代文明跟城市市民生活有不可分離的關係，而西方的近代國家形態也就與都市社會共同體和市民成員觀念互為表裡。自古希臘羅馬時代以來，歷經中古世紀，以致近代民族國家的興起，這中間如果沒有城市社會體和市民成員的理念做基礎，那麼西方文明不但不可能，而且連『民主』和『國家』的形態恐怕也不知其意涵。近代民族國家成立以後，雖然國家的成員不再是單純的『市民』，而是『國民』或『公民』了，但原來的用語 citizens 仍然被繼承下來。因此，對西方人而言，『市民』和『公民』實際上是同一個意思。對我們這個時代的人而言，當然『公民』要比『市民』貼切。」見氏著《公民國家意識與台灣政治發展》（台北：允晨，1992年），頁4。

壞作用。也就是說不論是在體制或個人層次，公民意識都必須內化成一種精神和倫理法則，其他所有建立在「公民」成員基礎上的政治體制和社會秩序，才能有效地運轉，這就是契約論的內涵。公民意識與公民倫理不僅是建立一個現代國家和現代社會的基本條件，也是「民主政治」的根本精神所在。民主不只是投票、選舉的形式主義，而是一種社會生活方式。在國家的架構中，由下而上，透過個人沿著不同的層級的社區共同體，往上逐漸形成整個國家的形態，這與中國向來由上而下的中央集權帝國體系架構剛好相反〔註10〕。

　　對於中國傳統思想而言，既沒有現代意義上的個人主義，也沒有現代意義上的集體主義，中國不是沒有個人主義，但他是以自我爲中心的「差序格局」，費孝通稱之爲「自我主義」，而不是現代意義的個人主義。由於中國傳統社會是一血緣性縱貫軸式的組織，因此其社會生活的公共道德，不免受此血緣性縱貫軸的限制，而缺乏近代西方公民社會意義下的共同體意識，自然無法孕育出公民意識。沒有近代國家社會的公民意識，隨著資本主義發展出來的現代社會，瓦解了傳統社會結構，「自我主義」體系的社會無法建立新的符應現代社會的公民道德與公民倫理的價值體系，社會本身也不能自主的經由民主意識來自我約束，以維持社會秩序、提昇社會生活品質。沒有共同體的公民默契，貪婪的人性勢必會瓦解社會整體運作與形象，沒有社會性的公民團體意識，個體的私利考慮必然會敗壞國家與社會集體的秩序。在台灣社會中，現代國家所需的公民意識遲遲無法建立，就是因爲傳統文化的保守勢力對於全面西化的抵制，而這種勢力的意識形態透過政治、教育而持續傳遞給下一代，根據艾普敦在台灣所做的《政治體系支持》的研究指出，有不少的人仍然嚮往傳統儒家的「父權政治」，他說：「受測者對民主政治的特徵所列的是萬能的政府、廉潔的政府和強權的政府。而西方民主政治中所強調的是多數原則、多黨制、平等原則、尊重異己等，都不受中國學生的重視。〔註11〕」也就是說年輕學生對政府的高度期待，仍然停留在集權主義思維，認同國家高於社會與個人而缺乏自主意識，這樣的結果，傅偉勳認爲：「年輕一代知識分子對民主觀念的模糊不清，應是國民黨政府長期以來發揚傳統專制的政治文化、實施『黨化教育』的結果，造成台灣政治進一步民主化的一大隱

〔註10〕陳其南《公民國家意識與台灣政治發展》，頁10。
〔註11〕鄭台芳〈中國民主化過程所面臨的心理障礙〉，《仙人掌雜誌》，1977年11月1日，頁53～55。

憂。〔註12〕」這雖然是三十餘年前的調查報告，當年的年輕學子正是現在的社會中堅分子，觀念一旦定型之後很難改變，所以現在所顯現的社會亂象依然與過去相去不遠。日前教育部推動高中課綱四書列入必選，引起部分課綱委員、教師及學生家長的反彈，教育部次長陳益興的回應是：「最近校園霸凌、幫派、毒品滲入校園讓人憂心，社會有一股聲音認為應加強倫理、道德教育，所以教育部正討論將中華文化基本教材列為必選。〔註13〕」很明顯的，教育部將私德與公德混為一談，期待透過私德的內在要求而化解「霸凌」的社會問題，顯然開錯藥方。中國亦然，孔子塑像在天安門廣場一端豎立起來，所顯示的現象是，因為中國現在已經是一個完全的資本主義社會，中國共產黨在丟掉社會主義國家的正當性之後，必須說服人民其繼續執政的正當性，就像袁世凱的「尊孔」一般，把「尊孔」作為取得「民族」、「國家」認同的正當性，說明儒家被政治化的傳統，有其歷史、文化的原因。曾經擔任新加坡副總統的吳瑞慶，於 1982 年公佈施行「宗教教育」，並將儒家列為八大宗教之一，當時曾掀起一波「儒家熱」，但是到了 80 年代後期，新加坡政府公開承認，強迫每位學生修習宗教課程是「錯誤的政策」，並宣佈自 1991 年開始，以「公民與道德教育」取代「宗教知識課程」，其後吳瑞慶在應邀參加「亞洲經濟發展與倫理建設座談會」時表示，「法治」比「倫理」重要得太多〔註14〕。雖然他仍然將「法治」視為工具的思維，可能繼續出錯，但已經提供一個難能可貴的經驗，說明現代社會的公德、法治觀念與傳統私德與倫理思維的差異。現代化社會的道德是尊重每個人的特性，當個人強大之後，社會、國家才會跟著發達。林毓生指出，中國傳統的創造性轉化，當務之急是使過去的「私性社會」（private society）轉化為現代的「公民社會」。所謂「私性社會」就是指以往的民間組織都帶有很強的「私」的性格，也就是以血緣的親疏遠近或「家」的概念〔註15〕，作為組織的運作，所以「不容易產生政治過程所賴以運作的、真正具有抽象性與普遍性的遊戲規則。〔註16〕」顧忠華認為：「在傳統的家庭本位觀念影響下，中國人不願意信任親屬團體以外的陌生人，存

〔註12〕 韋政通〈儒家與台灣的民主運動〉，見氏著《歷史轉捩點上的反思》，頁 178。
〔註13〕《中國時報》，2011 年 2 月 9 日。
〔註14〕 顧忠華〈儒家文化與經濟倫理〉，見氏著《社會學理論與社會實踐》，頁 57。
〔註15〕 這是指行會之類的社會組織，若是沒有血緣關係就以「結拜」而兄弟相稱以納入家庭結構的運作。
〔註16〕 林毓生〈中國傳統的創造性轉換〉，《歷史月刊》第 99 期，1996 年 4 月，頁 77～79。

在著對內與對外不同的『雙重道德』，這大大妨礙了普遍規則的樹立，也讓民間組織無從突顯『公共性格』。〔註17〕」從這裡可見，儒家以家庭爲核心的倫理思想，正是華人的公共性格與公共領域無從產生的思想源頭，如果無法自覺與自省的「創造性轉化」儒家文化，那麼「尊孔」與重新提倡儒家，只是走回頭路，並沒有什麼值得高興與期待的。韋政通的話至今依然有振聾發聵之效：「如果既需要自由、平等、人權等新的價值觀，又必須建立一個法治、民主的社會，另一方面卻依舊堅持或變相地保存三綱的軀殼，這就造成今日台灣價值觀念上的混淆，結果不僅使倫理教育與社會的發展脫節，也延誤了倫理現代化的時機。〔註18〕」駱香林基本上就是陷入這樣的矛盾，他既不能否認現代化的必要性，卻又批評現代化帶來的文化落差所造成的衝擊。雖然駱香林已經是上一個世紀的人物，他的思想也許保守，以今論古並不恰當，但是今天還是有許多人停留在駱香林式的思想型態，透過本論文可以更透徹的了解，儒家型知識分子與現代性之間的落差。

第二節　文獻探討

　　筆者所謂的文獻分爲第一序的文獻——研究對象本身的相關著作，以及第二序的文獻——後人研究的相關著作，依此而論可分爲兩大類：

一、駱香林的著作

　　（一）《花蓮文獻》，駱香林等人編，半年刊，花蓮文獻委員會的機關刊物，爲編纂《花蓮縣志》的預備階段，自 1953 年 3 月出版創刊號，至 1955 年 10 月停刊，共出版四期。從這刊物可看出駱香林編纂的基本觀念，就是漢文化的一元化思維模式。該刊物駱香林親自撰寫的作品有〈敘〉、〈花蓮開闢記〉、〈花蓮清治時治績考〉、〈山胞抗日紀實（一）〉、〈花蘇公路開築沿革〉、〈花蓮築港記〉、〈史蹟一束〉，以上爲創刊號文章，〈花蓮簡史（一）〉、〈山胞抗日紀實（續）〉、〈大魯閣遊記〉、〈花蓮八景——附名勝古蹟〉、〈忠孝節義褒典——附人事小傳〉、〈保甲與屯丁隘勇（一）〉，以上爲第二期文章；〈東台山谷〉、〈花

〔註17〕顧忠華〈民主社會中的人與社群〉，見氏著《社會學理論與社會實踐》，頁373～374。

〔註18〕韋政通〈民主法治與社會倫理問題的探討〉，見氏著《歷史轉捩點上的反思》，頁119。

蓮簡史（續）〉、〈保甲與屯丁隘勇（續）〉，以上爲第三期文章；〈花蓮文獻事蹟：古蹟、名勝、風俗〉、〈錢慧安畫〉、〈定置漁場〉、〈蔡子北崙告祖考墓文題後〉、〈文錄〉（含有五篇文章：一、〈雲海軒記〉；二、〈代祝防校校慶〉；三、〈送葛院長邦任榮升最高檢察署檢察官序〉；四、〈張采香傳〉；五、〈送黃處長叔喬調高雄序〉），這些文章大部分並沒有收入《駱香林全集》中，其中有些在編寫《花蓮縣志》時已納入，有一部分則無，另外王彥選編的〈蒹葭宛在〉與〈花蓮詩選〉、〈花蓮詞選〉等單元中收有駱香林詩、詞若干首，多已收入《駱香林全集》中，因此不一一贅述。

（二）《花蓮縣志》，駱香林編著，花蓮縣文獻委員會出版。《花蓮縣志》的著述起自民國 46（1957）年以迄於 68（1979）年，二十餘年間完成二十卷，是花蓮修志立史的起點，《花蓮縣志》一書雖由駱香林、苗允豐、王彥、黃瑞祥等四人合纂，然而實際總其成者乃駱香林一人，高志彬認爲《花蓮縣志》「體例一式，筆法一致，猶如一人所纂」，所以將它歸類爲一人修志之類 [註19]，因此可以說《花蓮縣志》乃駱香林歷史觀的具體呈現。《花蓮縣志》自民國 46（1957）年至 57（1968）年間先後完成九卷，另首卷一卷，計三十一篇，爲《花蓮縣志稿》。《花蓮縣志稿》斷代於民國 40（1951）年，民國 62（1973）年花蓮縣政府就《花蓮縣志稿》修訂重新排印，修訂本奉內政部審定意見斷代至民國 50（1961）年，修訂本自民國 62（1973）年至 69（1980）年，完成二十卷，另首卷一卷，篇數不變，更名爲《花蓮縣志》。

（三）《駱香林全集》，駱香林著，王彥編，分上下集，花蓮縣文獻委員會 1980 年出版（1992 年龍文出版社出版《台灣先賢詩文集彙刊》第一輯將本書輯入影印出版，分爲三冊）。本書爲駱香林辭世後，好友王彥接受家屬委託代爲編輯，包含詩、詞、聯語、文等文類，共六卷，詩占大宗，包含《俚歌集》初、二、三集共二百二十八首，另外詩集分上下，前者有繫年，始自甲午年（民國四十三年，六十歲）迄於乙卯年（民國六十四年，八十一歲），詩集下雖無繫年，但是從詩歌內容約略可知其屬於戰前或戰後時期。第六卷爲文，共一百三十七篇，分爲序、記、雜文、題跋、贈送序、壽慶序、墓誌銘、傳狀、頌贊、哀誄、志等文類。另外，駱香林的著作中，《俚歌百首》、《俚歌百首二集》、《聯語》（與王彥合著）等均曾自費出版，均已收入全集中。

〔註19〕 高志彬〈台灣方志之纂修及其體例流變略述〉，《台灣文獻》第 49 卷 3 期，1998
年 9 月，頁 193。

（四）《題詠花蓮風物》，駱香林著，作者自印，1976 年出版。內容、編輯全出自駱香林之手，分爲「日月風雲」、「山川形勝」、「衣食住行」、「飛潛動植」、「集錦浮雕」，前有駱香林〈自序〉，分類亦有分類序，可知駱香林有強烈的表達意圖。〈自序〉除論及攝影優劣之見解與攝影樂趣之外，他所要表達的是對於環境變遷的憂慮：

> 人情多厭故而喜新，然新者未必佳，而故者未必惡，猶嬉痞之留長髮，穿破衣，囚首喪面，自謂時代之革新，眞鴟鴉嗜鼠，蜒蛆甘帶，去正味遠矣。……頃歲以來，科學日盛，經濟日隆，疇昔之農村田圃，無復牛羊點綴，非工廠之煙囪林立，即柏油之道路交馳。舊時風物，非廢即改，而余所保多今所難見，故親朋每請刊行，乃分五部先以付印。日月風雲統於天部，山川形勝統於地部，衣食住行統於人部，飛潛動植統於物部，集錦浮雕等類，以意構成圖畫者，統於意造部。〔註20〕

從書名可知駱香林對花蓮風物的珍惜，爲避免往日美景的流失，特別出版此攝影集以喚起花蓮民眾的覺醒。此書雖爲攝影集，但是駱香林攝影的特色是仿水墨畫於照片上題詩，用文字更清楚的表達照片的意義，雖然有時會呈現照片內容與題詩內容無法重合的雙重性意義，但可見作者創作動機與詮釋的軌跡，顯得特別有意義。本書的編輯別具用心，可見出駱香林對於「傳統的失落」的焦慮感，進而「以道自任」，自費出版個人創作以喚醒一般人的現代性迷思。

（五）《台灣省名勝古蹟集》，駱香林著，1965 年台灣省文獻委員會出版。本書源自駱香林的同窗兼詩社同人李騰嶽擔任台灣省文獻委員會主委時，邀請他協助爲《台灣省通志稿》編纂〈勝蹟篇〉，所有的名勝古蹟皆他親自攝影，並輔以文字說明，另行結集出版爲本書。本書的編輯目的與《花蓮縣志》一樣是爲「中國化」的歷史建構服務，將台灣的歷史重新與中國鏈接，目的在重新建構台灣人的歷史記憶。

（六）《洄瀾同人集》殘稿影印本，得自陳竹峰，據陳竹峰云是奇萊吟社的同人刊物，第一頁有駱香林〈序〉及社員名單，第三頁有「新入社社員芳名」，其中有三名日本人，最後一頁署有發行時間：昭和十年十一月二十七日，編輯兼發行人鍾聰敏，發行所是洄瀾詩報社，刊物名稱爲〈洄瀾同人集〉，因

〔註20〕駱香林《題詠花蓮風物》，花蓮縣：自者自印，1976 年，頁 4。

此對於陳竹峰所謂奇萊吟社的刊物存疑，本刊有駱香林佚詩若干首（包括署名「月舲」者），未收入《駱香林全集》，最重要的則是〈序〉一文清楚闡明自身的詩學理念：

> 嚴滄浪云：『詩有別裁非關學也，詩有別致非關理也。』三百篇多不拘平仄，不拘體韻，間有以平叶仄，以仄叶平者，山歌亦然。孔子於禮取野人，於詩取里卷（按：應爲「巷」之誤）歌謠，而山歌猶有古之遺風，作詩如山歌可也。〔註21〕

其意以爲詩歌以傳達心聲爲上，而不必避諱其體之雅俗，並對當時擊鉢吟之風氣加以批判，並以此論雅俗之意不在其體，而在其心，由此可知俚歌集之創作非爲偶然。

二、駱香林研究相關著作

（一）〈花蓮瑰寶駱香林〉，黃瑞祥著，《更生日報》，1992 年 8 月 5 日出版。黃瑞祥原爲駱香林的學生，後收爲義子，長期跟隨駱香林左右，不僅照顧其生活起居，也在編纂《花蓮縣志》中負責資料之蒐集與部分單元文字編撰工作，是駱香林在生活、事業上的得力助手，其所述內容自然具有權威性，是了解駱香林生平的重要參考，廣爲引述。

（二）《駱香林先生紀念集》，共 147 頁，平裝，未著編者、出版者與發行時間。前有署治喪會撰之「駱先生香林行狀」、苗允豐所撰之「駱香林傳」，並有各方弔唁之輓聯與公祭之照片，其後則輯錄當時報刊所載駱香林辭世之報導與專文。本集所錄有關駱香林行誼之資料，除「行狀」、「傳」二篇外，「各報報導喪訊」所收文字，如《聯合報》記者康武吉之專文〈寄情山水、詩歌感人、駱老凋謝、士林嘆惜〉、《更生日報》之社論〈高風亮節、永垂後世——敬悼一代宗師駱香林〉、《更生日報》記者張新舟撰〈高風亮節的駱香林先生〉、《花蓮文粹》所載丁一人撰〈文采貽徽的駱香林〉等四篇，於駱香林生平行誼記述甚詳；又從「輓詩」所錄張維翰、吳天任、陳竹峰、趙式之、金越光等十八家所作輓詩，「輓聯」所錄丁治磐、王壯爲、吳萬谷、夏紹、堯前一葦、蕭純伯、彭吉翔等三十四人所撰輓聯中，亦可略窺駱香林之學行與交遊之一斑。本書當係駱香林辭世後由黃瑞祥所輯，治喪委員會印行。

〔註21〕駱香林《洄瀾同人集·序》，花蓮港街：洄瀾詩報社，昭和 11 年（1936），無頁碼。

（三）〈說完精舍日月長——重陽前夕話花蓮耆老駱香林〉，杜萱著，《台灣新生報・新生副刊》，1992 年 12 月 3 日。略述駱香林生平及其居所大概，摘錄駱香林詩若干首，但沒有解析或詮釋。

（四）〈駱香林貞不絕俗〉上、下，龔顯宗著，《城鄉生活雜誌》第 36、37 期，1997 年 1 月、2 月。詮釋駱香林生平，並穿插引述、解析多首駱香林詩，本篇應該是最早對駱香林詩作專論的文獻。

（五）〈洄瀾雙文的巡訪——談駱香林與王彥的詩〉，吳冠宏著，收入《第一屆花蓮文學研討會論文集》，花蓮縣文化局 1998 年出版。本文為花蓮古典文學研究開風氣先河之作，吳冠宏從駱香林與王彥的交往為切入點，仔細分析兩人來往詩作，並延伸到兩人具代表性的作品「俚歌」與「詠史詩」的分析，揭示兩人同歸於詩教的精神。

（六）〈重見江山麗，再使風俗淳：駱香林《題詠花蓮風物》初探〉，吳冠宏著，收入《地誌書寫與城鄉想像：第二屆花蓮文學研討會論文集》，花蓮縣文化局 2000 年 12 月出版。本文聚焦於駱香林攝影集《題詠花蓮風物》，認為該書可以作為花蓮早期山水景觀及人物風土的地誌書寫。論文取徑從三個面向來探討《題》書的價值成就與得失：1.「重見江山麗——寫麗景清影，為歷史見證」，考察其在「美」與「真」兩個面向上展現的成績；2.「再使風俗淳——風化以勵俗，繕性以淑世」，具體檢驗其立「善」的精神宗旨與得失；3.「圖文之際」，以〈群飛刺天〉為解讀示例，從「象」與「意」之關係具體彰顯駱香林集詩文圖匯於一格的藝術特色。除了第三點的圖文解說，吳冠宏已經在第一、二點點出駱香林攝影的兩大意圖，一是為歷史做見證的寫實／紀實攝影，另一個就是要使風俗重歸於淳的教化觀。本文具有開拓性，對於本土文學的圖文創作，以往較少見，也少有人注意到，對於往後駱香林的研究有啟發作用。

（七）〈後山桃花源——論駱香林「桃花源」理想世界的追尋與「後山」的地方認同、建構〉，黃憲作著，《大漢學報》第 18 期，2003 年 11 月出版。駱香林在壯年後移居花蓮，顯然是生命中的重大轉變，他為什麼移居花蓮？這是作者寫這一篇論文的問題意識，雖然駱香林的說法是因為妻死後欲離開傷心地，到花蓮散心之後喜歡上這裡而決心移居花蓮，但是作者認為更深沉的答案是埋藏在駱香林的潛意識裡的「桃花源」情結，中國文人都有這個理想世界的圖像，在生活受挫時就會浮現的情結，因此論文重建「後山花蓮」

的蠻荒圖像，繼而論述陶淵明〈桃花源記〉中藉由避亂世而自我放逐的寓意，花蓮的蠻荒產生與世隔絕的感覺，符合桃花源意象，最後證成駱香林在此體現陶淵明的躬耕樂趣與天人合一的旨趣。但是細味駱香林詩中的空間感，與地方頗為疏離，地方感遲遲無法建立。本文引用空間理論的「地方感」，為駱香林研究提供一個新的思考方向，這也是研究駱香林的一個重要起點。

（八）《東海岸評論》第 196 期，「打開故居那扇門」專輯，賴秀美主編，有黃憲作短文〈駱香林是誰？〉介紹駱香林，以及賴秀美的採訪〈移民・遺址・遺作〉、〈落葉繽紛，曲徑幽林：駱香林先生的墓所〉，提供許多可靠的田野調查與第一手的照片，另有兩篇長文，分別是吳冠宏的〈重見江山麗，再使風俗淳：談《題詠花蓮風物》〉與黃憲作〈後山桃花源：這位漢儒眼中的花蓮〉，是前述（六）、（七）學術論文的改寫，以便於一般民眾的閱讀。

（九）《駱香林攝影》，花蓮洄瀾文教基金會編輯，1998 年出版，本書為花蓮洄瀾文教基金會策展的「尋找花蓮典範——駱香林先生攝影展」集結成書，計有展出作品六十幅及未展出作品共一百二十幅，前有陳瑞麟序〈尋找花蓮典範——駱香林攝影集序〉，王祥熏〈簡釋駱香林先生攝影〉，吳冠宏〈洄瀾瑰寶駱香林〉三篇文章，陳瑞麟〈序〉略述駱香林精神與功業，期許透過本次攝影展能鼓舞花蓮人對這片土地的情感與信心，建立花蓮的社區共識。王祥熏〈簡〉文肯定駱香林的水墨畫基礎有助於他對攝影語言的掌握，本文偏重在個別攝影作品之形式與內涵的分析，而其個人的感慨是「在他的攝影作品中幾乎看不到他經歷的時代悲情，也沒有深刻地凸顯那個時代存在人們的內在世界與掩抑心底的苦悶，雖然有些許可惜，但卻也是優點。〔註 22〕」他所謂的優點就是照片的過度美化而偏離現實，反而比較像畫意攝影的田園牧歌。吳冠宏〈洄〉文則介紹駱香林其人一生，提供讀者認識駱香林的入門，文章後面附〈駱香林先生年表〉，很有參考價值。本書將駱香林攝影重新出版，沿用《題詠花蓮風物》的結構而略有增改，分為「日月風雲」、「山川形勝」、「食衣住行」、「飛潛動植」、「意造」、「台灣名勝古蹟」，照片較《題詠花蓮風物》少，加入《台灣名勝古蹟集》一書的部分照片。

（十）《躡影追飛——駱香林的攝影畫境》，邱麗卿執行編輯，2006 年台北市立美術館出版。除了館長黃才郎〈序〉之外，另有兩篇專文：黃翰荻〈「向

〔註 22〕花蓮洄瀾文教基金會編輯《駱香林攝影》（花蓮市：花蓮洄瀾文教基金會，1998年），頁 3。

天窗外望去」——談駱香林影畫〉與黃憲作〈居與游——駱香林從台北到花蓮的追尋〉，黃翰荻〈向〉文強調駱香林的攝影形式承襲「光社」在照片上題詩、落印的東方意趣，攝影技巧則有「中途曝光」、「集錦」、「複襯」、手工上色等實驗之作，允爲「以文學家而兼實學家」的理想，至於其內容丰韻，則稱之爲「視覺風人」，以其作品多具氣候、土俗、民風，帶有《詩經》、南北朝樂府民歌風調，有時則猶如一首又一首的現代俚歌、竹枝詞，「沙龍攝影」與「風人攝影」只是一牆之隔，他卻是如此出入自由。黃憲作〈居〉一文進入《駱香林全集》文本中再現駱香林的一生軌跡，從民族意識的建立，因爲違反殖民者的教育政策，堅守書房教育傳播漢文，開始了困頓的生活，卻能在精神上自得其樂的享受清福，歷經台北建家又毀家之後，流離遷居花蓮，在形式上重新建立家才得到眞正的安頓，至於精神上的安居則始終一致，不但游於藝中「從容潛玩」，而且「以道術爲安宅」。本篇從「居」與「游」的角度探討駱香林的生命歷程，是以前的研究中較少見的切入角度，本篇因爲限於篇幅的要求，無法暢所欲言，因此較完整版本的同名文章另刊於《現代美術》第 127 期（2006 年 8 月出版），後收入《在地與流離：駱香林花蓮之居與游》一書（花蓮縣文化局 2009 年 5 月出版）。本書內容圖版部分分爲：「花蓮顯影」、「攝影畫境」、「實驗攝影」、「牛」、「台灣名勝」，從分類可知編者著意的是駱香林攝影的藝術性，在附錄中〈駱香林年表〉較《駱香林攝影》中的年表略有增加。

（十一）〈懷念「眞正的文人」駱香林〉，張蒼松著，《中國時報》，2001年 2 月 19 日。略述駱香林之生平與學習攝影的過程，讚賞其守正不阿的文人風骨，將駱香林的攝影風格分爲紀實功能的「影像地方志」與「文人攝影」。張氏並將他選入國立歷史博物館《回首台灣百年攝影幽光》專題展（2003 年3 月 11 日～11 月 19 日），將駱香林在攝影史上的定位，提到相當的高度。

（十二）〈用影像構築一個修辭：試論駱香林的攝影藝術〉，周郁齡著，《典藏今藝術》2006 年 7 月，將駱香林攝影的取徑上接於「畫意攝影」，下及於郎靜山的沙龍攝影，指出畫意攝影爲現代性的反饋，而郎靜山的沙龍攝影則有「洋爲中用」的意涵，這兩點恰正是駱香林文學、攝影與生活的核心關注所在。最後他指出駱香林攝影的題詩，常有預設的說教，卻又因爲圖像游走於畫意與紀實之間，影像無法被文字所錨定，產生閱讀的樂趣。

（十三）〈駱香林俚歌初探〉，歐純純著，《台灣文學評論》第 5 卷 3 期，

2005 年 7 月。將駱香林俚歌二百二十八首進行分類，分為四類：1.民生育樂，2.國家建設與工商發展，3.倫常道德，4.國際往來。至於俚歌的寫作特色歐純純認為有四點：1.具諷刺意義，2.反映社會現實，3.口語化的描寫，4.修辭手法的運用。最後他認為俚歌的創作價值有三點：1.審美價值，2.教育價值，3.史料價值。

（十四）〈尺錦見真淳：駱香林《臨海隨筆》探析〉，田啓文著，收入氏著《台灣古典散文研究》，五南出版社 2006 年出版。本文針對駱香林的小品散文《臨海隨筆》進行分析，首先就其內容分類：1.記家庭生活，2.記風景器物，3.記友人言行與彼此的互動，4.記古人與時人事蹟，5.記社會景象。至於《臨海隨筆》的寫作特徵則有：1.語言運用崇尚平淡，2.情感傳達講求真實，3.記敘事物兼發議論。最後提出《臨海隨筆》在台灣古典筆記散文發展史上的特殊意義，認為以前的散文在題材的運用不出於地理形勢、山川景物、風俗民情、物產氣候、政制軍情、古蹟地名、宮室建築、原住民文化等，都偏向於外在客觀人事物的描寫，鮮少觸及作者自身的事物或個人情感的抒發，《臨海隨筆》的出現打破此一困境，是台灣古典散文發展上一個別具意義的開創與突破。

（十五）〈「洄瀾」在駱香林詩中的意義──一個客居者對花蓮的觀察〉，孫世民著，《靜宜人文社會學報》第一卷第一期，2006 年 6 月出版。孫世民認為駱香林是以客居的心態久居花蓮，因此稱之為「洄瀾客」，他從四個角度研究「洄瀾」在駱香林詩中的意義：1.風土民情，2.山水景觀，3.創作活動，4.隱居生活。他認為花蓮民情真淳、山水清音吸引駱香林久居於此，在創作上則奉陶淵明為學習的對象，因此詩歌崇尚自然，歸返道真，雖蒔花狎石，難忘出世之情，借林泉之美及奇石之醜，屏絕塵俗，洗磨心性，昇華心靈，逼近於道。孫世民認為駱香林在這方面的精神價值較近於道家。筆者認為駱香林雖然認同的家是台北，一直以客居心態居於此，但是晚年回到台北之後發現台北已經不再是他所思念的家，對花蓮的地方感油然而生，至於駱香林的精神面也不盡然是道家，傳統儒家常是儒道的混合體，儒家「游於藝」也強調精神的自由與生活美學，因此孫世民把「洄瀾」視為駱香林養生與修道的場域，事實上花蓮之於駱香林的意義並不僅止於此，這裡不只是駱香林身心安頓之所，也是他發揮所長，實踐儒家型知識分子理念的場域。

（十六）《在地與流離：駱香林花蓮之居與游》，黃憲作著，2009 年 5 月

花蓮縣文化局出版。本書集結筆者近年來駱香林的相關研究：〈居與游（一）
——駱香林從台北到花蓮的追尋〉（發表於《現代美術》第127期，2006年8
月出版）、〈居與游（二）——傳統文人駱香林的生活美學〉、〈後山桃花源—
—駱香林「桃花源」世界的追尋與「後山」的地方認同、建構〉（發表於《大
漢學報》第18期，2003年11月出版）、〈凝視花蓮——駱香林攝影的視域〉、
〈欲拒還迎？——論駱香林《俚歌集》的現代性〉（發表於第四屆花蓮文學研
討會，2007年11月）。本書的切入點在於駱香林雖然久居花蓮，卻始終有「客
居」心態，在詩中呈現流離感，卻又在方志與攝影作品中呈現強烈的地方感，
另一方面，在內在的精神世界又能保持優游從容，出入詩、書、畫、樂、攝
影、玩石、書畫鑑定等生活美學，無入而不自得，所以駱香林在定居中保持
游離的自由，在流離中尋找安頓身心的居所。再者，抱持儒家經世、入世的
理想，諷諭現代生活的喜新厭舊，為台灣的社會變遷留下歷史見證，此書已
經注意到駱香林的儒家型知識分子的特色。

　　（十七）〈駱香林文學研究〉，劉淑娟著，逢甲大學中文系在職專班碩士
論文，2010年6月。本書分為作者傳記與文學內涵，從駱香林的生平、交友、
興趣、嗜好與文學內容、技巧兩大面向的研究。本書為研究駱香林的第一本
學位論文，為傳統傳記觀點的文學研究，交友部份流於形式的介紹駱香林往
來較為密切的朋友之生平履歷，忽略社群的作用，例如「星社」詩友思想的
互相影響，對駱香林文學觀點的建立之重要性無一字論及，殊為可惜。

　　從駱香林相關著作的文獻中我們看到駱香林的著作具有多樣性，大致可
分為三類，一是文學性的創作，主要集中在《駱香林全集》中，駱香林的詩
與散文都曾名動一時，即使在今日看來仍經得起時間的考驗，具有可傳性；
二是《花蓮縣志》，這是花蓮地方歷史建構的開創性作品，但是其中的觀點有
值得反省的地方；三是攝影作品，以《題詠花蓮風物》為代表，駱香林攝影
的藝術性愈來愈受重視，甚至可能在攝影史占一席之地，說明駱香林攝影藝
術的特殊性。而駱香林上述的成就有很大的部份是在花蓮完成的，可以說如
果沒有花蓮的地方性，就沒有駱香林藝術的特殊性，因此研究駱香林，就不
能忽略他與花蓮的關係。

　　從研究駱香林的相關著作來看亦可分為三類，一是關於駱香林的生平與
文學的探討，這是傳統文學研究的方法，從作者生平作為研究進路，或是單
就其作品的文學技巧分析，如吳冠宏、孫世民、歐純純、田啟文與劉淑娟皆

屬此類；第二類是駱香林的攝影研究，如周郁齡、黃翰荻、王祥熙、張蒼松等，集中在探討駱香林的攝影風格與攝影語言，第三類是筆者認爲尚待開發的，即駱香林作品的社會性與政治性。駱香林的傳記資料與研究中大多強調其人格與民族精神的崇高，但是這方面的延伸研究則極爲罕見，本論文從儒家型知識分子的觀點切入，因爲駱香林的思想偏向傳統儒家（雖然在文學的表現，孫世民、劉淑娟認爲他具有道家精神），不論隱居花蓮，或是戰後積極涉入政治的經世行止，都是在儒家思想導引下的進退出處，至於駱香林作品中，因爲文化差異對他者的再現所呈現的文化霸權，都是其他研究者所沒有論及的，筆者在〈後山桃花源──論駱香林「桃花源」理想世界的追尋與「後山」的地方認同、建構〉一文中初次嘗試，次第運用在駱香林的攝影（〈凝視花蓮──駱香林攝影的視域〉）、俚歌研究（〈欲拒還迎？──論駱香林《俚歌集》的現代性〉），之後集結爲《在地與流離：駱香林花蓮之居與游》，在傳記、文學研究之外，另闢蹊徑，這是筆者對駱香林研究的自我期許。

第三節　研究方法與各章概要

一、研究方法

　　本論文研究對象駱香林並非儒學思想家，所以並無任何關於儒學理論的建構；他是一個儒家思想的信奉者與實踐者，所以本論文的研究不是儒學如何「開出」民主等儒學現代化的哲理問題，而是研究一個處於兩個不同政治實體的儒家信徒，面對殖民現代性的適應與回應的實踐問題。關於題目中「儒家型知識分子」的界定，筆者認爲漢代的儒家在「獨尊儒術」之時已經扭曲了原始儒家的思想，混入法家、陰陽家……等思想，殆非原始儒家，而後代的世俗化儒家自然難以避免的接收了這些已然駁雜不純的儒家思想，爲避免誤會，故以「儒家型」稱之。駱香林的身分定位是「知識分子」，思想屬性則爲「儒家型」，故稱之爲「儒家型知識分子」。

　　所謂「知識分子」是西方現代的產物，因此這是一個現代性的相關研究，是關於一個儒家型知識分子面對現代社會的反應。關鍵字是「知識分子」，是了解知識分子在社會的生成過程與角色，因此本研究借鑒了西方的社會學研究方法。社會學最重要的主題在於確認並解釋人類行爲的差異與變遷，社會

學家通常在社會結構的單位裡或受社會結構影響的行為裡，去尋求研究的主題，或依變項，如價值、規範、角色以及控制等，都是社會學常用的依變項〔註23〕。例如儒家所強調的倫理、道德與家族制的父權規範，都遭受現代社會的經濟優先與法治規範的挑戰，因此儒家型知識分子在現代如何自我定位，是一個值得關注的問題。尤其自晚清開始，遭遇中國二千年以來未有之變局，如此劇烈的社會變遷，無法避開社會之經濟、生產、工業、科技等下層結構之分析，也無法避開價值、規範、思想或信仰等上層結構之討論，不論如何，歐美社會學的傳統把社會學的研究界定為「結構」的分析，這是社會學者一致認同的事實，社會學的知識也就因此建築在結構和功能的瞭解上〔註24〕。儒家所面對現代化的問題，在社會學家看來則是傳統對於變遷的適應，根據社會學的定義，傳統在社會中具有界定意義和穩定社會秩序的功能。但是從另一個角度看，當一個社會的傳統喪失了調適外來的衝擊時，卻有阻礙並延緩社會改變或更新的反作用，此時，傳統非但可能喪失了穩定社會秩序的功能，反而成了製造社會中對立勢力存在的禍源〔註25〕。依此而論，吾人可知為什麼在日治初期，傳統知識分子是日本殖民者所拉攏的對象。但是，社會是以人為組成分子，前述理論可能產生結構決定論而忽略了人的意識活動，韋伯（Max Weber）的研究成果值得參考，韋伯的社會學所關心的是一般性原則的建立，以及有關人的社會行動之一般類型概念的建立，因為社會學是一門對社會行動做詮釋性的理解，並為此種行動的過程與結果提供因果解釋的科學〔註26〕。所謂社會行動或行為，是指在此一行動中的主觀意義與他人或其他團體相關連，韋伯認為必須「理解」（understanding）個人獨處時及其在團體環境裡，如何滿足自身的需求，因此社會學不僅僅只是研究客觀的社會環境對人行動的影響，而且是研究個人主觀的瞭解或感覺的行為動機，這就是韋伯的詮釋社會學，對於構成行動者的主觀意義的邏輯關係加以理性的了解，或者以具有感情的態度去了解〔註27〕。韋伯透過建立理想類型和詮釋的

〔註23〕蔡文輝《社會學理論》（台北：三民，2006年，修訂三版一刷），頁16。

〔註24〕葉啓政〈現代工業社會中的知識分子〉，見氏著《社會、文化和知識分子》（台北：東大，1991年再版），頁138～139。

〔註25〕葉啓政〈近代中國文化面臨的困境〉，見氏著《社會、文化和知識分子》，頁191。

〔註26〕瑪克思‧韋伯（Max Weber）著，顧忠華譯《社會學的基本概念》（台北：遠流，1993年），頁19。

〔註27〕韋伯《社會學的基本概念》，頁19～21；紀登斯（Anthony Giddens）著，簡

概念來分析人的社會行動，他試圖分辨出四種社會行為取向類型作為理解社會行為的模型，一是「目的理性」（purpo-sively rational）：是透過對週遭環境和他人客體行為的期待所決定的行動，這種期待被當作達到行動者本人所追求的和經過理性計算的「目的」之條件或手段；二是「價值理性」（value rational），是透過有意識地堅信某些特定行為——倫理的、審美的、宗教的或其他任何形式——之自身價值，無關能否成功，純由信仰所決定的行動；三是「情感性的」（affectional）行動，尤其是「情緒式」是透過當下的情感和感覺狀態所決定的行動；四是「傳統型的」（traditional）行動，是透過根深柢固的習慣所決定的行動〔註 28〕。這四種理想型的模式能夠協助我們對於知識分子社會行動的分析。

二、各章概要

第一章分成三節，一是研究動機，「知識分子」這個看似過時的題目，卻很有現代性；二是研究方法與各章概要介紹；三是文獻探討，駱香林是區域性人物，相關研究不多，因此有關的研究都值得詳細推介，以啟發後來者的研究興趣。

第二章探討西方知識分子的來源、內涵、定義及其發展，希望透過知識分子定義與內涵，確認知識分子的社會定位以及社會影響，從歷史的脈絡來看，不論東、西方的知識分子都是在哲學的突破之後，自我意識覺醒的產物，在一般人之上形成一個掌握知識與文化解釋權的集團，大體而言，由於受到政治勢力的影響，知識分子至少分裂成三個不同陣營：第一類是秉持批判精神，對政權採取言論批判的態度，這類知識分子可以說是帶有浪漫色彩的理想主義者，他們忠於理想，具有貫徹理想的道德勇氣，他們的基本特徵是不滿現狀，是最純粹的知識分子典範。第二類的知識分子則是對政治採取妥協乃至於完全屈服的態度，或許為了謀取個人私利，或許出於群屬感情的認同，或許基於意識形態的共識，他們成為政治權力之合法性的詮釋者、辯護者和支持者。這類知識分子可以說是傾向對現實認同，對理想採取彈性的可變態度，往往成為政權的擁護者或代言人。第三類的知識分子則是對政治採取疏

惠美譯《資本主義與現代社會理論：馬克思・涂爾幹・韋伯》（台北：遠流，1994 年），頁 247～248。
〔註 28〕韋伯《社會學的基本概念》，頁 49。

離的態度，他們只對其專業認同，就算保持批判的態度也只是針對其專業知識領域而非政治〔註 29〕。第一類是知識分子的典範，從俄羅斯的貴族知識階層到「德雷福斯事件」（Affaire Dreyfus）中挺身而出的左拉等人，不顧自身利益，為自己所認同的價值奮戰，成功建立在現代社會所具有「公共領域」的言論空間，而這一公共性是獨立於個人與國家之外；第二類最常見也最複雜，其中的依變項多；第三類則是後現代知識分子的發展，令人憂心的是因為在去中心化的社會，知識分子的專業領域更見紛歧，也愈來愈難找到共同的語言可以溝通，導致知識分子愈來愈冷漠。透過這個模型的建立，我們就可以用來分析中國儒家型知識分子。

　　第三章探討中國儒家型知識分子的內涵及其歷史，以及其後在傳統帝國所扮演的角色的轉變與定型的歷史因素，我們發現中國文化的深層結構是屬於中心性一元體制的一環，儒家型知識分子的效用在於建立文化霸權，透過體制將他們理想中的三綱五倫法制化，而其局限則是在於政教合一之下，缺乏制衡王權的力量，故易於妥協，只有少數上升為第一型的理想型知識分子，或者成為第三型的知識分子，消極、冷漠以對，甚至是選擇退隱。韋伯認為西方社會的歷史可以看作是一種由傳統權威的社會轉向理性權威社會的過程，他將這種過程與現代化聯繫起來，認為現代性進程就是社會合理化／理性化的進程，自此延伸出中國現代性的問題。韋伯提出中國為何無法產生資本主義的疑問，答案就是根源於儒家價值體系的影響〔註 30〕，這個結論雖然引起許多討論，但是大致上很難否定韋伯的洞見，透過韋伯的比較，吾人可以從他所提出的論點繼續深入追蹤，發現中國儒家型知識分子與西方知識分子自由漂浮的「職人」身分不同，他們是有依附性的，無法獨立，因此在人格與知識的發展也無法建立自主性。

　　第四章通過駱香林日治時期的生命歷程追溯，可以清楚看到他的知識分子身分的建構，這個過程讓我們看到理想型知識分子的抵抗性格。傳統社會的轉變不是突然的、斷裂的，這點與現代的斷裂性特點剛好相反，因此其衝擊也是劇烈的。現代的身分與生活型態都是可以自由選擇的，然而傳統的身

〔註 29〕 葉啓政〈「理論——實踐」的轉型與安置〉，見氏著《社會、文化和知識分子》，頁 125～126。

〔註 30〕 瑪克斯・韋伯（Max Weber）著，簡惠美譯，《中國的宗教：儒教與道教》（台北：遠流，1989 年），頁 293～317。

分轉換不易，從這裡才可以瞭解駱香林的選擇並不輕鬆，最後是以家毀人亡為代價，自此方能理解為何駱香林在花蓮如此受到花蓮人的敬重。雖然他不像文化協會或左派知識分子那樣衝撞體制，卻是儒家內向性道德神聖化人格的堅持最好的說明，看似消極，實則鏗鏘有力。

第五章將駱香林定位為戰後政治、文化的協力者，雖然戰後的接收過程造成二二八事件，使台灣人對祖國認同的熱情急速冷卻，駱香林卻挺身而出支持新的執政者，一切都是因為他的國族認同取向。他的協助方式就是擔任地方與中央的協調者，接受共同體的想像，以便執政者取得統治合法性，因此駱香林從接受出任花蓮縣志編纂委員會主委，就已經具備充足的象徵意義。此外，他雖無官職卻能夠與聞地方政治要務，甚至決定縣長人選的協調大任，完全重現傳統中國地方士紳在政治結構中的作用。

第六章「中國化」的歷史建構，延續前一章所指出的，國民政府統治合法性的取得原本並沒有太多的疑義，在二二八事件發生之後此一合法性產生變化，國民政府為了鞏固政治合法性與正當性，必須透過意識形態的灌輸重新建構共同體的認同，因此國民政府有計畫的組織「台灣省通志」的編纂，並通令各縣也編制「縣志編纂委員會」以確行其事，類似的情形在清治、日治時期也都出現過，可見地方志的編纂屬於統治技術的一環，而其目的則是文化霸權的建立。所謂的「中國化」或「再中國化」問題，台灣的人口結構以漢人為主，在移入地區建立中國文化圈殆無疑義，何必要「中國化」呢？問題就在於日本統治中斷了台灣與中國的政治、文化聯繫關係，雖然文化變遷沒有那麼快速，但是現代化的快速變遷產生了文化斷層則是不爭的事實，尤其二二八事件造成「再中國化」的反挫，讓台灣人轉而認同日本統治，危及政權的穩固。一個政權的穩固，除了國家機器之外，還要有一套論述來說服大眾的支持，這時知識分子通常就是扮演論述建構者與詮釋者的角色，駱香林不但在體制內擔任此一職務，在體制外亦自願的擔當此一重任，其所以如此，導因於第三章所回溯的理想型的知識分子，以「移風易俗」為己任的價值理性。

第七章中國化與族群文化的建構，駱香林的論述，集中在《題詠花蓮風物》攝影集的討論，因為花蓮的原住民較多，文化差異大，對駱香林的文化衝擊也大，故駱香林的攝影還有題詩，頗有清代「番社采風圖」的意味，在獵奇之外，還有教化的目的，顯現漢民族文化中心主義的霸權觀，而其文化

建構的方式則是透過類比、對比與符號化，形塑漢文化的優越性，以達成中國化的正當性。

　　第八章駱香林面對殖民性與現代性的回應，不論殖民主義或現代主義都是在工業化與資本主義的交互作用之下發展出來的，台灣在日治時期遭遇的殖民性與現代性影響，到戰後的國府時期並沒有太多的改變，但是駱香林在日治時期與戰後國府時期的態度卻大不相同，在前者對殖民性與現代性皆持批判態度，在後者，批判的是現代性，對於國府的殖民手段卻隻字不提，反而成爲再殖民的協力者，至於現代性也是有條件的批判，也就是批判資本主義的消費文化與大眾文化，卻支持工業化的強國論，忽略了現代性的基本生成條件，這是儒家型知識分子的普遍缺陷，所以必須回顧到前面所提到的儒家文化的局限，這也就是第九章的結論內容，回應到本章研究動機的提問，儒家文化對於現代化社會究竟是正面幫助還是負面的作用？

第二章　知識分子的由來、定義與內涵

第一節　「知識分子」一詞的來源

　　「知識分子」是一個外來的、西方的概念，要給予一個明確的定義有其困難，必須將它放到歷史的脈絡來解讀，其複雜的涵義始能一一透顯。「知識分子」一詞有兩個來源，其一源自十九世紀的俄文「интеллигенчия」，這一詞來自拉丁語「Intellergens」，其含義爲形容詞「理解的」、「思考的」和「理智的」，幾經擴展爲「Intellegentia」，其含義包括一爲名詞：「理解力」、「認識力」、「認知力」、「解釋力」；其二爲動詞：「理解」、「思想」、「辨別」；其三延伸爲指特殊的技能，即「能力」、「技術」、「方法」等。在 1725～1750 年間，俄國著名學者特列基亞科夫斯基將拉丁語「Intellegentia」以意譯形式翻譯爲俄語「интеллигенчия」，將該詞含義解釋爲「理性」。19 世紀中期以後，隨著俄國知識階層群體的形成，政治、文化、社會影響力擴大，「интеллигенчия」一詞便在俄國文化界廣泛使用，俄語中「知識分子」一詞強化了源自古希臘、羅馬文化的思維層面、心理層面、和意識層面的原生意義，也強化哲學、道德和社會層面的擴展意義〔註1〕。另外，Richard Pipes 認爲 intelligentsia 一詞的字根源自法文 intelligence 與德文 Intelligenz，意指十九世紀西歐社會中受過教育、經過啓蒙、主張進步的份子。俄人加以拉丁化成 intelligentsia，有新（狹義）舊（廣義）兩義，舊義指受過教育的階級、享有威望的人，不過此義從

〔註1〕 張建華《俄國知識分子思想史導論》（北京：商務印書館，2008 年），頁 20～23。

描述義變成規範義。至 1890 年代，激進分子認爲一個俄國人只受過教育、在公眾生活裡扮有一角，已不足以承擔 intelligentsia 的資格，還必須堅決反對舊體制與經濟制度，這是 intelligentsia 新的定義，易言之，知識階層就等於革命分子〔註2〕。此義不但不爲多數人接受，也違反史實，Pipes 以「謀求公眾福利的獻身感」爲標準所下的定義是：「不只關心其個人福祉，至少還同等關懷，甚至更加關懷社會福祉，並且願意盡力謀求社會的利益。在此定義下，一個人的教育水平與階級身分是次要的。〔註3〕」Berlin 認爲 intelligentsia（本文中翻譯爲「知識階層」）雖然是十九世紀杜撰的俄國字，如今已有世界通行的意義，此一知識階層的意義與知識分子（intellectual）不同，他們是以一個忠忱專志的流品自居，幾近於世俗教士，獻身傳播特殊的人生態度，有如散布福音〔註4〕。

　　就歷史而言，知識階層的出現需要一些解釋。事實上俄國的知識階層主要來自貴族，由於 18、19 世紀俄國社會遠較西方落後，還停留在貴族與農奴的傳統帝國時期，屬於上流社會的知識階層接受了西方教育之後，受西方「自由」、「民主」思想的啓蒙，勇於剖析自我，努力追趕世界潮流，遠遠超越了他們的階級與他們所生活的時代，懷著強烈的愛國意識及濟世觀念，眞誠地感受人民的苦楚和心聲，揭露了俄國社會的黑暗與落後。他們以現代價值理念省視俄國當時的專制制度，對於自身所處的俄國社會諸多不合理的制度，產生了強烈的疏離感和背叛意識，這一批與主流（貴族）社會有嚴重疏離感、具有強烈批判精神——特別是道德批判意識——的群體，當時就被稱爲 intelligentsia〔註5〕。

　　這一種類型的知識階層的形成，與 18 世紀初沙皇彼得一世的改革有關，彼得一世親赴歐洲考察，面對於歐洲的文明和進步，他體會到俄國的野蠻、落後，於是推動全面改革；在文化教育方面，下令貴族子弟必須進入各種學校學習語言、航海、法學等課程，有條件的貴族家庭應該送子弟到國外留學〔註6〕。彼得一世的改革造成俄國社會的分裂，促進「受教育階層」自我意識的

〔註2〕 Isaiah Berilin 著，彭淮棟譯《俄國思想家》（臺北：聯經，1987 年），頁 157。
〔註3〕 Isaiah Berilin 著，彭淮棟譯《俄國思想家》，頁 157。
〔註4〕 Isaiah Berilin 著，彭淮棟譯《俄國思想家》，頁 156。
〔註5〕 許紀霖〈知識分子是否已經死亡？〉，陶東風主編，《知識分子與社會轉型》（開封：河南大學，2003 年），頁 28～29。
〔註6〕 張建華《俄國知識分子思想史導論》頁 37。

形成。但俄國的獨裁專制制度，不僅奴役農奴，在政治、經濟上，貴族也是
被奴役的對象，貴族不但要從最低階士兵或文職人員做起，役期在18世紀以
前原本不設限，並且限制世襲的人數，正處於社會轉型的貴族知識階層，心
懷愛國的熱情，對俄國社會現狀有極大不滿，急於尋找出路卻又不得其法，
在現實生活中找不到自己的位置，因而感到鬱悶、孤獨、壓抑，既無法實現
偉大夢想，又無法融入當下社會，不自覺地變成社會中「多餘的人」〔註7〕。
1825年十二月黨人的起義，代表俄國知識階層對政府失去信心，圍繞著俄國
向何處去的論戰，這是俄國思想文化界第一次大規模的思想論戰，反映了俄
國知識階層獨立思考的能力和意識，獨立的知識階層在19世紀30、40年代
終於形成〔註8〕。

　　別爾嘉耶夫（Nicolas Berdyaev）認為：「俄羅斯的知識分子是完全特殊的，
只存在於俄羅斯的精神和社會之中的構成物。〔註9〕」這和俄羅斯的歷史與宗
教思想的底蘊有關，俄羅斯以東正教文化為基底的彌賽亞意識──救世主思
想──是俄國知識階層不同於西方知識分子的特有精神，它強調俄羅斯是天
神所賦，具有拯救斯拉夫世界乃至整個人類的偉大使命的民族，因此，俄羅
斯的知識階層自覺地承擔人類的苦難，以巨大的犧牲精神、強烈的社會責任
感，不只關懷個人利益，更加關懷社會福祉，秉有天國使者的氣質與獻身犧
牲的氣慨。被別爾嘉耶夫視為俄國第一個知識分子的拉吉舍夫（Radishev,
Aleksandr Nikolaevich），他在《從彼得堡到莫斯科旅行記》一書中說：「看看
我的周圍──我的靈魂由於人的苦難而受傷。〔註10〕」這種精神貴族的典範，
建立俄國知識階層以思想觀念性的群體聚合，與西方自曼海姆（Karl
Mannheim）以來所建立的知識社會學的知識分子有明顯的不同，他們以人文
價值理想為核心，擺脫以知識為專業的科技知識分子範型，可以說，俄國知
識階層追求具有終極價值的人文精神，卻又訴諸宗教信仰的執著。然而這種
來自天國的拯救與犧牲本身已經具有混淆天國與世俗的傾向，作為天國使者
與價值裁決人，俄國這種精神貴族氣質一旦與政治力結合，便有可能發生伏

〔註7〕　張建華《俄國知識分子思想史導論》，頁71。或譯為「零餘者」。
〔註8〕　張建華《俄國知識分子思想史導論》，頁77。
〔註9〕　〔俄〕尼‧別爾嘉耶夫（Nicolas Berdyaev）著，雷永生，邱守娟譯《俄羅斯
　　　　思想》（北京：生活‧讀書‧新知三聯書店，1995年），頁25。
〔註10〕　〔俄〕別爾嘉耶夫著，《俄羅斯思想》，頁27。

爾泰（Voltaire）所說的「教士與帝國一致的制度是最可怕的制度〔註11〕」的情況，因而俄羅斯知識階層的思想容易走上極端的道路，此與其長期存在並以此爲自豪的反叛（批判）精神密切相關：反叛（批判）其貴族階級身份、反叛（批判）封建專制制度〔註12〕。俄羅斯知識階層的極端性格來自他所承受兩種力量的壓迫：沙皇政權的力量和人民自發的力量。他感到有負於人民，具有懺悔、贖罪意識，故批判專制與農奴制度，準備爲人民服務〔註13〕，卻不被人民接受，因此欣然以身殉道；在俄羅斯君主專制與農奴制度下，他們的政治積極性無法發揮，導致信奉極端的社會主義學說。總而言之，Berlin 對俄國知識階層的評價頗具代表性：「知識階層在歷史上是指圍繞某些社會觀念而聯合起來的人。他們追求進步，追求理智，反對墨守傳統，相信科學方法，相信自由批判，相信個人自由，簡單地說，他們反對反動，反對矇昧主義，反對基督教會和獨裁主義的政體，他們視彼此是爲共同事業（首先是爲人權和正當的社會秩序）而奮鬥的戰友。〔註14〕」

知識分子的第二個詞源是來自於法國發生的「德雷福斯事件」。1894 年法國德雷福斯（Alfred Dreyfus 1859～1935）上尉因爲一紙沒有署名的武器備忘錄而遭指控爲間諜，並且被判有罪而處終身監禁，一般認爲案件的證據力薄弱，由於其猶太人身分而入罪，尤其當新證據出現，軍方爲了掩飾先前的審判錯誤，眞正的犯案者被判無罪，遂引起一批有正義感與社會人士的義憤，挺身而出爲其辯護。1898 年左拉（Emile Zola，1840～1902）在報紙上發表給共和國總統的公開信〈我控訴〉一文，要求重審「德雷福斯案」引發極大的共鳴，是此事件的重要轉折點，他寫道：

> 德雷福斯事件就是陸軍事件：參謀部的一名軍官被同僚告發，在主管的壓力下被判罪。我重複地說，他若沈冤得雪，參謀部全體官員便必須認罪。因此，陸軍運用任何想像得到的方法——在新聞上聲明與暗示、各種有用的方法——袒護埃斯特哈齊，以便再判德雷福

〔註11〕轉引自尤西林《闡釋並守護世界意義的人》（臺北縣：空庭書苑，2008 年），頁 27。
〔註12〕張建華《俄國知識分子思想史導論》，頁 82。
〔註13〕〔俄〕尼・別爾嘉耶夫著《俄羅斯思想》，頁 28。
〔註14〕拉明・賈漢・貝格魯著，楊禎欽譯《伯林談話錄》（南京：譯林，2002 年），頁 166。

斯有罪。……幾名軍官運用一連串瘋狂、愚蠢、放縱的想像力、鄙
劣的警察手段、審判官式與暴君式的手腕，卻沒有受到處分！他們
用靴子踐踏國家，以國家利益為藉口，將國家要求真理及正義的呼
聲塞入他們的喉嚨。……

在提出這些控訴時，我完全明白我的行動必須受……監督。依據這
些條例，誹謗是一項觸法行為，我故意使自己置身在這些法律下。

至於我控訴的人，我並不認識他們，我從未見過他們，和他們沒有
恩怨或仇恨。對我來說，他們只是一種實體，只是社會胡作非為的
化身。我在此採取的行動只不過是一種革命性的方法，用以催促真
理和正義的顯露。我只有一個目的：以人類的名義讓陽光普照在飽
受折磨的人身上，凡人均有權享受幸福。〔註15〕

　　左拉原本正在進行一篇小說的寫作，無意捲入此一事件，但是當他知道
有新的證據顯示德雷福斯是無辜者，沉默意味著合謀，使他放下手邊的工作，
明知會與軍方為敵卻義無反顧，果然他被軍方控告毀謗並被判刑確定而流亡
英國。左拉與德雷福斯素無淵源，干犯眾怒與體制對抗，無關乎個人利益，
純粹為人權的理念而奮戰，這正是後世稱知識分子為社會的良心的最佳詮
釋。這篇文章引起廣大迴響（正反兩面的聲音都有），眾人連署要求重審，連
署人的職業大多是醫生、作家、律師和大學教師，這份連署書被報紙主編以
〈知識分子宣言〉為標題刊出，從此「知識分子」（intellectual）一詞才在西歐
流傳並廣泛使用。事實上在西歐「知識分子」一詞本來是形容詞，形容讀書
人「刻板」或智力膚淺，具有輕蔑的意味〔註16〕，從《兩個世界》雜誌社社
長的文章可以看出這種輕視：

目前，在知識分子中間傳閱著一分請願書——人們還專門為此創
造了知識分子一詞，來確指這些人，就像一個貴族等級似的，就
是那些生活在實驗室裡和圖書館裡的人。這個事件本身就暴露了
我們這個時代最為可笑的弊端，我是指那種試圖把作家、學者、
教授、語文學家抬到超人高度的做法。知識分子的價值——我決

〔註15〕 轉引自邁克爾・伯恩斯（Michael Burns）著，鄭約宜譯《法國與德雷福斯事
件》（南京：江蘇教育，2006年），頁168～172。
〔註16〕 〔法〕貝爾納-亨利・雷威著，曼玲，張放譯《自由的冒險歷程：法國知識分子
歷史之我見》（北京：中央編譯社，2000年），頁2。

不想輕視這一點——是相對的。對我來說，在社會等級中，我更看重堅強的意志，頑強的性格，正確的判斷，還有實踐經驗。因此，我會毫不猶豫地把我所了解的某個農民、商人高高置於某個才高八斗的學者，某個生物學家，或者某個數學家之上，我不想指出他們的名字。〔註17〕

但是「德雷福斯案件〔註18〕」在法國成為眾所矚目的焦點，扭轉了「知識分子」（in tellectual）一詞原來的含義——從形容詞變成名詞——成為一種光榮的符號和象徵〔註19〕，是指受過教育、具有批判意識和社會良知的一群人。當時法國社會分裂為「德雷福斯派」——資產階級共和派、新教徒和社會主義者的聯盟，與「反德雷福斯派」——守舊派、天主教徒、軍國主義者和極端民族主義者的聯盟，兩個聯盟的對抗導致法國政治的新發展，一種新的政治組織形式的產生。由於正反雙方都不乏社會知名人士的支持，「反德雷福斯派」反對重審，認為此舉將影響國家包括軍方的名譽和秩序（即使明知其為錯誤）〔註20〕，所以這是一場「秩序」與「正義」的衝突，一邊出於對國家體制與權力威望的支持，另一邊則是出於對正義理念與人權的維護。前者是意識形態的保守派；後者是來自各種職業的知識人，具有普遍主義的

〔註17〕 莫里斯・帕來奧洛格《德雷福斯事件日記》，頁 90～91。轉引自〔法〕米歇爾・維諾克著，孫桂榮、王一峰譯《法國知識分子的世紀・巴雷斯時代》（南京：江蘇教育，2006 年），頁 23。

〔註18〕 1899 年法院判定德雷福斯案件的判決無效，軍方不得不重審，為維護軍方名譽仍判定有罪，但減刑為十年，德雷福斯以放棄上訴換取總統特赦。直到 1906 年對德雷福斯的判決被取消，德雷福斯始獲得平反。

〔註19〕 〔法〕貝爾納-亨利・雷威《自由的冒險歷程：法國知識分子歷史之我見》，頁 2。

〔註20〕 希爾斯（Edward Shils）認為：「各種意識形態的顯著特徵是，他們對極其廣泛的探討對象都有一個高度明確的闡述：他們的支持者都共同按照一個權威性和明確性的公開體系。他們圍繞著一個或少數幾個終極價值（諸如得救、平等或種族純粹），而實現了相對而言的高度系統化和一體化。……接受者必須全身心地屈從於本意識形態，它應該全面地滲透在他們的行動之中，這一點被認為是根本的和強制性的。意識形態的所有擁護者彼此之間應達成完全一致的意見：集體的合作形式被認為是信從者的適當組織模式，一則可以維持那些已信奉者的紀律，二則可以贏得或主導那些尚未信奉本意識形態的人物。」從這裡的論述可以看出，為什麼那些當權者即使明知審判有誤卻不願改正錯誤的心理。《知識分子與當權者》（台北縣：桂冠，2004 年），頁 29～30。

批判意識，為伸張正義敢於批判最高權力當局的人士。科塞（Lewis Coser）認為「德雷福斯事件」成為近代知識分子歷史的一個界線，就在於這個事件過程中，參與者對於政治權力、社會秩序和民族國家的態度，涇渭分明的體現出來〔註 21〕。「德雷福斯事件」對法國社會主義運動產生巨大的影響，激進的、游離在社會邊緣的左派知識分子的力量透過此一事件結集，並且獲得勝利，抑制了極端民族主義繼續右傾，為二十世紀左派知識分子的壯大奠定基礎，可以說，法國知識界一向是左派的天下，就是來自於「德雷福斯事件」的餘緒。

　　十九世紀法國知識分子主要都是自由職業者——作家、藝術家、律師、醫生、大學教師，他們在精神氣質上有點像波希米亞人，經常在咖啡館裡高談闊論，他們的特點是站在普遍價值的立場關注公共議題，形成了一個社會的「公共領域」。從俄國知識階層身上，我們看到十九世紀以來社會變遷中知識階層特殊的歷史性格——邊緣人，相對於俄國的知識階層（intelligentsia）而言，法國的知識分子（intellectual）沒有階層的涵義，但具有浮動性，即不隸屬於特定的政治或社會團體。因此，西方現代意義的知識分子也就是指那些以獨立的身分，藉助知識和精神的力量，對社會表現出強烈的公共關懷，體現出一種公共良知、有社會參與意識的一群文化人，這是西方知識分子詞源學上的原意〔註 22〕。從上述知識分子的語源來看，俄國知識階層出身於貴族，因而是偏重在「身分」的概念，法國知識分子則來自於各種以知識謀生的職業，因其不受體制控制的自由「職業」更受矚目。目前西方知識分子的語境偏重在德雷福斯事件以來所發展出來的知識分子概念，布魯斯‧羅賓斯（Bruce Robbins）分析「知識分子」這一術語在德雷福斯事件時期被廣泛使用，便具有政治和職業兩層色彩〔註 23〕，這「兩層色彩」就是我們理解知識分子的基本路徑。因此，談論知識分子便不能忽略其職業，缺乏職業自主的知識分子無法在經濟上獨立，也就無法在思想上自主；政治則是指他的公共性質以及與體制的關係，這是西方談論知識分子概念的兩個基礎。

〔註 21〕 劉易士‧科塞（Lewis A. Coser）著，郭方譯《理念的人》（臺北：桂冠，1992年），頁 238。

〔註 22〕 許紀霖〈知識分子是否已經死亡？〉，陶東風主編，《知識分子與社會轉型》，頁 29。

〔註 23〕 布魯斯‧羅賓斯（Bruce Robbins）著，王文斌等譯《知識分子：美學、政治與學術》（南京：江蘇人民，2002 年），頁 8。

第二節　知識分子的定義與內涵

　　有關知識分子的定義，一般的社會學家通常從職業或知識分工角度來界定知識分子。一個最著名的定義是美國社會學家希爾斯（Edward Shils）所下的：「知識分子就是在社會中那些頻繁地運用一般抽象符號去表達他們對人生、社會、自然和宇宙理解的人。也就是說，知識分子無非是創造或傳播抽象的價值符號的一群人。〔註24〕」根據這一定義，知識分子包括大學的教授、研究院的人文專家、媒體的從業人員、出版社的編輯以及作家、自由撰稿人等等。從一般的社會學意義上，這一劃分具有較廣泛的適應性和語用功能。希爾斯的定義非常的寬泛，只要是頻繁的使用抽象符號的人都可以被視為知識分子，所以他們可以是知識生產者，也可以是知識消費者，甚至是知識的管理者（如圖書館、博物館管理員），對現代人來說，教育普及率這麼高，幾乎人人都可以被稱為知識分子了。薩依德（Edward W. Said）的定義則顯得狹隘許多：「在我看來知識分子的主要責任就是從這些壓力中尋求相當的獨立。因而我把知識分子刻劃成流亡者和邊緣人（exile and marginal），業餘者，對權勢說真話的人。〔註25〕」薩依德著重在「邊緣人」、「流亡者」、「業餘者」的知識分子性格，是為了避免體制內的「誘惑」，因為「專業化」意味著「無可避免地流向權力和權威，流向權力的要求和特權，流向被權力直接雇用。〔註26〕」而業餘則意味著選擇公共空間，而不是由專家和職業人士所控制的內行人空間〔註27〕。對於薩依德來說，知識分子的重任就是：「努力破除限制人類思想和溝通的刻板印象（stereotypes）和化約式的類別（reductive categories）〔註28〕」，「不管個別知識分子的政黨隸屬、國家背景、主要效忠對象為何，都要固守有關人類苦難和迫害的真理標準。〔註29〕」因此知識分子不會是唯唯諾諾之人，而是諤諤之士，薩依德認為這些人與特權階級、權勢者等圈內人不和，被視為圈外人與流亡者：

〔註24〕許紀霖〈知識分子是否已經死亡〉，收在陶東風編《知識分子與社會轉型》（開封：河南大學，2003年），頁32。

〔註25〕Edward W. Said（艾德華・薩依德）著，單德興譯，《知識分子論》（台北：麥田，1997年），頁34。

〔註26〕薩依德《知識分子論》，頁118。

〔註27〕薩依德《知識分子論》，頁126～127。

〔註28〕薩依德《知識分子論》，頁29。

〔註29〕薩依德《知識分子論》，頁31。

把知識分子設定爲圈外人的模式，最能以流亡的情況加以解説——
永遠處於不能完全適應的狀態，總是覺得彷彿處於當地人居住的親
切、熟悉的世界之外，傾向於避免、甚至厭惡適應和國族利益的虛
飾。對這個隱喻意義的知識分子而言，流亡就是無休無止，東奔西
走，一直未能定下來，而且也使其他人定不下來。無法回到某個更
早、也許更穩定的安適自在的狀態；而且，可悲的是，永遠無法完
全抵達，永遠無法與新家或新情境合而爲一。〔註30〕

薩依德使用流亡的情境做譬喻，知識分子因爲不依附權貴才能保持批判意
識，這種永遠處於流亡的心境使知識分子不同於流俗，敢於挑戰常規與扮演
反對者的角色，換言之，知識分子應該是特立獨行，甘於寂寞，秉持獨立判
斷及道德良知，不攀附權勢，不熱中名利，保持批判意識並勇於表達一己之
見，所以是敢於對權勢說眞話的圈外人、業餘者、流亡者。

影響較大的還有葛蘭西關於知識分子的分類，他將知識分子分爲有機的
和傳統的，前者係社會經濟政治體制內的有機組成部分的那些知識分子，他
們爲該體制在政治意識形態上的整合和霸權而存在，而匯聚，而發揮作用；
後者則指每一社會中游離於體制外的那些文人、學者、藝術家，以及部分屬
於前一社會體制內的有機知識分子〔註31〕。葛蘭西認爲傳統的知識分子像教
士、教師和自由的文人等，自以爲是獨立、自由的不過是一種幻覺，他們仍
然不免要和他們生存的社會階級、意識形態相連繫，至於有機的知識分子，
是所有組織內部的積極行動者，能夠爲體制與意識形態做有效的整合，他認
爲現代意義的知識分子應該是以有機的知識分子取代傳統的知識分子。

自德雷福斯事件以來，左派知識分子被視爲具有主宰眞理與正義的能
力，而被有意無意地視爲普遍原則的代言人，作爲一個知識分子就代表了某
種近乎人類整體的意識／良知，此一理念在傅柯（Michel Foucault）看來是屬
於即將凋萎的馬克思主義轉變而來〔註32〕。由於普羅階級根據其歷史情境的
需要，知識分子透過其自身道德、理論與政治的抉擇，擔當起普遍律則的負

〔註30〕薩依德《知識分子論》，頁90～91。
〔註31〕黃平〈知識分子：在漂泊中尋找歸宿〉，收在許紀霖編，《20世紀中國知識分
子史論》（北京：新星，2005年），頁8。
〔註32〕傅柯（Michel Foucault）著，鄭陸霖譯〈眞理與權力——傅柯論「知識分子」〉，
《南方》第三期，1986年12月，引自網站：http://www.ios.sinica.edu.tw/cll/
truthpower.html。

載者，知識分子於是被視為是這些普遍原則清澄、煥發出個性的風範，而其隱晦的、集體的形式則內藏於普羅階級〔註 33〕。傅柯認為普遍性知識分子即將為「確著的知識分子」所取代，所謂的「確著的知識分子」如核子科學家、電腦專家、藥理學家……等，會隨著其政治責任的增加而愈形重要，其關鍵處在於「真理並不是外在於權力」。傅柯認為應該捨棄傳統想像知識可以存在權力關係之外的地方，應該承認：

> 權力產生知識（而且不是因為知識可以為權力服務，因而權力鼓勵知識；也不是因為知識有用，所以權力應用知識）；知識和權力互相蘊涵，沒有權力關係，就沒有相關知識領域的構成，任何知識都同時預設且構成權力關係。因此，這些「權力——知識關係」不是在誰是或誰不是免於權力關係的知識主體（a subject of knowledge）之基礎上而被分析，相反地，認知主體、被認知的對象以及知識的模式，都必須被視為權力——知識的基本含義之效果，也是它們的歷史轉型之效果。總而言之，權力——知識不是一堆產生有用知識或抗拒權力的知識主體之活動，而是許多歷程與鬥爭，它們構成知識——權力，而且決定了知識的形式和可能的領域。〔註 34〕

在傅柯看來真理／知識的生產並不是外在於權力，任何一個社會都有它的真理政權，即所謂真理的「一般政治學」：它乃是作為真理／知識而被接受並產生功能的論述型態。真理／知識的論述形式與生產制度依附於持續的經濟與政治的誘惑，以多樣的形式成為廣泛散佈的消費對象，在一些龐大政治及經濟機構的控制下，知識分子具有三重的特殊性：他的階級位置是服務於資本主義的小布爾喬亞或是服務於普羅大眾的「有機」知識分子，在實驗場所、大學、醫院等機構中服從順應或反抗政治及經濟的要求，使得知識分子在我們的社會中具有政治活動的特性而具有了一般性的意義，因為如此，那些局部、確著的鬥爭具有不局限於專業或特定部門的效應及糾葛，使知識分子在社會的結構及功能運作，進入核心關鍵的真理政權的一般性層面上。因此我們必須放棄「科學」及「意識形態」的角度來思考知識分子的政治問題，轉而採取「真理／知識」及「權力」這一視角，如此一來，我們也得以用新

〔註 33〕傅柯〈真理與權力——傅柯論「知識分子」〉，同上注。

〔註 34〕傅柯（Michel Foucault）著，劉北成，楊遠嬰譯《規訓與懲罰——監獄的誕生》（台北：桂冠，1998 年），頁 26。

的方式來面對知識分子專業化以及智識和體力勞動分工的老問題〔註35〕。

華人世界的學者對於知識分子的定義則如下：

> 根據西方學術界一般的解釋，所謂「知識分子」，除了獻身專業工作
> 以外，同時還必須深切地關懷著國家、社會以至世界上一切有關公
> 共利害之事，而且這種關懷又必須是超越個人（包括個人所屬的小
> 團體）的私利之上的。所以有人指出，「知識分子」事實上具有一種
> 宗教承當的精神。（余英時）〔註36〕

> 從社會功能上來看，現代知識分子可以分為兩大類。一類是「科技
> 專家」，包括經濟學家、社會科學家和自然科學家、工程師及一部分
> 記者等。他們給各種決策者和統治者提供各種顧問、諮詢，特別的
> 知識、建議信息和觀念，充當智囊和各類顧問。這類作為「技術專
> 家」的知識分子的地位和作用在一切進入現代化過程的社會中顯得
> 日益重要，並且，這種重要性是沒有異議的。另一類則是所謂的人
> 文知識分子。他們的社會職能與前一類不同，一般講要更形而上一
> 些，與實際事務的直接關係更少一些，而更多的關心社會、人類普
> 遍長遠的利益，更多地著眼於精神文化的問題。但這類知識分子的
> 地位與作用今天似乎成了問題。不時聽到關於知識分子的「失落」
> 和「邊緣化」的談論證明人們對人文知識分子在現代化過程的價值
> 與作用是有相當疑問的。（張汝倫）〔註37〕

> 因此所謂「知識分子」，我認為應該接受孔子「士志於道」的規創性
> 界說；只是在以科技為文明，專業分工日細而階層流動頻繁的現代
> 化社會，「道」的實質內容不宜只界定在儒家政教道德的窄域中。現
> 代社會，凡在常態中的人都有所從業，故而我將「道」定義為各所
> 從業者的「理想性價值」自我期待並實踐之基本精神；至於「理想
> 性價值」的實質內容，則因各不同事業的本質而定。其中，以「知
> 識」本身的研發為業者，例如各高等學府及學術研究機構密集的人

〔註35〕傅柯〈真理與權力──傅柯論「知識分子」〉，同注32。
〔註36〕余英時〈士在中國文化史上的地位〉，見氏著《知識人與中國文化的價值》（台
　　　　北：時報文化，2007年），頁302。
〔註37〕張汝倫〈人文知識分子與現代化〉，收在陶東風編《知識分子與社會轉型》，
　　　　頁80。

材社群：或以「知識」爲依據而用之於社會實踐及專業生產之行動者，例如政治、社會、文化評論家，以及政府部門、各種生產單位的策劃、諮詢專業人士。前者明體，可期待爲「專業學術型」知識分子。後者達用，可期待爲「社會實踐型」知識分子。這兩者也非截然畫分，兼事者並非少數。這類人最具有條件被社會期待與自我期待成爲眞正的「知識分子」。（顏崑陽）〔註38〕

余英時的定義兼顧歐洲與俄國知識分子兩個來源，所以強調職業人的身分與宗教精神，張汝倫則將知識分子劃分爲技術專家型知識分子與人文知識分子，並對於後者的失落感到憂心，顏崑陽也有類似的分類，將其分爲專業學術型與社會實踐型知識分子，期待可以兩者兼顧而成爲「眞正的」知識分子。

事實上，每一種定義都是在做畫定界線的工作，把一個領域劃分兩半，彼與此，內與外，我們與他們。每一種定義都宣告了一種對立：在界線這一邊所存在的某一種特徵，恰是另一邊所缺乏的〔註39〕。以上所有這些定義都有一個共同的特色：他們都是一種自我定義。也就是說知識分子是一種身分，不是一種規範，他的外延並沒有劃定一個客觀的邊界，也沒有預設界線的存在，而是一種廣泛而開放的邀請——邀請人們加入這一全球性的社會實踐〔註40〕，只要願意，都可以晉身知識分子之列。審視中外學者對「知識分子」的解析，我們勉強可以抽離出一些共同的看法，「知識分子」乃是一群爲社會提供宇宙、人生、社會及文化之解釋者，他們的身分本身便與政治／權力難以劃分，他們對社會具有強烈的責任意識與使命感，有時對政治採取批判的態度，而且往往有不滿現狀的行跡，甚至有學者認爲批判性就是「知識分子」的基本特徵。然而知識分子的實質內涵與所具的「理念期望」則隨著不同歷史時期、區域文化甚至個人主觀視域而有所不同〔註41〕。因此，知識分子的「理念性期望性格」乃是「歷史文化的性格」，欲了解知識分子的普遍內蘊意義爲何，唯有從歷史及文化的性格中去抽取才能有所斬獲〔註42〕。

〔註38〕顏崑陽老師〈台灣當代「期待性知識分子」在高度資本化社會中的陷落與超越〉，《文訊》，第253期，2006年11月，頁73。

〔註39〕齊格蒙・鮑曼（Zygmunt Bauman）著，洪濤譯，《立法者與闡釋者》（上海：上海人民，2000年），頁9。

〔註40〕鮑曼《立法者與闡釋者》，頁2。

〔註41〕參考顏崑陽前揭文，頁72；葉啓政《社會、文化和知識分子》（台北：東大，1984年），頁144。

〔註42〕葉啓政《社會、文化和知識分子》，頁144。

　　知識分子雖然是近代才出現的詞,但是無論在中國還是西方,都有其歷史、社會淵源。帕森斯(Talcott Parsons,1902～1979)認為,知識分子的崛起與兩個因素休戚相關:一是文字的出現,二是哲學的突破。一個民族或文化出現了文字之後,它需要一種特別的人才,一種能掌握文字的人來進行紀錄和書寫(或者說文字被這類人所壟斷的掌握了)。因為文字在當時是極少數人才能掌握的符號,具有神聖性,受到大眾的崇拜,因此這群懂得文字書寫的人,便逐漸形成一個特殊階層,這便是知識分子的雛型,而這些人最早是從巫師、婆羅門以及僧侶等人當中分離出來的。另一個因素是哲學的突破(philosophic breakthrough);雅斯培(Karl Theodor Jaspers,1883～1969)指出在人類歷史上有一個「軸心時代」(axial age,或譯為樞紐時代),在公元前800年到前200年,世界各大文明,包括古希臘、印度、中國境內幾乎都出現了人的自我意識的覺醒,被稱為「哲學的突破」。帕森斯認為,所謂「哲學的突破」是對構成人類處境的宇宙本質的理性認識,而這種認識所達到的層次之高是前所未有的,隨著這種認識而來的是對人類處境及其基本意義有了新的解釋〔註43〕。知識階層的興起和「哲學的突破」密切相關,哲學突破的結果是帕森斯所謂「文化事務專家」(specialists in cultural matters)在社會上形成一個顯著的集團,他們可以說是現代「知識分子」的源頭〔註44〕。

　　從文化的角度來看,在任何社會中,知識是經驗不斷的累積成長起來的,是無數人類各種文化活動的凝結物〔註45〕。然而平凡文化和粗俗文化所占的數量通常遠比精緻文化為多,流傳幅面也更大,但是,精緻文化所反映的是一個社會秀異分子表現在美感、知識和道德上,他所從事嚴肅的創造或修飾的成果,這種成果長期累積起來被當成代表該社會的傳統,同時,這種傳統在歷史發展中又能做適度的轉變與修飾,才能顯出他的意義和價值,成為一個社會的文化典範,可以說,創造和修飾這種精緻文化的秀異分子即是核心知識分子〔註46〕。從文化的製造過程來界定知識分子,可看出他的明顯特徵,

---

〔註43〕余英時《中國知識階層史論(古代篇)》(台北:聯經,1989年第三刷),頁32。

〔註44〕Parsons,「The Intellectual」,轉引自余英時《中國知識階層史論(古代篇)》,頁35。

〔註45〕弗・茲納涅茨基(F. Znaniecki)著,郟斌祥譯,《知識人的社會角色》(南京:譯林,2000年),頁8。

〔註46〕葉啟政〈現代工業和社會中的知識分子〉,見氏著《社會、文化和知識分子》,頁147。

即知識分子這種創造能力的性質似乎普遍存在於任何社會，這是知識分子超越歷史和文化的本質〔註47〕。

西方「知識分子」概念一般追溯到古希臘羅馬的智者身上，而中世紀的神職人員和家庭教師，特別是 18 世紀法國啓蒙運動中的「哲士」（Les philosophe）被視爲「智者」的繼承人。但是在當代著名學者薩依德、葛蘭西、伯林、科塞等人的眼中，「智者」雖然掌握了一定的文字解釋權和話語權，但是缺少對豐富知識的渴求，對終極眞理的追求，對現實問題的關注，對自身思想和價值的肯定，對偉大理念和理想的傳播，以及對社會文化的深刻批判〔註48〕。對現代而言，由教士階級獨占對世界的詮釋權已被摧毀，新興的自由知識分子已取代封閉與完全受組織控制的知識階層。自由知識分子的特點是，由不斷變異的社會階層與生活情境引進人才，而其思想模式不再受階級組織限制。自由知識分子由於沒有專屬的社會組織，他們容許在較大的世界中，與其他階層思想與經驗方式公開競爭以獲得他人認可〔註49〕。這是現代知識分子與前現代知識階層的差異，知識與詮釋權不再由特定集團壟斷。狹義的知識分子首先在西方出現，是因爲西方率先進入現代，其存在的社會基本條件是：（1）較高的識字率、廉價的印刷品與快速的傳播，（2）知識產品廣大的接受者，（3）專業的學術機構，（4）嚴格的學科劃分，（5）社會分工造成的職業化和專業化，（6）社會對知識教育空前規模的需要，（7）文化教育事業的理性化、科層化和制度化。以上的現代化現象使知識分子有了獨立生活的經濟來源，可以從事知識生產活動爲生〔註50〕。現代知識分子職業的分化，啓動了知識分子擺脫對體制的依賴，擺脫體制等於爲知識分子的獨立性提供了某種可能，也就是曼海姆所謂不固定的、「較無階級的階層」的特點。一個不依附於任何階級的知識分子，可以成爲意識形態謊言的揭露者，思想的相對主義者和批判者，種種世界觀的分析者。「非依附性」恰恰是他們獲得自由思考的前提，是獲得思想的自由和公正的條件〔註51〕。

〔註47〕葉啓政〈現代工業和社會中的知識分子〉，見氏著《社會、文化和知識分子》，頁 147。

〔註48〕張建華《俄國知識分子思想史導論》，頁 20。

〔註49〕曼海姆（Karl Mannheim）著，張明貴譯，《意識形態與烏托邦》（台北縣：桂冠，2005 年），頁 10～11。

〔註50〕張汝倫〈人文知識分子與現代化〉，收在陶東風編《知識分子與社會轉型》，頁 79。

〔註51〕曼海姆《意識形態與烏托邦》，頁 138。

　　知識分子之所以不同於以前任何類型的知識階層，因為「他」本身便是現代化這一歷史進程的產物，現代化是指社會在科學技術革命的衝擊下，業已經歷或在進行的轉變過程。在這過程中一個社會從宏觀到微觀都發生普遍、深刻、劇烈的變化，新事物層出不窮，令人目不暇給，這種生存條件的巨大變化，必然要在複雜的人心中表現出來。因此，這一社會文化變革的過程伴隨著啓蒙運動絕非偶然，人文知識分子的創造力從一開始就不可遏制的噴發出來。隨著現代化的發展，傳統價值觀念不再具有絕對權威，人們的知識眼界大大擴展，知識的廣泛交流更促使創造性知識活動的開展。社會急遽分化和日益多元化，不斷湧現各種新的利益集團和新的社會群體，面對一個前所未見的新世界，面對日新月異的新生活，人們的心靈變得愈來愈敏感，愈來愈開放，人們也愈來愈渴望認識這新世界、把握這個世界、解釋這個世界，渴望為自己的新生活找到新價值，確立新理想〔註52〕。

　　在「知識分子」這個新術語中，隱含著所有職業當中，知識起著核心的作用，不同職業間的人分享著相同的科學方法與思維方式，這些程序性規則保障了眞理的獲得，保障了道德判斷的有效性和藝術趣味的適當選擇。簡單說，因為科技理性的發達，程序性規則具有普遍有效性，運用這些規則的結果因而也就具備了普遍有效性〔註53〕。這決定了他們在權利與義務方面共同的相似性，也賦予知識分子角色特殊的責任：超越各種不同的幫派利益和世俗宗派主義，以理性代言人的名義，向全國人民說話。他們同時被賦予唯一的正確性和道德威望，因此擁有從事仲裁的合法權威〔註54〕。事實上這種知識分子的角色並非某種職業的必然結果，而是自我提升的結果，他們的思想沒有被局限於特定功能或利益的成見所汙染，從根本上看，這是個人選擇與責任承擔的問題，一旦接受了「知識分子」的稱號，也就同時接受了該團體其他成員共同承認並承擔的責任，這種接受在本質上是一種承諾，這種承諾體現了知識分子性格包含理想性與超越性〔註55〕。

〔註52〕張汝倫〈人文知識分子與現代化〉，收在陶東風編《知識分子與社會轉型》，頁81～82。
〔註53〕鮑曼，《立法者與闡釋者》，頁5。
〔註54〕鮑曼，《立法者與闡釋者》，頁27～29。
〔註55〕鮑曼，《立法者與闡釋者》，頁29。

第三節　知識分子的困境與沒落

　　每個社會都有與自身的歷史進行接觸的需要，在分化的社會中，統治者便力圖藉由顯示其政權與過去偉大人物的連續性而強化了他們所宣稱的合法性，如果族群規模過大或親族中沒有足以擔任此職者，便須由識字的史官來負起此一工作；另外藉由傳統和教育的制度，來擔負教導有可能成為統治者的教育機構；權力機關想取得或多或少的連續性，需要能夠做紀錄並發布法令和公文的行政人員；以上這些都是知識階層的職責，為社會的穩定、秩序和凝聚力貢獻一份力量，他們需要一套象徵符號，諸如詩歌、歷史、傳記和憲法等，在他們的社會成員中傳布著一種同類意識〔註 56〕。也就是說，上述這些「體制內知識分子」就是意識形態的建立者〔註 57〕，對現存體制的運轉及在政治意識形態的霸權地位有不可替代的作用〔註 58〕。

　　一個統治集團的合法化與權威的維持，來自於維持秩序的強大威力與主持形式正義的有效性；對於權威的信仰並非完全來自人們的直接經驗，許多超出直接經驗以外的信仰是傳統和教義的產物，而傳統和教義又是知識分子的活動逐漸累積和延傳的產物〔註 59〕。文明階段的所有統治集團，不僅需要論證自身政治經濟利益的普遍性，而且要以精神道義的普遍性自居。可以說，統治集團為了追求集團的特殊利益而以普遍利益來偽裝，而這種普遍性來自於意識形態，為構建意識形態，統治集團必須以權力引誘或者脅迫知識分子運用普遍性的話語意義，為他們編織意識形態的幻想／幻象，部分依附於權力的知識分子從而成為意識形態專家，他們是構成權力集團的重要組成部分〔註 60〕。對知識分子而言，他可以因為當權者的支持而獲得合法的利益和地

〔註 56〕希爾斯（Edward Shils）著，傅鏗等譯，《知識分子與當權者》（台北：桂冠，2004 年），頁 4～5。

〔註 57〕恩格爾等著，張明貴譯，《意識形態與現代政治》：「意識形態是一種信仰體系，他為既存的或構思中的社會，解釋或辯護為人所喜好的政治秩序，並且為其之實現提供策略（過程、制度、計畫）。政治意識形態包括一套人性及社會有關的規範性與經驗性的基本命題。這些命題用來解釋與辯護人類的情況，及指導或維護人們所喜好的政治秩序之發展。意識形態提供了對於過去的一種詮釋，對現在的一種解釋，以及對未來的見解。他的原則表明了政治生活與權力的目的、組織與界限。」台北：桂冠，1990 年四版，頁 5～6。

〔註 58〕黃平〈知識分子：在漂泊中尋求歸宿〉，收在許紀霖編《20 世紀中國知識分子史論》，頁 9。

〔註 59〕希爾斯《知識份子與當權者》，頁 6。

〔註 60〕尤西林《闡釋並守護世界意義的人》（臺北縣：空庭書苑，2008 年），頁 166。

位，也可經由當權者的合法權利的運用，使自己的理想付諸實現，依列寧的說法，這是一種「好用的蠢蛋」，就是指這一類自以爲是卻無意中不幸爲權力集團所利用，甚至從旁搖旗吶喊或與之唱和的知識階層〔註61〕；當然也可能是如 Dahrendorf 所說的「傻人」（fool），或是成爲政治與經濟的玩偶，這是另一種傻人〔註62〕。

　　真正的人文知識分子與政治之間有一種先天的緊張對立關係，這種緊張關係起自於知識分子對神聖事物先天的根本取向〔註63〕。因爲知識分子只服從於最高理想的權威，當統治集團的權威與此相違背時，知識分子則義無反顧的選擇站在對立面；此外，知識分子思想的創新性，必然在某種程度對現有社會秩序體系產生破壞，進而損害到當權者或一部分知識分子的利益，這種緊張關係是現代工業社會知識分子所具有的特點，因爲知識分子的職業分化與經濟獨立，不需要依附於某種特定團體，因此現代知識分子難以具備形成階層的條件，即使知識分子之間都很難有一定的共同利益與共識；再者，知識分子思想的超越性以及強烈的理想主義性格，這種激進的傾向使他成爲社會現實的批判者、社會變革的急先鋒，由於知識分子長期缺乏與社會現實接觸，缺乏實踐精神，在世俗人眼光中往往落於不識時務、眼高手低的窘境，在亂世中的歷史英雄或革命家，也鮮少知識分子的身影。知識分子總是處在孤寂與結盟之間擺盪，不僅在革命中與綠林英雄或野心家的氣質迥異，在教化傳布中，與作爲權力工具的意識形態專家相牴觸，而且在個體定位上與民眾有距離，甚至與整個世俗社會疏離而遁入隱逸，這些對立不僅在現實生活中帶來一系列的問題，也勢必在知識分子個體的人格內在造成分裂〔註64〕。

　　由於現代化是一個錯綜複雜的、長期的、普遍的社會變遷過程，涉及社會與個人生活的各方面，而人文知識分子的專業與職業又相當多樣，這就使得他們的批評具有眾多不同的取向和對象〔註65〕。知識分子的批判乃是必然

〔註61〕李有成〈知識分子的消沉〉，《文訊》253 期，2006 年 11 月，頁 65。
〔註62〕葉啓政〈誰才是知識份子〉，收在中國論壇雜誌編《知識分子與台灣經濟發展》（台北：中國論壇雜誌社，1989 年），頁 48。
〔註63〕希爾斯《知識分子與當權者》，頁 21。
〔註64〕尤西林《闡釋並守護世界意義的人》，頁 192～193。
〔註65〕張汝倫〈人文知識分子與現代化〉，收在陶東風編《知識分子與社會轉型》，頁 79～88。

的，或者說創造與批判是兩面一體的，批判是創造的動力，只有在不斷的自我否定中才有進步、創新的可能，批判是知識分子的天職，知識分子的社會批判是在職業本性之外的延伸，也是他的理性精神的展現。因為知識分子對於自我成長與進步性的要求，對於真理與公義的堅持，知識分子與任何社會實際的制度所體現的價值取向之間，存在著某種張力，所以知識分子排拒那些已經被納入現行社會制度而廣被接受的價值觀〔註66〕，因此知識分子與當權者之間一向是相互不信任和相互不理解的〔註67〕。雖然被納入權力光譜的「體制內知識分子」也是知識分子的一員，但是一般所認知的知識分子大約都是體制外的、甚至是反體制的，他具有強調理性、重視創新和傾向批判的三個特質，而統治集團則趨向尊重傳統、強調穩定與延續和肯定制度的走向，因此知識分子與統治集團總是處於緊張與對立〔註68〕。

相對於人文知識分子，科技知識分子受到較少的關注，但是後者已經悄悄的取代前者，成為現代社會生活的主導者。不可否認的，工業革命帶來的變遷，本質上是社會整體的質變。工業革命所發動的現代化歷程，知識、技術甚至文化的發展，是某些物質和技術要求所引發的。人們對於知識的追求，來自於實用的需要，隨著科技知識分子對自然界的探索，不斷改變人類對於自然世界的認識，這種認識也改變人對社會世界以及自身的認識，推動整個知識觀念的更新。直接的影響是物質面的社會發展，知識的實用性多寡決定所占的社會地位高低，在這樣的社會型態下，科技知識分子地位的重要性自然被肯定，尤其在西歐，科學及工技替代了宗教和政治意識形態成為社會的神聖象徵（sacred symbol），以科學及工技為中心的功能性強化了「控制」與「發展」這兩個現代中心意理〔註69〕。在工業社會巨大複雜的變化下，從科學控制發展出來的科層化組織扮演了重要的角色，透過科層制度和組織所形成的集體力量，獨立的知識分子可以被集中，一起從事某種精緻文化基素的創造和修飾，達到比以前更有效率、更有影響力的效果。創造過程的組織化之後，此項功能因組織的存在及發展而逐漸獨立，形成一股強有力的社會力

〔註66〕希爾斯《知識分子與當權者》，頁9。

〔註67〕劉易士‧科塞（Lewis Coser），《理念的人》（臺北：桂冠，1992年），頁150。

〔註68〕葉啓政〈現代工業社會中的知識分子〉，見氏著《社會、文化與知識分子》，頁162。

〔註69〕葉啓政〈現代工業社會中的知識分子〉，見氏著《社會、文化與知識分子》，頁155。

量，反過來左右著知識分子，因此現代知識分子往往無法脫離組織而獨立〔註70〕。這種科層化組織的影響，合理化了對知識分子的控制和對知識領域的操控，也複製了技術理性的標準和削減知識分子自由範圍的組織紀律。韋伯對科層化所下的結論是，一旦科層制被牢固的確立之後，它就幾乎不可能再瓦解〔註71〕。隨著知識分子被吸收進入大公司、政黨、利益團體、教育體系，當然還有國家的機構網絡之中，他們的作用也變得更加工具化了。換句話說，現代知識份子在政治上的影響力已經削弱了，自由漂浮的知識分子或多或少已經從政治舞台上消失了〔註72〕。從另一個層面看，科技知識分子的實用工具特質和依賴組織的必然性，逐漸使他們養成踏實而且冷漠的性格，這種情形在競爭激烈、講求效率的社會中特別明顯。因爲現代社會的知識進展日新月異，在一波接一波的競爭浪潮下，科技知識分子的領先地位隨時可能被取代，所以他的地位是脆弱的、處境是不穩定的，心理明顯缺乏安全感而惶惶不可終日。同時，知識專業化使得知識領域分離而區間化，甚至同類型的知識之間的隔閡愈來愈大，知識分子之間也產生了溝通的困難（也就是所謂的「隔行如隔山」）。這種知識的區間分化使得知識分子之間的共同認同基礎愈來愈薄弱，愈來愈分離，知識分子普遍缺乏欣賞本行之外的精緻文化的能力，成爲「有學識的無知者」〔註73〕。當他們所能了解的只是自己所擁有的一小部分的專業知識世界，其他部分與一般人一樣是無知者，這種專業失衡的現象，使我們有了更多優秀的專家，卻缺少可以解釋、創造世界象徵意義的人文知識分子。由於知識分子的專業化及工具化，使他們缺乏批判社會、文化的自信和能力，即使有心要批判也常感力不從心。尤其今日的社會結構和文化內容愈趨複雜，要批判社會與文化，往往要經過相當長時間的培養和累積才有可能，這種趨勢更加深了科技知識分子的無力感和疏離性格。此外，現代組織的絕對優勢，使知識分子明白，自己的專業成就唯有依賴組織——尤其是政府——才有實現的可能，這種專業的依賴性更是催化他們喪失批判的

〔註70〕葉啓政〈現代工業社會中的知識分子〉，見氏著《社會、文化與知識分子》，頁156。

〔註71〕卡爾・博格斯（Carl Boggs）著，李俊，蔡海榕譯，《知識分子與現代性的危機》（南京：江蘇人民，2006年），頁110。

〔註72〕博格斯《知識分子與現代性的危機》，頁88。

〔註73〕葉啓政〈現代工業社會中的知識分子〉，見氏著《社會、文化與知識分子》，頁167。

勇氣和信心〔註74〕。

　　現代工業社會已無法使用傳統學徒制的方法，在職業角色的訓練與使用必須制度化的分離，在這樣社會制度變遷的要求下，大學擔當起作育專業人才的責任。單就這個功能來看，大學在整個社會生產及發展的過程中，扮演著相當重要的「工具性」角色。當然，大學的社會功能不僅如此，除了少數的極權專制社會之外，大學尚保有西歐的知識傳統，以追尋人類「實質理性」和批判時代與歷史的意義為目標，其「目的性」的社會角色有別於前述實用知識分子的工具性。因為人文精神的探索是人類對自己生命及社會制度之終極意義與價值的肯定及批判，因此，現代大學是知識分子的大本營，而且也成為製造矛盾和兩難的場所〔註75〕。如今，這種現象也已日趨凋零。雖然仍有部分傳統自由主義者將大學視為具有自主性的避風港，可以在大學裡冷靜地尋求真理和知識，但是，現實的趨向是高等教育必須全面性的融入資本主義利益與統治集團利益，高等教育制度體現以技術、科層組織、專業主義等形式施加社會一套新的限制，在高等教育體系中，古典學者、哲學家、和文學人士的傳統知識分子，已經被技術專家型知識分子所取代，而與知識產業、經濟、國家和軍隊緊密的聯繫在一起〔註76〕。可以說，知識分子的工作一旦職業化，也就不再具有獨立性〔註77〕。新的知識分子受到嚴格的組織標準所控制，根據這種標準，知識分子的批判性和規範化受到嚴重的壓抑和扭曲〔註78〕。就如同雅各比（Russell Jacoby）所說的，對於 1940 年代以後出生的知識分子來說，益發縮小的文化空間，將年輕一輩的知識分子成群地驅趕進大學裡，校園是他們的居所，同僚是他們的讀者，專題論文與專業刊物是他們的媒體，他們已經失去與公眾對話的話語能力〔註79〕，自然失去對公眾的影響

〔註74〕 葉啓政〈現代工業社會中的知識分子〉，見氏著《社會、文化與知識分子》，頁 157。

〔註75〕 葉啓政〈現代工業社會中的知識分子〉，見氏著《社會、文化與知識分子》，頁 159。

〔註76〕 博格斯《知識分子與現代性的危機》，頁 97。

〔註77〕 法蘭克・富理迪（Frank Furedi）著，王晶，戴從容譯，《知識分子都到哪裡去了？》，（台北：聯經，2006 年），頁 37。

〔註78〕 博格斯《知識分子與現代性的危機》，頁 112。

〔註79〕 羅素・雅各比（Russell Jacoby）著，傅達德譯，《最後的知識分子》（台北縣：左岸文化，2009 年），頁 45、30。

力。「消逝的知識分子就消逝在大學裡〔註80〕」。這群技術專家型知識分子未必比之前的傳統知識分子沒有能力，但是他們既不願也不能走出校園，在雅各比看來這是一種隱憂，也是一種威脅，即造成公共文化的貧瘠〔註81〕，因此他呼籲一種新型態的知識分子──公共知識分子──來豐富社會文化，知識分子的公共性再度成爲焦點。不過由於現代化的變遷，傳統知識分子的時代已經一去不復返，現代社會由於學科過度分化，具有完全掌握整體社會問題的能力變得越來越困難，對意義和觀點的追求，也不可避免地迷失在專業技能與經驗性資料的困境中，每一學科僅能對複雜問題提供一小部份專業的解答，對於複雜性的問題無法提供普遍有效的回答。

傅柯認爲知識分子本身就是權力制度的一部分，群眾不再需要他們來獲取知識；群眾完全清楚地掌握知識，甚至比他們掌握得更好，而且群眾能很好地表達自己；知識分子既不再爲了道出大眾「沉默的眞理」而「向前站或靠邊站」，更多的是同那種把他們既當做控制對象又當作工具的權力形式作鬥爭，即反對「知識」、「眞理」、「意識」、「話語」的秩序〔註82〕，因此大力主張削弱知識分子的權威，他認爲既然沒有眞正的普遍眞理，知識分子就無法從事傳遞普遍眞理的工作〔註83〕，他主張思想者可以追求成爲「專業的」而非通才知識分子，通過他的專業分析的方式，揭示眞理與權力的不可分割，拆解社會隱蔽的權力關係，這是從普遍知識分子走向特殊知識分子的自我理解方式〔註84〕。後現代主義拆解現代主義的宏大敘述，在雅各比看來是知識分子的耽溺於細微、瑣碎的知識研究，擴大了科學主義與科技崇拜的合理化，在這方面的發展似乎與傅柯或後現代主義解構的用心背道而馳。知識分子究竟何去何從，成爲無關宏旨的議題，社會大眾既不關心，學院內的知識分子也無暇顧及，「知識分子」不是消失而是成爲一個貶抑的詞彙而無人願意提起。

〔註80〕 雅各比《最後的知識分子》，頁15。
〔註81〕 雅各比《最後的知識分子》，頁4。
〔註82〕 傅柯（Michel Foucault），〈知識分子與權力〉，杜小眞編《福柯集》（上海：上海遠東），頁205～206。
〔註83〕 富理迪《知識分子都到哪裡去了？》，頁41。
〔註84〕 許紀霖〈從特殊走向普遍〉，《公共性與公共知識分子》（南京：江蘇人民，2003年），頁41。

第四節　小結

　　本文回顧知識分子一詞的兩個來源，一個是自俄國部分貴族轉化而來知識階層，具有強烈的愛國意識與濟世精神，以政治與社會改革者自任，卻不被政府與人民接受，而有零餘者（多餘的人）的強烈感受，因此在主流政治與社會中帶有強烈的疏離感。這些知識分子的理想主義精神，帶有宗教性的彌賽亞意識，追求終極價值的人文精神，是知識分子的一個典型；另一個來源即以法國自德雷福斯事件以來的知識分子內涵爲主流，他們通常是自由職業者，不依附於任何體制，相信自己代表了普遍的理性、正義和理想，也就是以自由主義的精神站在普遍價值的立場，藉助知識和理性的力量，對社會表現出強烈的公共關懷，他們具有波希米亞精神，不必然像俄羅斯知識分子的零餘人的悲情，或彌賽亞的壯烈。左拉以一篇擲地有聲的〈我控訴〉宣告了知識分子的誕生，他們不是爲德雷福斯的清白而戰鬥，而是爲捍衛整體社會的眞理與正義而戰鬥，但事件過後隨即回歸文學本業。這是現代知識分子最初的形象：自由、敏感、富有正義感和批判社會的勇氣，正是這種政治干預的模式，宣示了知識分子身分的「純潔」和「入世」〔註85〕。

　　知識分子雖然是現代的產物，自古以來，統治者身邊的權力集團，藉由掌握具有神聖性的象徵符號、壟斷知識，形成受到大眾崇拜的權威，到了軸心時代產生自我意識的覺醒，對於人的處境與文化產生新的解釋，但是這類知識分子受限於時代環境，無法在經濟上獨立自主，必須依附在某種體制，因此無法自由的批判。工業革命之下的社會變遷，比以往任何一個時代都更激烈，對於自身處境與所處世界的認識之需求更殷切，此時由於原有社會結構已經被打破，不受組織限制的自由知識分子，成爲意識形態謊言的揭露者與新世界意義的創造者。知識分子自發的擔任社會的良心、大眾的代言人，高揚普遍眞理與正義，受到後現代主義者的挑戰。典型的後現代型世界觀認爲，世界本質上是由無限種類的秩序模式構成，每種模式都產生一套相對自主的實踐。秩序並不先於實踐，因而不能作爲實踐之有效性的外在尺度，每種秩序模式誕生於地方性傳統，因此並不存在普遍的檢驗標準〔註86〕。鮑曼認爲：後現代性的結果是知識分子角色從立法者轉變爲闡釋者。作爲立法者，知識分子發表權威性的言論，直接關涉到公眾意見的形成；而作爲後現代的

〔註85〕許紀霖〈從特殊走向普遍〉，見氏著《公共性與公共知識分子》，頁43。
〔註86〕鮑曼《立法者與闡釋者》，頁5。

闡釋者，知識分子所能做的是推進交流——轉譯在一個團體傳統之內的言說，使他們能在另一個知識體系內被理解〔註87〕。

在西方，一方面有人認爲在當今這個「知識經濟社會」的時代，知識分子作爲一種社會力量正日益強大，以至於已經形成一個新的階級，另一方面，後現代主義者質疑啓蒙主義的根本原則，他們宣稱「知識分子已死」〔註88〕，取而代之的是各種專家與技術官僚〔註89〕。在後現代的社會裡，一切永恆、普遍的眞理都被消解，神聖與權威都被除魅了，知識分子不再代表社會的良心，也沒有資格向大眾指出通往眞理與幸福之路，那麼這個社會還需要知識分子嗎？這個社會還有知識分子存在的空間嗎？知識分子的內涵隨著歷史、社會變遷而流動，「邊緣化」是知識分子的宿命，那些充滿熱情追求眞理與正義的人，被稱爲「與社會脫節」、「不切實際」，眞理、知識、道德不再被認爲是絕對的，而是代表某種立場；知識分子也自覺地不再充當普遍眞理的代表，最終，在現代社會裡，知識分子成爲各種知識工作者，若不是受到官僚儀式性的控制，就是受制於商業市場機制。本來大學是知識分子最後的集中場域，現在則連這最後一塊淨土也不保了，大學成了知識批發中心，校長成爲知識經理人，教育部變成經濟部的分支機構〔註90〕，爲了便於控制與管理，學術自由變成研究成果的量化審查，一種新的保守主義正深刻的主宰著知識分子角色的思考。

根據以上所述，大體而言，知識分子至少分裂成三個不同陣營：第一類是秉持批判精神，對政權採取言論批判的態度，這類知識分子可以說是帶有浪漫色彩的理想主義者，他們忠於理想，具有貫徹理想的道德勇氣，他們的基本特徵是不滿，是最純粹的知識分子典範——扮演社會的良知；也就是薩依德理想的知識分子範型——敢於對權勢說眞話，因爲他們大多來自業餘者

〔註87〕富理迪《知識分子都到哪裡去了？》，頁42。
〔註88〕陶東風〈導言〉，陶東風編《知識分子與社會轉型》，頁1。
〔註89〕陶東風〈導言〉，陶東風編《知識分子與社會轉型》，頁1。
〔註90〕參考顏崑陽老師〈哀大學〉的說法，見《聯合報》2003年3月28日。事實上這種說法早在1963年加州大學當時的校長克拉克·克爾出版的《大學的作用》一書就已經說過了，書中系統地闡述了現代大學的概念：知識的生產被功能性地融入占支配地位的經濟、政治和軍事結構之中。大學校長的主要任務是調節和培養科系教授多元興趣，目的是使學院有效地追求它的利益，它的結構和課程經過調節，以滿足現代化經濟不斷提高的技術要求，大學和經濟的主要部門變得越來越相像。見《知識分子與現代性的危機》，頁137。

或邊緣人，或是曼海姆所謂的自由、漂浮，或者如左拉時期的「波希米亞精神」，可以保持精神的自由與思考的獨立。第二類的知識分子與政治的關係最為密切，因為知識──權力的合作關係，不論是從知識產生權力，或是權力利用知識，這一類型的知識分子深知兩者相互為用的道理，對政治採取妥協乃至於完全屈服的態度，或許為了謀取個人私利，或許出於群屬感情的認同，或許基於意識形態的共識，他們成為政治權力之合法性的詮釋者、辯護者和支持者或利用者。這類知識分子可以說是傾向對現實認同，對理想採取彈性的可變態度，往往成為政權的擁護者或代言人。第三類的知識分子則是對政治採取疏離的態度，他們只對其專業認同，就算保持批判的態度也只是針對其專業知識領域而非政治〔註91〕。這一類型在現代則是技術專家型的知識分子，對公共領域的批判採取冷漠以對的態度，就是雅各比所批判的消失於大學的知識分子，以大學為安身立命的場所，而失去與公眾對話的能力。對傅柯來說，這類型的知識分子只要能夠發揮他的專業知識與批判精神，揭露「知識──權力」的真相，就是真正的後現代知識分子。第一類是傳統知識分子的典範，從俄羅斯的貴族知識階層到「德雷福斯事件」（Affaire Dreyfus）中挺身而出的左拉等人，不顧自身利益，為自己所認同的價值奮戰，成功建立現代社會所具有「公共領域」的言論空間，而這一公共性是獨立於個人與國家之外；第二類最常見也最複雜，其中的依變項多；第三類則是後現代知識分子的發展，令人憂心的是因為在去中心化的社會，知識分子的專業領域更見紛歧，也愈來愈難找到共同的語言可以溝通，導致知識分子愈來愈冷漠。透過這個模型的建立，我們就可以用來分析中國的儒家型知識分子。

〔註91〕 葉啓政〈「理論──實踐」的轉型與安置〉，《社會、文化和知識分子》，頁125～126。

第三章　儒家型知識分子的發展及其局限

第一節　中國知識分子的源流與內涵

　　中國的知識分子有幾個不同的名稱：「士」、「士紳」、「讀書人」……等，這些人介於平民與統治集團之間，形成中國的知識階層，余英時特別限定中國的知識階層是在「哲學的突破」之後的「士」這一特殊屬性的身分階層〔註1〕。先秦時代士階層在春秋、戰國時（即所謂「軸心時代」）發生變化，在此之前，知識爲貴族所壟斷，此後，因爲文字（知識）的解放，上層貴族下降和下層庶民上升，士階層正處於貴族與庶民之間，是上下階層流動的匯合處，於是士階層擴大了，性質也起了變化。士從封建社會「有職之人」的固定關係中游離出來，進入了「士無定主」的狀態〔註2〕。所以士成爲自由人進入職業市場，憑著專業知識／技能尋找識貨者，當時的國君與士人的關係，以戰國魏文侯爲例，他將賢士分爲兩類，禮遇的方式有別：一類是肯居官受祿之士，如翟璜、李克，他們和文侯是正式的君臣關係；另一類是不肯居官受祿之士，如子夏、田子方、段干木，他們和文侯的關係則在師、友之間〔註3〕。

〔註1〕　余英時〈古代知識階層的興起與發展〉，《中國知識階層史論（古代篇）》（台北：聯經，1980年初版，1989年第三刷），頁35。

〔註2〕　余英時〈古代知識階層的興起與發展〉，見氏著《中國知識階層史論（古代篇）》，頁22。

〔註3〕　余英時在〈道統與政統之間〉一文又將君與士的關係分爲師、友、臣三類：「大

也就是說前者進入長期的傭雇關係，身分地位自然跟著下降，後者則屬於顧問職，傭雇關係不穩定，但是享有較高的地位。此後，士階層中產生了一批以道自負之人，他們不甘自貶身價去入仕，溫和者尚自許爲王侯師友，激烈者則拒斥一切政治權威，這就是齊國「稷下之士」興起的背景〔註4〕。在當時各國軍事、經濟競爭激烈的情況之下，世主既不能屈賢士爲「臣」，又不能和他們永遠維持「師友」關係，稷下先生之制便是因應這種情況而創設的〔註5〕。所謂「稷下先生」是以「不臣之位」，而「爵比大夫」，「不治而議論」，對於士的禮遇不可謂不高。這個時代是「士」的高度自覺的時代，將「士」的功能發揮到最大可能的限度。

根據余英時的分析，中國傳統知識分子具有以下四個基本特徵：第一、在理論上，知識分子的主要構成條件不是其所屬的社會階級，而是其所代表的具有普遍性的「道」。第二、中國的「道」源於古代的禮樂傳統，這基本上是一個安排人間秩序的文化傳統，其中雖然也含有宗教的意義，但與其他古代民族的宗教性截然不同。因此中國古代知識分子一開始就是人間性、政治性的，後世所謂「以天下爲己任」、「天下興亡，匹夫有責」等觀念都是從這裡濫觴出來的。第三、知識分子不但代表「道」，而且相信「道」比「勢」更尊，所以根據「道」的標準來批評政治、社會從此便成爲知識分子的分內之事。第四、由於「道」缺乏具體的形式，知識分子只有通過個人的自愛、自重才能尊顯他們所代表的「道」。中國知識分子自始即注重個人的內心修養，這是主要原因之一〔註6〕。

中國古代知識分子從「封建」身分中游離出來，解放之後的士缺乏體制的依靠，生活失去了基本的保障，甚至窮困到無以爲衣食的地步，在這種情況之下，要求所有的知識分子都能保持理想性而摒除功利心態是不可能的，孟子所謂「無恆產而有恆心」，只能期待於少數特出之士，缺乏普遍性的意義。因此「士志於道」的「道」在缺乏形式約束的特殊狀態下，「枉道而從勢」或

概當時君主對少數知識分子的前輩領袖是以師禮事之，其次平輩而聲譽卓著的以友處之，至於一般有學問知識的人則用之爲臣。」見《史學與傳統》（台北市：時報文化，1992年），頁55～56。

〔註4〕余英時〈古代知識階層的興起與發展〉，見氏著《中國知識階層史論（古代篇）》，頁63。

〔註5〕余英時〈古代知識階層的興起與發展〉，見氏著《中國知識階層史論（古代篇）》，頁64。

〔註6〕余英時〈道統與政統之間〉，《史學與傳統》，頁64～65。

「曲學以阿世」的情況比比皆是〔註7〕。不過，值得注意的是，中國歷史上曾經短暫出現「稷下先生」之類的「游士」，他們以「不治」、「不任職」——即不進入官僚系統——的方式保持身分的超然獨立，可以看出當時的士已經發展出群體的自覺，道尊於勢的觀點相當普遍。由於當時正處於政治體制與思想的解放之際，政治上需要知識分子的專業技能，以求在軍事與政治經濟的競爭中占得先機，知識分子在沒有體制限制的思想解放之際大放異彩，百家爭鳴，同儕競爭激發知識分子的創造性，可惜這種幾近於烏托邦的狀態如曇花一現，「游士」最終仍要依附於卿大夫的「養士」，徐復觀分析道：

> 在戰國時代所出現的「游士」、「養士」兩個名詞，正說明了中國知識分子的特性。「游」是證明它在社會上沒有根；「養」是證明它只有當食客才是生存之道。而游的圈子也只限於政治。於是中國的知識分子，一開始便是政治的寄生蟲，便是統治集團的乞丐。所以歷史條件中的政治條件，對於中國知識份子性格的形成，有決定性的作用。〔註8〕

徐復觀以「寄生蟲」、「乞丐」形容中國的知識分子或許過於偏激，但是也點出在缺乏職業分化的社會環境之下，知識人的生活缺乏保障，販售他所習得的知識似乎成了唯一的途徑，但是買家有限，只能「售與帝王家」，道盡中國知識分子出路有限之下的窘境。一旦依附於政治利益集團，則很難要求這些「游士」扮演「社會良心」。也就是說，從一開始中國的知識分子就離不開政治，所以傳統中國的知識分子具有強烈的政治性格而缺乏批判意識，無論哪一種類型，都是在政權內部提出改善、批評或附議，從來沒有提出調整權利分配或另建政治架構的主張。儘管在這個過程中，知識分子試圖調整與政治權力之間的關係，轉而求助於宗教的制裁，希望神權能抑制君權，最後這方面的努力也失敗了〔註9〕。

帝國的皇帝是權力的壟斷者，他的權力並不與他人分享，士的存在，上可瓦解貴族勢力，下可制約家族和地主的力量，士因此獲得重用，但就是不能動搖帝王的權力的根本〔註10〕。漢武帝接受了董仲舒「獨尊儒術」

〔註7〕　余英時〈道統與正統之間〉，《史學與傳統》，頁67。
〔註8〕　徐復觀〈中國知識分子的歷史性格及其歷史的命運〉，《學術與政治之間》（台北：台灣學生，1985年），頁182。
〔註9〕　這是指董仲舒的努力。
〔註10〕　干春松《制度化儒家及其解體》（北京：中國人民大學，2003年），頁95。

的提議，不但郡縣舉孝廉以士爲對象，太學中博士弟子更成爲入仕的重要途徑，從此漢代郎、吏由士擔任便制度化了〔註 11〕。在漢文帝以前，士與政府之間尚無正式制度化的關係，士尚能以道自任，漢至隋代以前的人材主要透過薦舉產生，也就是說統治者將人事權下放與社會分享，士的德行操守爲世人所共睹，隋以後至清朝取士以科舉爲主，科舉只著眼於文字，文字的好壞要揣摩朝廷的好惡，因此，科舉考試破壞士大夫的廉恥，使士大夫人格日趨於卑下，士人與政治的關係簡化爲利祿的關係，讀書成爲追求利祿的工具〔註 12〕。

士一旦被納入治道系統，知識分子就屬於中心性一元體制的一環，無法扮演自由與非依附性的「社會良心」的角色，因爲敢於極言直諫者通常遭貶放而不受重用，因此很難期待中央型的知識分子保持批判意識。在這樣的氛圍中，中國知識分子尚有一部份的人保持知識分子的自覺，堅持「不仕」的傳統，不論其爲「道隱」、「身隱」或「不二之隱」〔註 13〕，這些人因爲堅持游離於政治利益團體之外，因此可以保持冷靜的思維與純淨的心。依據文崇一的統計，知識分子進入官僚組織系統的其實並沒有想像的多，唐宋時代也只有三分之一，以前必然更少〔註 14〕。這一類的知識分子因長期居於地方，游離於「中央」的政治文化圈之外，不受政治集團利益左右，是最受矚目的「地方型知識分子」，憑其個人之人格與道德，向下則在地方社會發揮影響力，向上足以與中央相抗衡或彌補其不足。歷代在存亡或中興之際，渴求賢士之主，必會注意到巖穴（隱逸）之士，道理即在此。

然而更普遍意義的「地方型知識分子」是指立足於地方社會的知識分子，主要活動的範圍與成就均在地方（即所謂的士紳階層〔註 15〕），這些人因爲擁

〔註 11〕 余英時《知識人與中國文化的價值》（台北：時報文化，2007 年），頁 221。

〔註 12〕 徐復觀〈中國知識分子的歷史性格及其歷史的命運〉,《學術與政治之間》，頁 182～184。

〔註 13〕 據劉紀曜〈仕與隱——傳統中國政治文化的兩極〉分析：儒家「有道則見，無道則隱」以「道」爲隱居的判斷準則，故稱爲「道隱」，亦可稱爲「時隱」，是因時而隱；道家則「反仕」或「非仕」，其所追求的是個人的養生、適性與逍遙，故可謂「身隱」；至於不仕異朝、異主或異族者，可稱之爲「不二之隱」。見黃俊傑主編《理想與現實》（台北：聯經，1982 年），頁 292。

〔註 14〕 文崇一〈中國知識分子的類型與性格〉，中國論壇編委會《知識分子與台灣發展》（台北：聯經，1989 年），頁 80。

〔註 15〕 關於士紳的定義：一是退休歸鄉的官員，二是考取功名，卻未曾實授官職者，三是本人既未居官，又無功名，在家中有至親在朝爲官，憑藉勢力在地方具

有道德／知識而爲地方所敬重〔註 16〕，成爲中央與地方社會的中介者。荀子謂：「儒者在本朝則美政，在下位則美俗〔註 17〕」，就是指這類人，這類人或者從中央退下來，或者無意仕進，但絕對是地方上一股重要的力量。如果冒昧地說儒家是中國知識分子的原型，則儒家型知識分子在地方上的作用——「美俗」／「化民成俗」——是地方型知識分子自覺的行動，其使命感促使他付諸實踐的「教化」行爲，可見「教化」是中國傳統知識分子念茲在茲的責任，足以與西方的教士相媲美。即使不在其位，成文或不成文的規定，促使他們積極扮演教化師的角色〔註 18〕。「化民成俗」有助於文化的統一與政治秩序的建立，也是來自儒家型知識分子共同的意識形態：「春秋所以大一統者，六合同風，九州共貫也。〔註 19〕」自董仲舒以來，所謂「春秋大一統」本是指文化統一而言，卻推而及之政治的大一統，這種「一統性」是古人試圖建構用以包容宇宙人生、社會、政治的一元化體系。所以儒家的政治觀其實是一種文化主義，然而文化一統性所隱含的文化霸權，則助長了帝國主義的擴張。

更重要的是以儒家思想爲主體的中國傳統文化，最核心的三綱、五倫是滲透性、貫穿力極強的實踐哲學——道德倫理，企圖安排人間秩序，從家庭、家族上貫於政治、文化秩序的理想架構，建構出大同世界的理想「政治——社會」模式，這種政治意識形態的文化構成，被士承攬到自己身上，不論在朝或在野，在他們身上總是凝聚著文化因子，琴棋書畫，詩詞歌賦，都成了禮樂教化的具體形式。所謂「禮樂教化」就是主流文化（大傳統）以各種形

　　有威勢者。見葛荃《權力宰治理性——士人、傳統政治文化與中國社會》（天津：南開大學，2003 年），頁 64。

〔註 16〕徐復觀謂：「中國文化精神的指向，主要是在成就道德而不在成就知識。因此，中國知識分子的成就，也是在行爲而不在知識。換言之，中國人讀書不是爲了知識，知識也不是衡量中國知識分子的尺度；……所以，中國知識分子，缺乏「爲知識而知識」的傳統，也缺乏對客觀知識負責的習性。」見《學術與政治之間》，頁 178。

〔註 17〕梁啓雄《荀子簡釋·儒效》（台北：木鐸，1983 年），頁 81。

〔註 18〕清朝統治者以異族而治中原，康熙皇帝親頒《上諭十六條》，用以教化士民，教化的方式一般由地方官宣講，每月朔望之期，地方官員率同縣學教官等人，召集鄉民，逐條講解。然而官員所到之地，多於通衢重鎮，僻野鄉村，不可能一一到場，於是委託士紳宣講，已成定例，是鄉紳無可逃避的責任。見葛荃前揭書，頁 80～81。

〔註 19〕班固著，顏師古注《漢書·王吉傳》（北京：中華，2005 年），頁 2297。

式，透過各種管道向次文化（小傳統）來傳播，用現代的觀念說就是用大傳統來改造小傳統〔註20〕，以收「道一風同」之效，這當中存在著儒家的本質主義與普遍主義的文化主義態度。然而，移風易俗不能訴諸政治武力，只有通過長期的教化才可望有成，但「百里不同風，千里不共俗」，倘不先探知各地小傳統之異而加以疏導，則大傳統的教化亦無法施展〔註21〕。因此，地方型知識分子恰恰是最適當執行此一任務的人選。簡言之，地方型知識分子包含隱士型知識分子〔註22〕與士紳階層知識分子，兩者的差異在於消極與積極之別，不過對於大傳統的傳播所扮演的角色並無差異。中國的知識分子雖然一度出現「道尊於勢」的理想型知識分子，但是由於政教合一的強化，使知識分子批判的自由受到打擊，進入體制的知識分子，只能具有部分自由與有限度的批評，因此有一部分的知識分子選擇不任官職回到地方，故被稱為地方士紳，這一部分的知識分子若堅持理想傳遞理念而敢於反抗中央，仍可被視為第一型的理想型知識分子。

〔註20〕 大傳統（great tradition）與小傳統（little tradition）是人類學家德雷斐爾（Robert Redfield）所提出的理論，曾經風靡一時，簡單地說，大傳統是菁英文化，屬於上層知識階級的；小傳統是通俗文化，屬於沒有受過正式教育的一般人民。這兩種傳統文化也隱含著城市與鄉村之別。傳統是一個文化族群在日常生活中日積月累，並且通過不斷反思省察、修正轉化而創造出來，具有社會結構與歷史縱深的一套生活方式，族群成員大體共同遵循，因而含有社群共同生活的秩序規範，這種生活方式的核心素質即所謂「傳統」。傳統又具有大傳統與小傳統的雙重性結構，依徐復觀的說法：「所謂傳統，應分成兩個層次。一是『低次元的傳統』，即普通所說的風俗習慣。多表現在具體事象之上，成為大家不問理由，互相因襲的生活方式。另一個是『高次元的傳統』，這指的是形成一個民族精神的最高目的，最高要求，乃至人生的最高修養。這種傳統的創始者，總是某一宗教的教主，有如釋迦、耶穌，或者是某一民族的聖人，如孔子、孟子、老子、墨子。創始以後便由各式的大宗教家、大賢人、大藝術家……等加以繼承、充實，而成為一個民族的宗教、哲學、史學、藝術思想的主流。這些思想必有若干實現於該民族的低次元傳統之中，而成為指導的原理與信念。」徐復觀所謂的「高次元傳統」與「低次元傳統」即是「大傳統」、「小傳統」，前者以文字符號的形式成為文化之指導原則和理念，後者則多半是無意識地存在，且常無文字符號系統之表現，即所謂「民俗」。參考余英時〈漢代循吏與文化傳播〉，《中國思想傳統的現代詮釋》（台北：聯經，1987年），頁167～168，潘朝陽〈書院：儒教在地方的傳播形式〉，《明清台灣儒學論》（台北：台灣學生，2001年），頁3～4。

〔註21〕 余英時〈漢代循吏與文化傳播〉，《中國思想傳統的現代詮釋》，頁173。

〔註22〕 隱士型知識分子與第三型知識分子對政治冷漠、疏離者不同，前者通常是「待機派」，即等待適當的時機或君主或朝代，隱居也是一種抗議或批判的形式。

第二節　儒家型知識分子在傳統帝國的作用

漢代以後中國傳統知識分子往往承擔官僚體系的運作與文化價值維繫於一身，使道統無法具有超越性的精神意義。儒家一貫認為，人的生命有內在之善，內在之善擴充到極點的境界便是人格發展的最高目標——「仁」。儒家將這一理論運用在政治上，而治國平天下端賴於帝王個人的道德修養，也就是強調道德與政治之間的絕對關係——「內聖外王」——將天下的治亂寄託於一人之道德，這種「道德政治」的理想由孔子提出，孟子發揮而充實之，到了荀子經歷一大轉折，於是政治遂凌駕於道德之上〔註23〕。因為儒家無法在實質上否定或推翻「外王」，只好轉而承認「外王」也有「內聖」的可能。不過孔子、孟子都主張以道德的修養來提升政治的境界，堅持「道尊於勢」，甚至以民本思想而「以道抗勢」，認為「賢者居其位」、「有德者居之」〔註24〕，荀子則放棄以德行批導政治，順應當時政治現實，大力提升國君的地位，國君不僅是政治裁判者，也是道德裁判者。秦漢的大一統結構，更強化了這種「政治——道德」一元化格局，不僅「作之君」，而且「作之師」，君尊臣卑之勢已定，「勢尊於道」遂在中國政治上形成一個古老的傳統。在這種情況下，儒家與政治結構之間存在著兩種並行的關係：一種是共生的互利關係；另一種是矛盾對立的緊張關係。前者在漢武帝獨尊儒術之後，儒家思想成為鞏固政權的官方意識形態，而儒家進入官僚體系後，經世濟民的理想因而獲得實現的機會，儒學與帝國可以說互相利用，互利共生；後者則因傳統儒家的抗議精神，明顯與權力結構有著無法妥協的緊張關係，因此這些人選擇不進入官僚系統，而留在民間講學或隱居，具有較大的思想自由〔註25〕。

論者或謂儒家不能代表所有中國傳統的知識分子，然而自漢武帝「罷黜百家，獨尊儒術」之後，不論願不願意，已經是僅此一家而無各家立足之空間。也因為如此，儒家已產生質變，各家思想混入儒家以求傳承，儒家的思想變得駁雜不純。更何況帝王並非全然信任儒術，而是有意識地利用儒家，

〔註23〕黃俊傑〈儒學傳統中道德政治觀念的形成與發展〉，《儒學傳統與文化創新》（台北：東大，1983年），頁7。

〔註24〕《孟子・盡心上》：「古之賢王，好善而忘勢，古之賢士，何獨不然？樂其道則忘人之勢，故王公不致敬盡禮，則不得亟見之。見且由不得亟，而況得而臣乎？」（十三經注疏本），頁230。

〔註25〕黃俊傑〈儒家思想與戰後台灣：回顧與展望〉，《戰後台灣的教育與思想》（台北：東大，1993年），頁391～392。

也就是所謂的「緣飾儒術」，其實仍以法家為內核。無論如何，自董仲舒獻「天人三策」而漢武帝「獨尊儒術」以後，所有的讀書人都是儒家，儒家自然要概括承受〔註 26〕。如果說漢武帝的「緣飾儒術」是隱而不發，漢宣帝則自曝其統治之術其實是「霸、王道雜之」而非純任王道：

> （元帝）嘗侍燕從容曰：「陛下持刑太深，宜用儒生。」宣帝作色曰：「漢家自有制度，本以霸王道雜之，奈何純〔任〕德教，用周政乎！且俗儒不達時宜，好是古非今，使人眩於名實，不知所守，何足委任！」〔註27〕

從漢宣帝的自白中可以看出漢代雖然「罷黜百家，獨尊儒術」，對於儒者的不合時宜，「是古非今」的習性並不放心，更不能「純任德教」，所以實質上是以法家為內核而「緣飾儒術」，也就是「外儒內法」。毫無疑問，漢武帝正是倚重儒術做為統治工具的有效性，但不能行「王道」的典型，所以漢武帝雖然採用董仲舒的獻策，卻未用其人，反而重用「緣飾儒術」的公孫弘即是明證〔註 28〕。不論其用心如何，罷黜百家之後，儒學成為官方的意識形態，高居於學術領域的寶座之上，情況與秦始皇崇法而禁百家之書相同。但秦始皇重用法家而導致帝國的快速滅亡，使漢代的帝王引以為鑒，欲以法家為治卻不敢公然行之。事實上西漢帝王以法為治，表現在三方面，其一是君臣關係上的尊卑、地位之懸殊，已無先秦儒者為君之師、友的可能；其二是表現在做為法制骨幹之「法」的性質，非儒家的目的刑主義，而是法家的應報刑主義；其三，承上述的法制觀念只有法家的刑罰，而無儒家的「教化」觀念〔註29〕。儒家在西漢時尚能堅持理想，寄望與帝王的合作而實踐其理想，帝王以法制為內核而利用儒家的保守性格獲得社會秩序的維護，可謂相互為用。在東漢的黨錮之禍後，儒家已經發生了本質上的變化，因為帝王的壓迫而在無形中放棄「抑君」的思想，接受法家的尊君，只是由法家「三順」之說演化為儒家「三綱」之說〔註 30〕，放棄對等之倫理主義而就絕對倫理主義，等於

〔註26〕 徐復觀〈儒家對中國歷史運命的掙扎之一例〉：「自董生以後，只要是讀書的人，便是儒者，只要是儒者，便可參加政治；不可能以聖人之事去期望在專制統治下壓軟了骨頭的一般讀書人。」見《學術與政治之間》，頁 391。

〔註27〕 《漢書・元帝紀》，頁 195。

〔註28〕 董仲舒出為江都相，公孫弘卻位至丞相。

〔註29〕 徐復觀〈儒家對中國歷史運命的掙扎之一例〉，《學術與政治之間》，頁 344～348。

〔註30〕 三順說出自於《韓非子・忠孝》：「臣事君，子事父，妻事夫，三者順則天下

放棄以「反專制」爲骨幹的思想，走向順從專制，甚至進而維護專制〔註31〕。這樣的發展在漢初已可見端倪，雖然自武帝以降的帝王對於儒術的理解與眞正的儒家有距離，但是儒學思想家仍然選擇站在統治者這一端，而很少站在被統治者這一端來謀求解決政治問題〔註32〕，這與儒家思想的源頭來自於貴族階級而肯定社會階級有關。

儒家的政治思想被統治階級利用，甚至進一步改寫，與其本就具有的保守傾向有關，亦即儒家在崇尚「王道」／「王化」之時不自覺地支持了統治階級的文化霸權〔註33〕。對儒家而言，王、霸之別在於「王」重禮樂之治，而「霸」主窮兵黷武。假使「霸」是指政治、軍事上的侵略與宰制，那麼「王」又何嘗不是一種文化上的侵略與宰制〔註34〕？儒家「王化」的文化同化主義──「用夏變夷」──其實就是文化、風俗一元化的文化霸權觀。所謂文化霸權是指一種以非暴力的文化意識形態作爲控制手段以建立政治、社會秩序，統治階層自知若不在文化上取得霸權就難以在政治上長治久安，他需要社會中大多數人自覺或自願的認可來實現王權，這種普遍的認可來自教育的力量，賈誼、董仲舒、公孫弘等儒者讓文帝、武帝等帝王了解，政治秩序不能建立在商鞅等法家的法制基礎上，而必須透過「教化」〔註35〕，所謂「教

治，三者逆則天下亂。」見陳奇猷《韓非子集釋》（台北：莊嚴，1984 年），頁 1107。「三綱」一詞首見於董仲舒的《春秋繁露》卷十〈深察名號第三十五〉：「循三綱五紀，通八端之理」，但無解說。見台灣中華仿宋本（台北：中華，1984 年台二版），頁 5。三綱的內容始見於《白虎通德論》〈三綱六紀〉：「三綱者，何謂也？謂君臣、父子、夫婦也。六紀者，謂諸父、兄弟、族人、諸舅、師長、朋友也。」見陳立疏證，吳則虞點校《白虎通疏證》（北京：中華，1997 年），頁 373。其內容與韓非子三順之說同，而《白虎通德論》係漢代皇帝「欽點」之書，其受當時政治之影響，不難想見。此說見徐復觀〈儒家對中國歷史運命的掙扎之一例〉，《學術與政治之間》，頁 388。

〔註31〕徐復觀〈儒家對中國歷史運命的掙扎之一例〉，見氏著《學術與政治之間》，頁 388。

〔註32〕徐復觀〈儒家政治思想的的構造及其轉進〉，見氏著《學術與政治之間》，頁 54～55。

〔註33〕陳昭瑛〈朱熹《詩集傳》與儒家的文學社會學〉，見氏著《儒家美學與經典詮釋》（台北：台大出版中心，2005 年），頁 166。

〔註34〕陳昭瑛，《儒家美學與經典詮釋》，頁 170。

〔註35〕《漢書・賈誼傳》：「夫移風易俗，使天下回心鄉道，類非俗吏之所能爲也，……今或言禮誼之不如法令，教化之不如刑罰，人主胡不引殷、周、秦事以觀之也？」頁 1724～1730；《漢書・董仲舒傳》：「群生寡遂，黎民未濟，長吏不明。」頁 1911；《漢書・禮樂志》：「後董仲舒對策言：……今廢先王之德教，獨用執

「化」就是統治者透過學校和其他的管道宣揚符合自己意志與利益的一套價值觀，並且逐步被社會成員所接受，成為一般人的意識形態。公孫弘以「小吏淺聞」為由，提出由中央調補一些通經之士以佐守相，由於公孫弘與董仲舒的建議，漢武帝開始重視學校教育，透過太學與選官制度結合，建立儒家學術的權威，漢武帝以後，中央與地方官員中儒者所占的比例逐漸增加〔註36〕，「自此以來，公卿大夫士吏彬彬多文學之士矣〔註37〕」。地方掾吏、中樞卿相和從各地方選拔出來的博士弟子員，因為對儒學的共同信仰而構成一個巨大的社會階級〔註38〕。這一士人階級秉持儒家理想走向社會實踐時，較一般人有更多的自覺與社會責任的使命感，余英時發現：「秦代『以吏為師』的政治秩序崩解以後，儒教因壓力遞失而開始復甦。儒家強調政治秩序必須建立在文化秩序的基礎上，因此重『師』更過於重『吏』。根據這一觀點，他們在討論地方官的功能時，也往往把推行『教化』看得比執行『法令』更為重要。〔註39〕」所以儒者兼任地方官吏往往是政教合一，在文化霸權的執行居重要的穩定性力量〔註40〕。

儒者傳播與捍衛其思想最普遍的形式就是教育，然而儒家典籍中所說的三代學制，大概出於托古改制，從今文《尚書》尚看不出學校制度的痕跡，換言之，這只是儒家的理想〔註41〕，孟子曾述興學與教化的關係：「夏曰校，殷曰序，周曰庠，學則三代共之，皆所以明人倫也。人倫明於上，小民親於下，有王者起，必來取法，是為王者師也。〔註42〕」董仲舒繼承此一理想於其對策曰：「立大學以教於國，設庠序以化於邑〔註43〕」，雖然武帝時已立太學，但僅限於中央，儒家教育理想的精神真正落實於平帝：「立官稷及學官，郡國曰學，縣、道、邑、侯國曰校；校、學置經師一人。鄉曰庠，聚曰序；

法之吏治民，而欲德化被四海，故難成也。」頁884。
〔註36〕 公卿一級官吏中儒者所占的比例，宣帝時由9.8%增至21.9%，元帝時又增至25%。見陳明《儒學的歷史文化功能》（上海：學林，1997年），頁50。
〔註37〕 《漢書·儒林傳》，頁2668。
〔註38〕 陳明《儒學的歷史文化功能》，頁50。
〔註39〕 余英時〈漢代循吏與文化傳播〉，見氏著《中國思想傳統的現代詮釋》，頁215～216。
〔註40〕 孫晶《文化霸權理論研究》（北京：社會科學文獻，2004年），頁2。
〔註41〕 徐復觀〈儒家對中國歷史運命的掙扎之一例〉，《學術與政治之間》，頁376。
〔註42〕 《孟子·滕文公上》，頁91。
〔註43〕 《漢書·董仲舒傳》，頁1905。

庠、序置《孝經》師一人。〔註44〕」「聚」是比「鄉」更爲基礎的社會單位，儒學傳播之深可見一斑。尤其值得注意的是《孝經》師的設置，《孝經》是中國第一部系統化儒家倫理道德的著作，儒家所提出的五倫有三倫是家庭的倫常範圍，其他兩倫亦比擬家庭倫常關係的論述方式，故自西漢起，儒家精神通過家庭以浸透於社會，漢儒認爲孔子志在《春秋》，行在《孝經》，帝王自然也明白兩者的關係，經過西漢一番倡導，儒家精神生根於家庭之中，家庭成爲中國社會的生產與文化合一的堅強據點〔註45〕。

儒家重視教育其來有自，《禮記・學記》云：「君子如欲化民成俗，其必由學乎。玉不琢，不成器；人不學，不知道。是故古之王者，建國君民，教學爲先。〔註46〕」可見儒家並不是站在播揚理性與知識的教育觀，而是站在政治的立場欲化民成俗，因此教育具有工具理性的作用，是以國家的利益爲先，有利於帝國秩序的維護，而學校教育可以透過集中化，大量且快速的複製教化成果，所以儒家欲有效率的提升與擴大教化成果而呼籲各級學校的廣設，統治者認同儒家化民成俗爲治國基礎的理念，透過提倡學校教育、提高儒家經典的地位等手段，強化官方意識形態的建立，因此儒學的興盛可以說是儒者與帝王合謀共構的結果。統治者利用學校教育之設與利祿之路，把所有社會成員的思想、言論、行動納入政治軌道，成爲歷代國君治國理民的基本方略。

儒家對於教化理念的具體做法是「化民成俗」、「移風易俗」，依漢代的儒家看來，除了聖人或帝王之外，其他的人都有待於「教化」，所謂「教化」，是指政教和風化，因爲凡人的本性是質樸的，欲望是不知節制的〔註47〕，教化百姓是聖王的天命。在漢代儒者的認知中，統治者被授予無上的權力，可以要求百姓變化其根本，使其趨同——即「移風易俗」——而且無法容許異端的存在。在儒家的假設是所有的百姓都有趨利的劣根性，必須經過帝王的教化才有資格成爲帝國的子民，而教化百姓就成爲帝王的責任：

〔註44〕《漢書・平帝紀》，頁248～249。
〔註45〕徐復觀〈儒家精神之基本性格及其限定與新生〉，收在蕭欣義編《儒家政治思想與民主自由人權》（台北：台灣學生，1988年），頁71。
〔註46〕《禮記》（十三經注疏本），頁648。
〔註47〕《漢書・董仲舒傳》：「天令之謂命，命非聖人不行；質樸之謂性，性非教化不成；人欲之謂情，情非度制不節。是故王者上謹於承天意，以順命也；下務明教化民，以成性也；正法度之宜，別上下之序，以防欲也。」頁1913。

> 凡以教化不立而萬民不正也。夫萬民之從利也，如水之走下，不以
> 教化隄防之，不能止也。是故教化立而姦邪皆止者，其隄防完也；
> 教化廢而姦邪並出，刑罰不能勝者，其隄防壞也。古之王者明於此，
> 是故南面而治天下，莫不以教化為大務。立大學以教於國，立庠序
> 以化於邑，漸民以仁，摩民以誼，節民以理，故其刑罰甚輕而禁不
> 犯者，教化行而習俗美也。〔註48〕

這一「教化」的意識形態從漢代以後深入讀書人的心中，「移風易俗」的「教化」意識形態，成為「霸、王道雜之」的最佳見證。尤其在儒家傳統文化的影響下，有內外親疏的差別，中原漢族地區已經「王化」是正統主流文化區，中原以外地區族類的「奇風異俗」，與儒家道德規範和社會理想不合者，屬於「陋俗蠻風」故須加以「教化」，儒者到此區域通常具有強烈的「用夏變夷」的使命感，這種文化霸權透過儒者的強力背書，是中國傳統帝國主義的強力後盾，在東亞地區遂行文化殖民，影響深遠。

從以上的論述可知，儒家型知識分子在傳統帝國所扮演的角色類型有兩種，一類是中心性的知識分子，位居權力核心、或具有全面性的影響力，是政治／文化意識形態的創造者與推動者；另一類是地方型的知識分子，則是文化意識形態的傳播者與守護者。前者可以司馬相如為例，司馬氏在出使西南夷與蜀父老有一段對話，可看出這類型知識分子推動文化霸權的積極性，蜀中父老反對併吞西南夷曰：「蓋聞天子之於夷狄也，其意羈縻勿絕而已，……仁者不以德來，強者不以力併，意者殆不可乎！今割齊民以附夷狄，弊所恃以事無用，鄙人固陋，不識所謂。〔註49〕」蜀中父老這段話是原始儒家「修文德以來之」的政治思想，卻不為漢代帝王的代理人——司馬相如——所接受，從他的回應可知中國傳統帝國主義與文化霸權兩者是一體的：

> 且詩不云乎：「普天之下，莫非王土，率土之賓，莫非王臣。」是以
> 六合之內，八方之外，浸淫衍溢，懷生之物有不浸潤於澤者，賢君
> 恥之。今封疆之內，冠帶之倫，咸獲嘉祉，靡有闕遺矣。而夷狄殊
> 俗之國，遼絕異黨之域，舟車不通，人跡罕至，政教未加，流風猶
> 微，內之則犯義侵禮於邊境，外之則邪行橫作，放殺其上，君臣易
> 位，尊卑失序，父兄不辜，幼孤為奴虜，係累號泣，內鄉而怨，曰：

〔註48〕《漢書・董仲舒傳》，頁 1905。
〔註49〕《漢書・司馬相如傳下》，頁 1963。

「蓋聞中國有至仁焉，德洋恩普，物靡不得其所，今獨曷爲遺己！」
舉踵思慕，若枯旱之望雨，戇夫爲之垂涕，況乎上聖，又烏能爲已？
故北出師以討強胡，南馳使以誚勁越，四面風德，二方之君鱗集仰
流，願得受號者以億計。〔註50〕

司馬相如上述話語說明中國統治者的心態，帝國武力強大時把遠方異國
未納入己方的統治視爲恥辱，因此想像對方的人民是如何渴慕我方仁義之
師，合理化了我方的侵略行爲，強調了對方該受攻伐的原因是「政教未加，
流風尚微」的低度文明，因此產生政治、社會失序現象：「放殺其上，君臣易
位，尊卑失序，父兄不辜……」，在這種「野蠻」文化之下，我方以高文化水
準的姿態出現來加以「拯救」，不只人民垂涕感動，彼國之君也「鱗集仰流」。
然而這只是文化優越感的自我陶醉，在大一統意識形態的指導下，對於異族
假「同化」之名，行「征伐」之實。

地方型知識分子中的地方官員可以文翁爲代表，據《漢書・循吏傳》所
述，文翁「通春秋，以郡縣吏察舉。景帝末，爲蜀郡守，仁愛好教化。見蜀
地僻陋有蠻夷風〔註51〕」，於是挑選郡縣小吏十餘人送京師，「受業博士，或
學律令」，同時修學官於成都，「招下縣子弟以爲學官弟子，爲除更繇，高者
以補郡縣吏，次爲孝弟力田。……數年，爭欲爲學官弟子，富人至出錢以求
之。繇是大化，蜀地學於京師者比齊魯焉。至武帝時，乃令天下郡國皆立學
校官，自文翁爲之始云。〔註52〕」由這個過程可知地方官吏自發的傳播儒學
經典，比中央更積極而有效率，乃是因爲他的意識形態比帝王更加強烈。另
外，從史籍中可以發現有一些地方型知識分子，無心仕宦卻熱心鄉里教化的
士紳，在地方上自覺地承擔社會職責，篤行美俗，以地方社會秩序爲己任，
這類人在西漢尚未出現，到東漢時卻比比皆是，可見漢代社會系統在獨尊儒
術和通經入仕的背景下，儒家型知識分子不僅在數量上獲得擴張，並且在內
在組織能力也大大提高，這對日後的儒家型知識分子也有深遠的影響。

總之，在經歷秦漢統一帝國的大一統思想洗禮之後，大一統意識形態普
遍存在士人階層心中，這種大一統的意識形態包含政治、思想、文化一元化
的大一統，從歷史進程來看，歷代統治者隨著政治的一統，無一例外地尋求

〔註50〕《漢書・司馬相如傳下》，頁 1964〜1965。
〔註51〕《漢書・循吏傳》，頁 2688。
〔註52〕《漢書・循吏傳》，頁 2689。

思想、文化的一元化，思想和學術的一元化無疑是政治集權和權力私有的必然要求，有利於政治秩序和社會秩序的持續穩定〔註53〕。漢武帝即位後，不僅在政治、經濟方面加強中央集權，而且在文化學術領域也一反漢初的寬鬆政策，實行文化專制統治，以儒家經典爲思想指導其實就是文化霸權的實踐，一直到現在，仍有學者認爲：「漢代政制所以能開百代之規模者，蓋在王霸之道並用也。〔註54〕」可見儒家自覺地以王道傳播者自居，與統治者相互爲用時，已經不自覺地走入統治者預設的霸道之路，甚至成爲開路先鋒，在文化落後地區，努力地「移風易俗」，爲傳統帝國主義的霸業盡心盡力，成爲帝國統治中非常重要的穩定力量。這種知識分子類型符合前章所述的第二型知識分子，對於「知識──權力」的合作關係，不論是從知識產生權力，或是權力利用知識，深知兩者相互爲用的道理，對政治採取妥協乃至於完全屈服的態度，在中國漫長的歷史中，大部分的儒家型知識分子都屬於此類。

第三節　儒家型知識分子的效用與局限

　　「仁」被認爲是孔子思想的精華，從《論語》中所提到有關「仁」的言論，所處理的都是人與人、人與社會、人與自我的關係，可見儒家學說是一門入世的學問。就如荀子所謂：「儒者在本朝則美政，在下位則美俗」，大致點破了「士」的政治和文化社會的功能。孟子視爲「大丈夫」的「士」是「居天下之廣居，立天下之正位，行天下之大道〔註55〕」，氣度如此之恢弘，因而「士之不託諸侯」，不依附國家勢力，能以布衣傲視王侯，也受到國君相對的尊重。秦漢統一帝國以後，較安定的時期，政治秩序和文化秩序的維護都落在士的身上〔註56〕。西漢以來，依據儒家理想的學校教育，以儒家經典爲教材，以儒家倫理和文學標準爲基礎的察舉制度，儒家型知識分子進入文官體系越來越多，在西漢時期的太學生人數，半世紀內增加到數千名，儒家學說成爲培養官員的重要工具。在此情況下，儒家型知識分子同時承擔官僚體系

〔註53〕葛荃《權力宰制理性：士人、傳統政治文化與中國社會》（天津：南開大學，2003年），頁84。

〔註54〕賀昌群〈西漢政治制度論〉，見氏著《賀昌群文集‧第一卷》（北京：商務，2003年），頁325。

〔註55〕《孟子‧滕文公下》（十三經注疏本），頁108。

〔註56〕余英時〈中國知識分子的邊緣化〉，《中國文化與現代變遷》（台北：三民，1995年），頁34。

運作和文化價值維繫者的二種角色，使道統無法具有超越精神。

當儒家型知識分子積極投身漢代文官制度時，他們所珍惜的價值體系也就被政治化了。儒家在政治上主體性未能建立起來，也就不能從民本走向民主，只能在減輕政治的毒素上努力，甚至反過來被利用成為政治毒素的散播者〔註57〕。西漢儒者將儒家價值政治化以加強意識形態的控制，以及將政治道德化，這是漢代政治文化中兩股相互衝突的思潮，陸賈、轅固生、董仲舒、揚雄等人，都想讓政治為他們的「道」服務，但是經常遭受挫折，而他們的論述卻有助於官方意識形態的確立。也就是說，雖然制度化的儒家意識形態也許將法律禮儀化了，卻從未將法家政體轉化為受委託型社會，相反的，用於意識形態控制的政治化儒家的道德符號，卻成了漢代永遠留給中國的政治文化遺產〔註58〕。因為儒家型知識分子並沒有為知識而知識的傳統，儒家型知識分子的權威是建立在道德的自律形象，也就是「德勝於才」，因此知識的主體性從未建立，知識分子的「道」無法建立主體價值，在社會之所以受到重視，所依恃的是權力階級結構。

這種缺憾來自儒家思想本身的結構，孟子說：「勞心者治人，勞力者治於人；治於人者食人，治人者食於人，天下之通義也。〔註59〕」也就是說，孟子承認明確的社會階級差異是天經地義的事，對於神聖秩序與世俗秩序之間的落差常感到焦慮，自發的擔任彌合的角色，彌合的方式通常是通過比世俗秩序更高的道德或形上秩序來重構人類的行為與人格〔註60〕。世俗秩序被認為是不完美的，不相信勞力者有自我克制、自我完成等能力可以完成道德的情操，必須透過聖王的德行來感化，雖然儒家一開始也不預設君王具備此能力，所以要求君王要像理想之君，能夠言傳身教，以上化下，但是儒家並未對君主制度產生過懷疑，即使是「為王者師」的知識分子也往往站在政治操作者實用性的立場來發言，很難從學理性的價值中立的立場創設超越性的框架原則。更有甚者，當漢代儒家型知識分子在國君無法達到聖王的標準時，

〔註57〕 徐復觀〈儒家精神之基本性格及其限定與新生〉，《儒家政治思想與民主自由人權》，頁72。

〔註58〕 杜維明著，錢文忠，盛勤譯《道學政：論儒家知識分子》（上海：上海人民，2000年），頁21～29。

〔註59〕 《孟子・滕文公上》（十三經注疏本），頁97。

〔註60〕 借用艾森斯塔（S.N.Eisenstuals）在《知識分子與政治菁英》（Intellectuals Political Elites）中的說法，轉引自陶東風《社會轉型與當代知識分子》，頁149。

竟自甘墮落的將「聖王」目標調整為「王聖」〔註61〕。這種儒家型知識分子文化的局限，原因就是史華慈（Benjamin Schwartz）所謂的「深層結構」問題，這種「深層結構」包含兩方面：一是在社會的最頂點會有一個「神聖的位置」（sacred space），那些控制這個位置的人具有超越性的力量，足以改變社會。從這個角度說，位置本身比是誰占據那個位置更重要。但是從另一個角度說，那個高點有某一特定機關，只能由某一特定人物控制（通常是王權）。因為結構本身並沒有足以改變自己的動能，必須仰仗這個占據最高神聖位置的人（君王）個人的品質來改變整個社會結構。上述兩面如果能夠緊密結合，也就是所謂「政教合一」，這一個理想結構對社會的每一方面都具有管轄權（jurisdiction）〔註62〕。中國傳統文化中本來就有政教合一（即帝王的絕地天通，一手掌握政、教），工具理性與價值理性互為體用，然而價值理性的獨立性與超越性都相當脆弱，常常淪為工具理性的奴僕。

儒家文化中從未有過政教分離，不知是出於選擇或由於疏忽，儒家從未建立起完全成熟的教士制度〔註63〕，可是儒學又在某種程度上取代宗教成為儒教〔註64〕，所以「政」、「教」的分合存有內在緊張性〔註65〕，儒家型知識

〔註61〕 參見本章第二節所述及杜維明《道學政》，頁29。

〔註62〕 史華慈（Benjamin Schwartz）〈中國政治思想的深層結構〉，收在余英時等著《中國歷史轉型時期的知識分子》（台北：聯經，1992年），頁23。

〔註63〕 儒家知識分子在公眾形象和自我定位上兼具教士與哲學家的作用，迫使我們接受他們不僅是文人，而且還是知識分子。儒家知識分子是行動主義者，講求實效的考慮使他正視現實政治的世界，並且從內部著手改變它。他相信透過自我努力可以使人性得以完善，固有的美德存在於人類社會之中，天人有可能合一，使他能夠對握權力、擁有影響力的人保持批判的態度。參見杜維明《道學政》，頁11。

〔註64〕 徐復觀說：「孔子之精神，實係偉大宗教家之教化精神。毫無憑藉，一本其悲憫之念，對人類承擔一切責任，而思有以教化之。……儒家之所以能代替宗教，不僅在其自本自根之道德內在論，可以使人不需要宗教；亦因孔子之教化精神，實與偉大宗教之創立者同樣將其學說具像化於中國民族之中，故非普通一家之言可比。」《儒家政治思想與民主自由人權》，頁74。

〔註65〕 「政」即政統，「道」即道統。中國自春秋之際出現的知識分子自認，他們正是道的承擔者，因此握有比政治領袖更高的權威——道的權威。中國「哲學的突破」之後，並沒有帶來天上王國與人間王國的清楚分野，耶穌與凱撒之間也始終無法劃分權責。中國的道統包含了宗教的成分，但不是一般意義上的宗教；中國古代知識分子從封建秩序的「士」轉化出來，他們不能像西方的教士那般專司神職，不理俗務。參考余英時〈道統與正統之間〉，《史學與傳統》，頁53～54。

分子的自我定位而發展出來的政治風格,看來好似一種混雜的認同,其實是採取折衷妥協的結果〔註66〕。韋伯說:「儒教的理性主義意指理性地適應於世界;清教的理性主義意指理性地支配這世界。〔註67〕」點出儒教信徒與清教徒的差異在於儒家重自然和諧,講天人合一、修己順天,即使不合理的世界也要想辦法去適應,故不能導出對社會經濟秩序的激烈變革心態〔註68〕。在農業社會,家庭是社會實踐最重要的場所,除了綿延後代,滿足個人自我意識,它還是生產單位與教育單位,同時又是祖先崇拜的宗教活動處所。許多人終其一生沒有走出村子一步,所以村落就是他的世界,家(家族)也就具備了社會的功能。儒家為了建立和諧的社會秩序,有意識的將社會家庭化,將家庭之內所維護的品德推展到社會各方面,借用家庭成員之間一生下來就有的等級,以及兩代之間不平等的權威,強化家父長的權威並加以制度化〔註69〕。因此儒家特別重視階級倫理,發展出一套以家族為中心的道德倫理規範,作為「以孝治天下」的泛孝主義〔註70〕。雖然儒家主張道德從修己做起,主要應用還在於家庭倫理的三綱:父子、兄弟、夫婦,並以此推及國家,將君臣關係比喻為父子,所以儒家的道德倫理與政治倫理是一體的,然而從家推到國,社會就是放大了的家,在這樣的社會,每個人都只是扮演一個(或多個)角色,不是父就是子,或是夫或是兄,總之,個人消失了,個人的存在只是為了成就家庭/國家,甚至為了和諧的秩序,可以將社會的不平等合理化〔註71〕。

從正面來看,徐復觀認為中華民族之所以擁有深厚的凝聚力與延續力,以及特有的厚重、堅韌的民族性格,乃在於儒家精神生根於家庭之中,家庭成為中國社會生產與文化合一的堅強據點有關〔註72〕。《荀子·議兵》說過:

〔註66〕杜維明《道學政》,頁10。

〔註67〕瑪克斯·韋伯(Max Weber)著,簡惠美譯《中國的宗教:儒教與道教》(台北:遠流,1989年),頁315。

〔註68〕金耀基〈中國現代化的動向〉,彭懷恩、朱雲漢編,《中國現代化的歷程》(台北:時報,1980年),頁11。

〔註69〕張德勝《儒家倫理與秩序情結:中國思想的社會學詮釋》(台北市:巨流,1989年),頁92～93。

〔註70〕楊國樞〈中國人的孝道概念分析〉,收在楊國樞編《中國人的心理》(台北:桂冠,1988年),頁42。

〔註71〕張德勝《儒家倫理與秩序情結》,頁164。

〔註72〕徐復觀〈儒家精神之基本性格及其限定與新生〉,《儒家政治思想與民主自由人權》,頁71。

「四海之內若一家〔註73〕」，由於社會只是擴大了的家，家與國總是被聯繫等同起來，缺乏自由流動的中介地帶，知識分子並無一種制度化、客觀化的組織得以依靠〔註74〕，因此產生了以下幾種狀況：一是家天下的產生，加速天子以天的代理人自居。二是產生知識分子對家／家族的依賴，不論在家或離家，總是必須依照倫理的規範，接受家父長的權威，承認國家暴力與霸權的意識形態。三是尋求超越性的「道」──就是承認超越國家存在的「天下」〔註75〕。由於以「天下」為己任的「士」，對於「天下」做了創造性的詮釋，試圖以個體的心性修養為基點，將本由「天──天子」治理的天下轉化為形而上的「道」，作為儒家型知識分子自我存有實踐的場域，並將它交由儒士來守護，如是，便有了「有德而不居位」的「素王」、領受「天爵」的「天吏」〔註76〕。

然而，儒家的道德觀，卻又模糊了他的努力。道德的判斷分屬價值與規範兩種層次，前者回答什麼是有價值的，後者回答什麼是正當的。由於價值具有相對性，一個自由、多元的社會，應該在價值問題上保持中立，對所有合理的價值予以寬容。至於涉及社會公義的規範問題，則沒有相對主義的模糊空間，它內含著自由、平等這些人類的最高價值〔註77〕。在一元化的中國社會傳統，對於道德的強調往往抹煞了理性的討論空間，尤其在道德與政治威權結合之後，對於道德的解釋權與對違反道德教條的處分權都屬於王權，使道德自覺的源流阻塞，這時道德來自外加而非內發，道德理念失去獨立性與尊嚴，同時也否定了個體的自由，因此儒家社會無法了解自由的真正涵義，

〔註73〕 梁啟雄《荀子簡釋》，頁199。

〔註74〕 楊念群《儒學地域化的近代形態：三大知識群體互動的比較研究》（北京：生活・讀書・新知三聯書店，1997年），頁32。

〔註75〕 黃麗生〈儒家「天下」思想的內涵及其當代意義〉認為「天下」的意涵不是只有政治意義，其分析認為有兩個層次：「（一）它表示這個世界是由多個、不同層次、互有關係的單元所構成、但亦有超越各單元界限的共同一體性；（二）它是個人所存在之最高層次的關係處境，也是行動思想的最大範圍。」收在黃俊傑編《傳統中華文化與現代價值的激盪與調融》（台北：喜瑪拉雅研究基金會，2002年），頁1。

〔註76〕 《孟子・告子上》：「有天爵者，有人爵者。仁義忠信，樂善不倦，此天爵也；公卿大夫，此人爵也。」頁204；《孟子・公孫丑下》：「為天吏，則可以伐之。」趙岐注：「天吏，天所使，謂王者得天意者可。」頁81。

〔註77〕 許紀霖〈從特殊走向普遍〉，《公共性與公共知識分子》（南京：江蘇人民，2003年），頁49。

也就無法產生個人主義〔註 78〕。

在西方，獨立於政府或國家的「社會」，源自於 18 世紀的 Civil Society（或譯爲市民社會、公民社會、公民團體），其近代意義是指國家控制之外的社會經濟生活，圍繞著共同的利益、目的和價值上的非強制性集體行爲，和國家之間存在著某種緊張關係，這也是知識分子成長的溫床。中國社會由於文化的因素導致缺乏鼓勵公民參與政治的觀念，政治參與成爲少數人（貴族與士紳階級）的特權。儒學的突破性貢獻是扭轉了「天下」繫於「天子」或「天」的傳統格局重心，賦予「天下」以原始公社的社會原型內涵：「天下爲公」，具有社會意涵的天下成爲儒學經典性定義，即「公天下」或「大同」世界〔註 79〕。由於中國缺乏現代意義的民族國家觀念，中國的天下觀實際上是一種文化主義，這種文化主義——文化認同——又常與政治認同結合在一起，形成文化民族主義，也就是「內諸夏，外夷狄」的文化霸權。本來文化並無高下之別，但是在中國文化卻成爲文明的表徵，所以當十九世紀以來，以儒家傳統爲基底的中國文化遭遇到西方現代化文明的叩關，就產生了「啓蒙」與「救亡」的矛盾。列文森（Joseph R. Levenson）具有代表性的看法是：「近代中國思想史的大部份時期是一個使『天下』成爲『國家』的過程。或者將支配這一見解的模式稱爲『從文化主義到民族主義的理論』。〔註 80〕」在西方，民族國家本是現代化發展的一環，在中國，爲了回應西方列強的挑戰，首先必須建立民族國家，強化民族的自我文化認同，然而儒家文化卻無法對西方文化的挑戰作出有效的回應，因此知識分子不得不選擇「師夷長技」以爲強國之計，而如此一來又有陷入文化殖民地的困境，因此陷入自我價值與認同的混亂。

中國的知識分子在「獨尊儒術」之後，所有的讀書人都接受儒家經典灌輸，所有的知識分子都屬於儒家，因此儒家型知識分子成爲中國知識分子的普遍形式。艾愷認爲從軸心時代之後，因爲士階層的出現，舊的封建制度瓦

〔註 78〕 這種發展顯然與孔子的本意相違，孔子雖然以重建社會秩序爲職志，但卻也相信社會與個人之間存在著辯證關係：社會是由個人組成的，沒有個人，便沒有社會。無數循規蹈矩的個人，是建立社會秩序的最佳保證。參考張德勝《儒家倫理與秩序情結》，頁 82。

〔註 79〕 尤西林《闡釋並守護世界意義的人》（台北縣：空庭書苑，2008 年），頁 130。

〔註 80〕 列文森（Joseph R. Levenson）著，鄭大華，任菁譯《儒教中國及其現代命運》（桂林：廣西師範，2009 年），頁 84。

解，但是又沒有產生新的資產階級取代它，中國社會進入兩千年的停滯盤旋：沒有形成明顯的階級，但又沒有實現經濟上的平等；沒有形成一個完整的國家，但又保持一個文化實體的完整性；沒有好好地理解孔子的理想，但又不能拋棄他。就像梁漱溟所描述的：中國處在一種過渡狀態中，聖人意識過早地飛躍使它的自然發展偏離了軌道〔註81〕。這種偏離是知識分子沒有「為知識而知識」的傳統，知識分子身分的建立不是因為他的知識而是因為他的道德。中國人對於知識的看法偏重在實用方面，因此知識在中國文化系統中並未構成一個獨立自足的領域，這一點自然影響到知識分子的獨立精神。不可否認，知識和道德必須取得平衡，在知識領域內真理自有客觀的檢定標準，絕不能為道德規範所取代，這也是不容爭辯的，而且知識是道德可靠的保證，道德如果沒有知識的支持則會發生種種流弊，徒然成為空洞的口號，以相對主義打擊對手，尤其淪為政治權威的工具〔註82〕。這就是兩千年來儒家型知識分子所產生的弊端，因為儒家道統本身就是一個強力的規範系統，對知識分子構成最高理想的形象，也構成知識分子批判自由的極限。二千年來，中國曾經出現過一些偉大的知識分子，這些偉大的知識分子的表現在於以道統批判政統，或者為維護道統獻身與政統相抗衡，但是，對道統本身的批判則如鳳毛麟角〔註83〕。

第四節　小結

　　傅偉勳說過：「一直覺得人與人之間的關係，儒家是說得最恰當的，而就人性論來說，儒家也是說得最妥當的。〔註84〕」他認為儒家有三個特色：「第一，重視傳統。而傳統一定要與教育配合，才能傳承，所以重視教育。第二，關懷社會，以前儒家學者一定要做官的，因為除了參政，沒有機會發揮他們關懷社會的抱負，所以強調政治。第三，透過修養道德，追求人生完美。儒

〔註81〕 艾愷著，王宗昱、冀建中譯《最後的儒家——梁漱溟與中國現代化》（南京：江蘇人民，1996年），頁6。

〔註82〕 余英時〈中國知識份子創世紀〉，《文化評論與中國情懷》（台北：允晨，1993年），頁108。

〔註83〕 金耀基〈知識份子在社會上的角色〉《中國現代化與知識分子》（台北：時報，1977年出版，1984年11版），頁62～63。

〔註84〕 傅偉勳〈知識分子還需要儒家嗎？〉，收在陳映真等著《知識份子：台灣知識菁英極具深度的12篇精采演講》（台北：立緒，2006年），頁56。

家認為，完美的人生必須具備道德修養，所以重視德行。〔註85〕」從這三個特色我們可以看到，儒家非常入世，它釐清人際關係間的許多混淆與複雜，所以儒家思想能夠在幾千年來擄獲中國人的心，甚至旁及亞洲周邊國家、民族，並不是完全憑藉政治的力量所能達到的。

　　知識分子起自於春秋、戰國時期，所謂「哲學的突破」之後的「士」所建立的知識階層，打破貴族壟斷的局面，「士」的職業之解放，進入自由競爭的市場，導致百家爭鳴、百花齊放，成為中國思想史上的黃金時代。此時知識分子中固然有自恃身價者，有逐利之徒者，大部分離曼海姆所描繪的「非依附性」、「自由漂浮」，追求「普遍真理」與代表「社會良心」的形象，相去不遠。尤其以孔子為代表的儒家，所描繪的君子的理想形象與想像中的知識分子最為接近，他不但具有人間性（實踐性），同時保有純真的理想性。為了推動理想，儒家特別重視教育，其早熟的理性發展甚至因此取代了宗教而發展出儒教。

　　可是儒家提出的「修己以治人」、「禮教」等治國之策，都屬於長（慢）效型的策略，對於急功近利的君主根本緩不濟急，同時在君臣關係中不願放棄對等、尊嚴的原則，所以在先秦的這一波競爭中並未得到青睞。秦始皇採信自儒家的荀子思想所衍生出的法家，在這一輪的競爭中勝出，得以一統天下，但不旋踵間又失卻了天下。這一歷史事實啟發後來的統治者，建國之術與治國之道顯然有別，在漢代這新一輪的競爭中，儒家思想終於勝出，取代法家與黃老之術。可惜的是，漢代的儒家為了獲取當權者的青睞，在一些關鍵思想作了修改與讓步，例如最基本的道德修養問題，從「內聖外王」的「聖王」修改為「王聖」，以及容忍「霸王道雜之」的「緣飾儒術」，都已經改變了漢代以後儒家型知識分子的自我認知與政治觀。更何況，在「罷黜百家，獨尊儒術」之後，百家思想竄入儒家，儒家思想基本上已經發生質變。由於後者歷時既長，作用範圍也廣，因此本文中所論的儒家與原始儒家已經有了不同。

　　然而這種改變也無法完全歸咎於漢代的儒者，事實上原始儒家在深層結構上已經有了瑕疵，對於君主制度從未產生質疑，因為儒家本就是來自底層貴族。孟子肯定社會階級的存在，對於「勞心者治人，勞力者治於人」的結

〔註85〕傅偉勳〈知識分子還需要儒家嗎？〉，收在《知識份子：台灣知識菁英極具深度的 12 篇精采演講》，頁 56。

構視爲理所當然，儒家型知識分子從這種結構中游離出來，在他們的思想裡從來不曾對自己的出身產生懷疑過。從孔子開始，儒家就是一個信古、好古的改良主義，經常假托復古以爲革新的手段而無法產生革命，不能從根本結構作破壞性的建設，所以遇到社會劇烈轉型期，儒家思想往往無法派上用場，只能選擇妥協或退隱。雖然孔子讚美史魚「邦有道，如矢；邦無道，如矢〔註86〕」的情操，但是孔子更欣賞寧武子式的「愚不可及」：「邦有道則知，邦無道則愚。其知可及也，其愚不可及也。〔註87〕」孔子也稱讚蘧伯玉：「邦有道，則仕；邦無道，則可卷而懷之〔註88〕」，或是講過「邦無道，危行言孫〔註89〕」、「無道則隱〔註90〕」之類的話，可見儒家易於在壓力下妥協以避免衝突，所以高道德的標準遇到強勢的帝王則不免妥協，才會從「聖王」轉變爲「王聖」。這也就是爲什麼儒家型知識分子成爲第一型的理想型知識分子者少，而成爲進入體制內第二型的妥協型知識分子多，所缺乏的是知識分子性格中最明顯的批判精神。更重要的是，儒家實踐理想社會的「禮」，以及實踐基礎倫理的「三綱」，都有否定個體自主的傾向，所以導出家父長制的權威主義，這也是中國無法發展出個人主義的原因之一，當然也就無法開展出類似西方的公民社會。因爲儒家思想的出發點具有強烈的實用性格，因此當價值理性遇到工具理性時，往往後者勝出。這些都說明由於原始儒家的根本結構的缺陷，所以在國家的層面上協助了傳統帝國主義的霸權發展，在文化的層面上則發展出文化沙文主義的文化霸權。所以荀子的弟子如韓非、李斯，政治思想由儒家轉爲法家，再到漢代發展出「外儒內法」——以儒、法相爲表裡（霸王道雜之）——的結果，也就不令人意外。

　　制度化的儒家所主導的官方／國家意識形態將法律禮儀化〔註91〕，卻未將法家政體轉化爲受委託型社會，因此歷代儒家型知識分子心裡很清楚，國家意識形態與儒家理想是一而二的東西，在國家之外，尚有一個無法完全重合的天下存在。在朝時，藉由政治的資源傳播儒家思想；在野時退回家庭，

〔註86〕《論語・衛靈公》（十三經注疏本），頁138。
〔註87〕《論語・公冶長》，頁45。
〔註88〕《論語・衛靈公》，頁138。
〔註89〕《論語・憲問》，頁123。
〔註90〕《論語・泰伯》，頁72。
〔註91〕金耀基〈中國之「現代型國家」的發展困境〉：「制度化儒學是『制度——文化』的複合體，其中包含皇權制度、家產官僚體系和儒家文化價值。」見氏著《中國社會與文化》（香港：牛津大學，1992年），頁92。

則將「以天下爲己任」的「道」攬在自己身上，成爲官方與民間的中介力量。
這種力量在民間形成一股強大的隱形勢力，這也就是爲什麼國家（朝代）可
以被取代，儒家地方型知識分子卻不會被取代，當權者一旦當政之後便立刻
尋求儒家地方型知識分子的合作，以求得地方政治秩序的穩定。這是中國自
漢代以後兩千年來社會、文化沒有太大變化的原因，往好的方面看是社會安
定的超穩定結構，往往在動亂後很快發揮安定社會的力量，負面的發展則是
文化停滯不前。因爲儒家知識分子所建立的天下觀是一種文化主義，在政治
上無法建立國家意識，所以無法形成現代的民族國家，在社會上無法建立公
民社會〔註92〕，社會只是家庭／家族的放大，壓抑個體的自主意識，所以當
中國面對西方現代國家的挑戰時，儒家思想成爲眾矢之的，這也就是五四新
文化運動時期高舉「打倒孔家店」的原因。因爲儒家思想過於強調個人「內
在超越」的道德，變相以道德倫理打壓個人自由——也就是魯迅所謂的「禮
教吃人」，對於帝王的「內在超越」卻「自動送分」，成爲集權主義的協力者，
五四新文化運動的知識分子雖然以批評儒家最力，在啓蒙與救國的抉擇時，
因爲救國的焦慮而陷入集體主義的迷思轉而選擇了共產黨／主義，恐怕也是
因爲中國傳統儒家「大同世界」的潛意識所導致，結果如眾所周知的，就是
文化大革命的集體著魔，可見在儒家的長期濡染之下，中國人很難跳脫集體
主義的潛意識。韋伯的大哉問「中國爲何無法產生資本主義」？儒教（儒家
思想的政教合一）正是關鍵所在，資本主義所需要的自由市場與公民社會都
來自於個人主義思想的發展，在儒家思想籠罩之下，個人主義被壓抑，公民
社會無法產生，也就無法產生非依附性的知識分子了。

〔註92〕金耀基指出，中國之所以未產生眞正的「市民（公民）社會」，在很大的程度
　　　　上是由於國家力量的防抑所致，這對於中國發展現代型國家乃是一個具有根
　　　　本意義的結構問題。見氏著《中國社會與文化》，頁97。

第四章 日治時期駱香林的生命歷程

第一節 身分認同與自我建構

　　「自我」並沒有固定的終點，也不是先天就傾向於某種形貌；相反的，自我在形式上隨著文化而相對變動，而文化是在辨證中建構出來的，個人也是在相同的辨證中獲得身分的認同，也就是「自我」的形塑：「自我」是社會的產物，一旦脫離型塑他、維持他的社會，就無法全盤理解〔註1〕。「認同」是心理學的觀念，是「一個人的性格」。一個人的自我認同在幼時尚未形成，大約要到四、五歲以後，通過家庭之「社會化」的作用，他才逐漸有自我的形象、自我認同的出現〔註2〕，所以在這個過程中家庭的作用影響甚大。建構認同的前提是必須設立一個「他者」，自我在此對照中才得以建立起來。身分的認同其實就是「文化的認同」，人類學家稱「文化的認同」為「基本的人格結構」（basic personality structure），或一般所謂的「民族性」〔註3〕。中國古代並沒有現代政治學意義上的民族國家之民族認同或民族意識，而只有以文化為核心的「夷夏之辨」，或稱之為文化意義上的文化民族主義，即以華夏文化為認同對象的「夷夏之辨」──「夏用夷禮則夷之，夷用夏禮則夏之」，就

〔註1〕 Robert Wuthnow 等著，王宜燕，戴育賢譯《文化分析》（台北：遠流，1994年），頁53～54。

〔註2〕 G. W. Allport, Personslity: A Psychological Interpretaion, (N, Y: Henry Holt, 1937) pp.159-65。轉引自金耀基《中國現代化與知識分子》，頁41。

〔註3〕 人類學者 Abram Kardiner & Ralph Linton 的見解，參考金耀基《中國現代化與知識分子》，頁41～42。

是以文化／禮儀的差異作爲認同的標籤。中國在古代是強勢文化地區，外族入侵之後，雖然武力／政治上取得優勢，卻又在文化上臣服，所以，「中國」一詞已經顯現了華夏民族自我中心主義的民族／文化優越感。在「溥天之下，莫非王土。率土之濱，莫非王臣〔註4〕」的天下觀裡，天下只有兩種人：「中國人」和「非中國人」，而後者則是有待教化的「非我族類」〔註5〕，這種族群霸權觀念一直存在中國人的心中。

台灣突然割讓給日本，對台灣的知識分子造成重大的衝擊，日本原屬中國文化殖民的蠻夷之邦，突然躍居爲殖民地的宗主國，台灣人不但面臨政治認同的問題，亦面臨文化認同的雙重矛盾〔註6〕。在殖民初期的抵抗，乃肇因於殖民統治者所推介的價值和制度，必須移植在有利其生長的環境，和傳統中可相容的價值結合，否則根本不能被本土人民所理解，更遑論生根。這也就是爲什麼日本一開始以漢詩與仕紳交流，重用漢人仕紳的原因，於是宗主國和殖民地的知識分子，都需要對殖民地的沿襲制度和文化慣習有一套詮釋〔註7〕。十九世紀後期帝國主義擴張和民族國家建立的過程中，除了軍事外交的征服和政治經濟的支配外，文化知識的建構扮演了重要的關鍵角色〔註8〕。後藤新平曾說過一段殖民統治的經典名言：

> 社會習俗或制度必有其長久以來存在的道理，如不明究裡，一味地將文明國家之制度執行於未開化之地，此爲「文明之虐政」，余以爲萬萬不可。故統治台灣，首先得以科學方法調查當地之舊慣制度，採順應民情之措施。若未加詳查，即將日本內地之法制施行於台灣，無異是將比目魚的眼睛變成鯛魚的眼睛一般，是不解政治眞意之行爲〔註9〕。

〔註4〕 《詩經·北山》（十三經注疏本），頁444。
〔註5〕 馬戎〈中國傳統「族群觀」與先秦文獻「族」字使用淺析〉，收在喬健等主編《文化、族群與社會的反思》（高雄：麗文，2005年），頁208～209。
〔註6〕 黃俊傑〈論東亞遺民儒者的兩個兩難式〉，《台灣東亞文明研究學刊》第3卷1期，2006年6月，頁70。
〔註7〕 皮爾埃斯特（Jan Nederveen Pieterse）＆巴雷克（Bhikhu Parekh）〈意象的轉移——「解殖」、「自內殖民」和「後殖民情狀」〉，許寶強，羅永生選編《解殖與民族主義》（北京：中央編譯社，2004年），頁74。
〔註8〕 張隆志〈從「舊慣」到「民俗」：日本近代知識生產與殖民台灣的文化政治〉，《台灣文學研究集刊》第二期，2006年11月，頁36。
〔註9〕 轉引自陳艷紅〈後藤新平在台灣殖民政策之研究〉，淡江大學日本研究所碩士論文，1986年，頁47～48。

就像中國儒家型知識分子在協助傳統帝國的文化霸權遂行移風易俗之前，必須先經由「采詩觀風」一樣，清治時期寓台官員私著箚記或官方刊行的地方志，也都發揮著這一類的作用，不過他們所使用的調查方式顯然屬於前現代的傳統帝國主義，資料的層層轉抄與二手傳播，少有一手的新資料補充。日本從西方模仿帝國的殖民統治，與傳統帝國最大的不同就是掌握了調查的科學方法，George Barclay 說過一段話很值得玩味：

> 在日本統治下，台灣很可能稱得上是全世界被調查的最詳細最完整的殖民區域。每年有大量的統計數據、特殊的數字調查不斷的被編纂。經濟、地勢、原住民部落、礦藏、農業產品、工業產品、以及外貿等全部被調查及再調查，一直查到沒有什麼東西可以再加進原先的知識之中〔註10〕。

日治初期，台灣總督兒玉源太郎與行政長官後藤新平分別擔任「台灣慣習研究會」正、副會長，所發動的殖民地調查，即是呼應後藤新平上述的話語，成果是編撰《台灣慣習記事》，其後又設立「臨時台灣舊慣調查會」，出版了《台灣私法與附錄參考書》、《清國行政法》、《台灣蕃族慣習研究》等書，除此之外，各種土地調查、測繪，各項統計數字與人口普查，都顯示日本的殖民統治與清治時期有很大的不同〔註11〕。

殖民統治使得殖民地本土的知識分子不得不反躬自省，質疑自身的社會和歷史，一種全新層次的自覺意識油然而生〔註12〕。台灣知識菁英在接受新式教育後，對現代性張開眼睛，通常對現代文明的先進國家產生欣羨，認可了具備現代性意義的新道德與新理性（如自由、平等、人權、科學等），對自我形象自慚形穢，甚至產生自我改造進而認同殖民者。但是另有一部分知識分子對於殖民性的殘暴、貪婪本質產生反感，走向另類的、抵抗的現代性〔註13〕，希望透過民族意識的覺醒所號召的民族主義力量，爭取國家的獨立與民

〔註10〕　轉引自姚人多〈認識台灣：知識、權利與日本在台之殖民治理性〉，《台灣社會研究季刊》第 42 期，2001 年 6 月，頁 125。

〔註11〕　劉銘傳所發動的現代性調查，因為遭遇地主的反彈，日後不了了之。

〔註12〕　皮爾埃斯特（Jan Nederveen Pieterse）＆巴雷克（Bhikhu Parekh）〈意象的轉移──「解殖」、「自內殖民」和「後殖民情狀」〉，《解殖與民族主義》，頁 74。

〔註13〕　廖炳惠分析台灣四種現代性情境，將知識分子搖擺於被殖民經驗與嚮往祖國的經驗，發現一種非中非日的台灣另類現代經驗，稱之為「另類現代性」。見氏著〈自序·四種現代性的交織〉，《台灣與世界文學的匯流》（台北：聯合文學，2006 年），頁 8～9。

族自決。喬治・卡爾（George H. Kerr，漢名葛超智）曾經把日治時期的台灣人分為三代：老一代是所謂前清遺民，習慣把「祖國」理想化；中生代是指1895年至1915年之間出生的人，他們接受新式教育也深知亡國之痛，他們是世故的（cynical）；新生代則是指1920年以後出生的，他們在皇民化運動下成長，對舊時代沒有感情，以掃除落伍、謬誤的中國舊俗自任〔註14〕。卡爾的分法相當程度注意到台灣人在殖民地「文化認同」上的轉變，無疑提供我們極好的出發點來觀察知識分子的問題。但是，只從出生時間來劃分尚有不足，必須考慮到橫向的教育、語言、思潮等因素對知識分子的作用，特別是中生代裡漢文與日文世代的差異，以及民族、啟蒙、左翼思潮的影響，對於世代差異必須有更細微的劃分〔註15〕。

　　由於初期的武裝抗日部隊大都以地方士紳與儒生所率領的民勇為主力，除了個人利益的考慮之外，對於異族的排拒與明末抗清的思想格局相近。這是因為中國長期以來視周邊民族為夷狄之類文明低下的異族，被夷狄統治的恥辱帶有民族主義的情緒。因此日本除了武力鎮壓之外，也採取懷柔政策吸收在地菁英，首先針對在社會上具有影響力與象徵意義的「讀書人」，藉由頒發紳章，舉辦「饗老典」、「揚文會」，降低這些士紳階級的反日情緒。甚至招待其到日本本土參觀旅遊，透過日本本土現代化的優越性軟化其抵抗，得到很好的效果〔註16〕。中生代的知識分子在接受不平等的教育之後，產生民族意識而走上「祖國派」之路者，或是接觸左派思想之後，走上極端革命路線者亦有之，這些究竟是少數，更多的是產生自卑意識而走向認同殖民者，努力讓自己成為「日本人」，這些人裡面又分為殖民性與現代性的接受者，但兩者交互作用下產生複雜的認同感。總之，台灣人認同的複雜性是一個歷時性的問題，很難以簡單的分類加以概括。比駱香林晚五年出生的吳濁流（1900～1976）對於祖國意識有深刻的分析：

〔註14〕George H. Kerr 'Formosa' Licensed Revolution and the Home Rule Movement, 1895-1945。轉引自周婉窈《日據時代的台灣議會設置請願運動》（台北：自立，1989年），頁23～24。

〔註15〕陳建忠《賴和的文學與思想研究》（高雄：春暉，2004年），頁4。

〔註16〕例如日本殖民統治者招待李春生、王松、鄭鵬雲等原本對於其統治存有疑慮者參觀旅遊日本本土，在見識過日本的現代化之後，都對日本統治的認同產生變化。參考楊永彬〈日本領臺初期日臺官紳詩文唱和〉，收在若林正丈，吳密察主編《台灣重層近代化論文集》（台北：播種者文化，2000年），頁148～149。

眼不能見的祖國愛，固然只是觀念，但是卻非常微妙，經常像引力
一樣吸引著我的心。正如離開了父母的孤兒思慕並不認識的父母一
樣，那父母是怎樣的父母並不去計較。只是以懷戀的心情愛慕著，
而自以為只要在父母的膝下便能過溫暖的生活。以一種近似本能的
感情，愛戀著祖國、思慕著祖國。這種感情，是只有知道的人才知
道，恐怕除非受過外族的統治的殖民地人民，是無法了解的吧。這
種心情，在曾是清朝統治下的人，是當然的，像我一樣在日本統治
台灣之後才出生的人，也會有這種心情，實在不可思議。境遇非常
可憐的人我不曾知道，像我這樣，境遇中等的，並沒有遭到什麼苦
況，儘管如此，對日本人的作為，卻都是反抗的。這就是所謂民族
意識吧。這民族意識是自身外來的，還是本來就存在於體內的呢？
抑或是由於殖民地的緣故，自然發生的呢？〔註17〕

　　這種祖國／民族認同的民族意識，當然不可能是與生俱來的，是經由後
天的社會化的影響，與當事人的原生家庭的有極大的關係，早於駱香林一年
出生的賴和（1894～1943）也有相似的成長背景，同時接受新式的公學校教
育與傳統的書房教育，感受可能也相去不遠，一直到進入公學校，賴和在後
腦杓一直留著「辮子」，他說：「在我當時的意識裡，覺得沒有一條辮子拖在
背後，就不像是人〔註18〕」，在清治初期的漢人為了一條辮子「留髮不留頭」
的拼卻了性命，到如今卻是他辨識「人」與「非人」（依如今的說法是「自我」
與「他者」）的依據，可知民族的認同是流動的，尤其是台灣人的民族主義是
在對抗帝國主義的政權擴張和殖民政策所產生的。

第二節　遺民意識與逸民生活

　　駱香林生於 1895 年，正好是台灣割讓給日本的那一年，雖然不能算是清
朝遺民，不過在現實中他卻有遺民心態。所謂「遺民」一詞起源甚早，先秦
文獻中已有之，歷代以來「遺民」的意義豐富：（1）前朝貴族後裔；（2）以
往時代的人；（3）亡國或亂離之後遺留下來的人；（4）隱士；（5）在易代之

〔註17〕吳濁流《無花果》（台北：前衛，1990 年四刷），頁 40。
〔註18〕懶雲（賴和）〈無聊的回憶〉，原載於《台灣民報》第218～222號，1928 年 7
　　　　月 22 日、29 日、8 月 5 日、12 日、19 日，收入林瑞明編《賴和全集》二〈新
　　　　詩散文卷〉（台北：前衛，2000 年），頁 231。

後因堅持對故國的忠誠而拒絕與新朝合作者〔註 19〕。上述最後一項的意義在南宋以後被多數人認同，形成身分認同的群體意識，確認遺民身分的主要行為規範──不仕異朝──也確立於此時〔註 20〕。因為宋人面臨女真與蒙古人的侵略，除了政治上的改朝換代之外，還有種族上的夷夏之別，尤其元朝對於讀書人／儒者的歧視與迫害，使儒家型知識分子以氣節自我肯定並凝聚成為一種我群意識，所以也含有族群意識形態。以「遺民」自居，除了是政治立場的選擇，也是一種生活方式的選擇，承襲了隱逸傳統，遺民與逸民的生活方式幾乎沒什麼差別〔註 21〕，一旦選擇「遺民」的生活即是選擇了孤獨。甲午戰爭之敗，台灣割讓之際，台灣士紳基於「文化民族主義」意識選擇內渡，無法內渡者則以遺民自居，對日本採取不合作的態度，實際的做法則是隱居起來〔註 22〕。割讓一事猶如被母親遺棄，故對嘗為「棄地遺民」的台灣儒者而言，對母國文化的孺慕之情與 1949 年以後流亡港、台而「花果飄零」的儒者一樣，以儒學為其精神之原鄉。「遺民儒者就好像太平洋的鮭魚，在生命晚期奮其最後的力氣，努力洄游回歸他們精神的故鄉──儒學的價值世界。〔註 23〕」

　　由於缺乏文獻資料，無法得知駱香林的家庭背景，在日治初期一般人尚存觀望心態，總督府的教育政策是以漸進原則逐步同化，在順應現實需要隨機應變的「無方針主義」下，建立以初等教育機關──公學校──為主的新式教育，以社會中、上階層子弟為勸誘入學對象，並不急於普及一般平民子弟〔註 24〕。此時駱香林的父親願意將小孩送往公學校就讀，可見其對於新式教育有所期待〔註 25〕，駱香林日後的發展則與此期待相反，反而堅定的走入

〔註 19〕詳見李瑄《明遺民群體心態與文學思想研究》（成都：巴蜀書社，2008 年），頁 9。

〔註 20〕李瑄《明遺民群體心態與文學思想研究》，頁 15。

〔註 21〕趙園《明清之際士大夫研究》（北京：北京大學，1999 年），頁 261。

〔註 22〕余美玲《日治時期台灣遺民詩的多重視野》（台北：文津，2008 年），頁 8。

〔註 23〕黃俊傑〈論東雅遺民儒者的兩個兩難式〉，《台灣東亞文明研究學刊》，第三卷第一期，2006 年 6 月，頁 64。

〔註 24〕吳文星《日據時期台灣社會領導階層之研究》（台北：正中，1992 年），頁 97。根據吳文星所揭示的資料顯示，直至 1915 年以前，公學校的入學率只有 9.6％，當時公學校畢業者已經可以在殖民政府中找到雇員及通譯的工作，可見當時的初等已經可以算是台灣的菁英教育了。見本書頁 98。

〔註 25〕日治初期家長對公學校缺乏信心，上層家庭稱之為「番仔學校」，認為除了漢文之外的課程為「番子書」，不願其子弟習夷狄之學，故多選擇書房就讀，公

儒家世界，他的身分認同或許就是在當時具有歧視性的殖民教育中建立起來的〔註 26〕，才會在公學校教育結束後，投向當時以民族氣節見稱的趙一山（1856～1927）劍樓書塾。趙一山於乙未割臺之役避居芝蘭（士林）山中年餘，無以爲生，保良局長辜顯榮力邀出仕，堅辭不受。懸壺大稻埕，後應地方士紳洪禮文之邀任塾師，1911 年乃自創劍樓書塾，勉諸子曰：「汝等有食日人一粒粟者，非吾子也！」後其長子迫於衣食任職警署，趙一山迫使其辭去職務，一時聲名大噪〔註 27〕，從遊者濟濟多士，杜仰山、李騰嶽、吳夢周與駱香林並稱入室四弟子〔註 28〕。趙一山以遺民自居，並以民族氣節受尊重，駱香林在公學校畢業後投於門下，已經明白地表達了他的認同對象，同時在台北總督府圖書館自修長達十餘年，單四書一門即遍讀四十二家不同註解〔註 29〕，可見他成爲儒家型知識分子的基礎奠定於此時，而儒家思想成爲他的精神安居之所，一生不改其志，即使生活因此困頓亦甘之如飴。此外，駱香林的思想除了老師的典範影響之外，同窗的互相激勵更是重要。儒家的友道意識起源很早，孔子即強調朋友對於學習的重要，留下「友直、友諒、友多聞」等益友與損友的警語，《禮記·學記》也說：「故君子之於學也，藏焉脩焉，息焉游焉。夫然，故安其學而親其師，樂其友而信其道，是以雖離師輔而不反。〔註 30〕」這是說學習圈所形成的集體意識，是除了家族之外的一股強力的輔助與約束力量，因爲具有共同的知識信仰，故易形成一個社會的小團體。駱香林劍樓書塾時期的同窗，是一生談詩證道的同道友。在台北時與林述三、李騰嶽、黃水沛、張純甫、杜仰山、歐劍窗、陳心南、林湘元、吳夢周等人共組「研社」（1915 年），兩年後改組爲「星社」〔註 31〕。此一模式爲同社友

　　學校的學生以中層以下子弟爲主。參見吳文星〈日據時代台灣書房之研究〉，《思與言》，16 卷 3 期，1978 年 9 月，頁 66。

〔註 26〕當時的小學教育分爲小學校及公學校，前者學生純爲日本人，後者爲台灣人的學校，教師中雖有台灣人，但大部分仍爲日本人，在不經意間傳達歧視的訊息，許多人的台灣意識在此被激發出來。

〔註 27〕見《台灣歷史人物小傳——明清暨日據時期》（臺北：國家圖書館，2003 年），頁 663～4；魏國鈞〈趙一山先生的志節〉，《嘉義文獻》第 5 期，1974 年 12 月，頁 6。

〔註 28〕吳瑞雲〈《枕胘室詩草》校勘序〉，收在吳瑞雲編《枕胘室詩草》（台北：自印，1998 年），頁 6。

〔註 29〕黃瑞祥〈花蓮瑰寶駱香林〉，《更生日報》1992 年 8 月 5 日。

〔註 30〕《禮記》，藝文印書館《十三經注疏》本，頁 651。

〔註 31〕主要社員別號均署有「星」字，駱香林號爲「星星」，詩社初期亦有擊缽吟會，

所複製，例如林述三主持礪心齋書房，門下弟子共組天籟吟社；歐劍窗創潛社，後改爲北台吟社；張純甫設守墨樓書齋，指導松社成立漢學研究會，另於新竹指導弟子創立柏社；駱香林則於花蓮指導弟子創設奇萊吟社。從他們的行爲模式可以約略探知，在不利於儒家思想傳播的年代，唯有志同道合者的相互砥礪，使他們的行爲得到更多的認同。另外，駱香林選擇從大稻埕移居圓山，或許也跟他的同道友吳夢周、張純甫、李騰嶽等人亦移居於此有關，更可以看出他們之間的互動與彼此行爲的影響。

遺民的抵抗較爲消極，儒家的信徒對這些教條應該不陌生：「邦有道則仕，邦無道，則可卷而懷之。」（《論語・衛靈公》）「天下有道則見，無道則隱。」（論語・泰伯）選擇隱逸的生活，若非地主階級，則在物質生活上自然要受苦，所以孔子也早有先見之明，以顏回的安貧樂道「一簞食，一瓢飲」來鞏固儒門的信念。物質生活既不可恃，精神生活盡可富足，因此遺民大多追求精神生活的寄託。駱香林選擇過著「游於藝」的生活，所謂「游於藝」是一種儒家特別強調的生活美學〔註 32〕，與現代知識分子的精神有相通之處，余英時說：「『遊於藝』的精神則能使人永遠保持一種活潑開放的求新興趣。所以知識分子在自己的專業之外還要儘量培養對其他方面知識和思想的廣博趣味。『遊於藝』仍然是嚴肅的，只是不從狹隘的、功利的專業觀點出發而已。知識生活的意義主要並不在於占有已知的舊眞理，而在於不斷地尋求未知的新眞理。〔註 33〕」而這也正符合波斯納（Richard A.Posnet）對於知識分子的定義：「通常被視爲知識淵博之通才，而非專門家，他們特別關注那些完全萌發於毫無利害關係的淵源之思想（儘管這種對思想的參與可能成爲其

數年後改以閒詠爲主，有別於當年詩社以擊缽吟爲主的聚會。1924 年與星社諸友創《台灣詩報》（1924～1925，共 14 期），負責主編古今詩鈔、詞鈔，從出版史的角度而言，《台灣詩報》早於《台灣詩薈》，可說是台灣最早的詩刊。

〔註 32〕 傳統士人對於個人生命價值的自覺意識，這種自覺使他關注超越功利的人生美感，並以審美行動與藝術修養來體現其內心自覺意識的群體身分認同。參見羅中峰《中國傳統文人審美生活方式之研究》，（臺北市：洪葉文化，2000年），頁 7。唐君毅認爲：「儒家並主張爲聖爲賢的道德修養，不離人之日常生活，並力求禮樂等文化生活融攝於日常生活之中。儒家之所以重視日常生活，乃源於儒家自覺的肯定全幅人生活動之價值，而教人灌注其精神於當下與我感通之一切事物。參見唐君毅《中國文化之精神價值》，（臺北市：正中書局，1979 年），頁 244～245。

〔註 33〕 余英時〈中國知識分子的創世紀〉，《文化評論與中國情懷》（台北：允晨，1993年），頁 92。

職業的一部分），故而他們具有——在不同程度上——創造性、遊戲性、敏感性、追根究底性以及在某種意義上的不切實際性。〔註34〕」駱香林一生不斷地學習新事物，從古琴到留聲機，從水墨到攝影，就是具體地體現「游於藝」的精神，也是在精神世界自由的追求與生活美學的表現〔註35〕。

在圓山時期他的隱逸是追隨六朝竹林七賢放浪形骸的生活，他描述這裡的生活情境：

> 綠陰冉冉放茶壺，石榻苔茵不用租。臥看隔江人放鴨，水聲風色戰菰蒲。

> 眠石綠陰野趣清，晚來夢覺有誰驚。蟬吟未了竹雞叫，不獨漁人打網聲。〔註36〕

在這裡生活空間與山水渾然一體，放鴨打網，竹雞蟬鳴，充滿野趣，是隱居者理想的住所。「眠石綠陰」顯現駱香林與大地渾然一體，另一首詩〈圓山即事〉中自陳：「綠陰人影共橫陳，得向忙中乞此身。不為旁人拘禮貌，解衣自起掛風筠。〔註37〕」詩中透露作者對自由的強烈渴求，如竹林七賢般不受禮教拘限的狂放，只是渾然情境下的另一面目的顯現，這是所有隱居者共同流露的精神傾向，也是棲居的本質——自由與安適的追求。不論是否隱居，中國傳統士大夫的理想居住環境是：「居山水為上，村居次之，郊居又次之〔註38〕」。所以駱香林居住空間的抉擇，即使不從政治的角度來詮釋，仍可視為對世俗化／現代化的抵抗，〈星社同人枉駕〉一詩構築了理想居所的生活內涵：

> 遠道相尋興可知，鯽肥三指醫初麗。不嫌茅屋聽秋雨，蹩足村廚有豆糜。門外菜花黃映路，此間賓客樂能詩。憑誰引證邵雍語，道似宵蓬靜宿時。〔註39〕

〔註34〕理查德・Ａ・波斯納《公共知識分子——衰落之研究》，頁19～20。

〔註35〕關於駱香林游於藝的生活情趣，可參考黃憲作《在地與流離：駱香林花蓮之居與游》（花蓮市：花縣文化局，2009年），第三章〈居與游（二）——傳統文人駱香林的生活美學〉，頁65～98。

〔註36〕《駱香林全集》，頁333。

〔註37〕《駱香林全集》，頁333。

〔註38〕（明）文震亨著，海軍、田君注《長物志圖說》（濟南：山東畫報，2004年），頁1。

〔註39〕《駱香林全集》，頁344。

詩中所見的家屋是與自然最接近的茅屋，茅屋是人文建築中最簡單的形式，成為居住活動運作方式的軸心根柢〔註 40〕，它是如此單純，單純到變成了傳奇——繪畫和文學中的象徵符號。如此的茅屋在空間中具有中心性，茅屋門前黃橙橙的油菜花田與小路相互輝映，具有指引作用，摯友「遠道相尋」而來，可見隱居者並沒有斷絕與外界的交通之意，屋外秋雨淅瀝，屋內吟詩證道之語交歡，可謂外冷內熱——這是儒家式的「游於方內」——以道術為安宅，並且從技進於道，掌握自由與愉悅，為友輩所羨。因為有了同道的砥礪，隱居生活並不覺得孤單，駱香林在圓山時期〈五畝宅〉的對聯透露了儒家型知識分子在亂世中的態度：「百堵於垣，比鴻雁於棲澤。十室之邑，喜忠信之有人。〔註 41〕」上聯典出《詩經・小雅・鴻雁》：「鴻雁于飛，集于中澤。之子于垣，百堵皆作。雖則劬勞，其究安宅？〔註 42〕」暗諷殖民者大興土木，百姓卻無所安宅，下聯典出《論語・公冶長》：「十室之邑，必有忠信如丘者焉，不如丘之好學也。〔註 43〕」，暗指自己忠貞的信念與好學。如此想來，雖然駱香林的作品與行動幾乎不觸及政治這個敏感的議題，實際上卻是以「隱逸」的心態進行抵抗，付諸行動的行為是自居邊緣，所以駱香林從市中心搬到城郊，其實是軟性的抵抗，遠赴花蓮，當然也可以作如是觀。

第三節　以書房與詩社為文化抵抗的場域

一、書房與公學校的競合關係

語言在殖民地社會是一個很好的觀察指標。基本上，語言在一個社會的文化優位性是相應於政治權力結構而來的。如果仔細觀察，一個社會本身語言的保存和發展可以視為自主性的象徵〔註 44〕。日治初期，民間抵抗力量尚強，派駐來台的官員通常簡擇具有深厚漢學素養者，可以語言相通，因此駐

〔註40〕加斯東・巴舍拉（Gaston Bachelard），王靜慧，龔卓軍譯《空間詩學》（台北：張老師，2003 年），頁 97。

〔註41〕《駱香林全集》，頁 399。

〔註42〕《詩經》（十三經注疏本），頁 374。

〔註43〕《論語》（十三經注疏本），頁 46。

〔註44〕蔡采秀〈解嚴與自我殖民〉，中央研究院台灣研究推動委員會編輯《威權體制的變遷：解嚴後的台灣》（台北：中研院台史所籌備處，2001 年），頁 329～331。

台官員與台灣紳商詩酒交歡酬唱，一時成為風潮，自第一任總督兒玉源太郎與行政長官水野遵的「南荣園唱和」之後，以詩會聯吟的交流模式成為常態，台灣在日治時期詩社林立，與受此鼓勵有關〔註45〕。這是殖民者在殖民初期彈性策略的運用——懷柔政策，不能以常態視之，其對書房（私塾）的策略卻又不同。書房以傳授漢文為主，依洪堡特（Wilhelm von Humboldt，1767～1835）的看法，語言是思想形成的器官，每一種語言都有獨特的世界觀，每一種語言對人而言就像一道樊籬，只有進入另一種語言才有可能跳出其外，所以洪堡特（Humboldt）認為語言是民族精神的外衣，民族的語言及民族精神，兩者是合而為一的〔註46〕。從這個角度看便可知，為什麼語言是文化爭奪的主要戰場，因此歷來的種族戰爭欲滅其種族必先滅其文化，欲滅其文化必先滅其語言。在日治初期因為缺乏準備以及懷柔政策的考量，日本殖民政府採取「無方針主義」／「混合主義」的教育政策實乃權宜之計。總督府學務部籌設國語傳習所的意見書說：「凡得國者須得民，而得民須得民心，欲得民心非假溝通彼此思想的語言之力不可。〔註47〕」所以不但沒有廢除漢文，書房繼續存在，公學校尚且聘請秀才或地方書房教師開設漢文課程，在國語傳習所甚至還有開設土語（台語）課程教授來台官員以利與島民溝通，目的都是為了「同化」所採取的「混合主義」。主其事者伊澤修二希望利用台、日語言文化上的近似性、重疊性，作為「同化」台灣人為日本國民的階段性輔助手段。不過隨著伊澤離職，漢文在國語（日語）教育中的地位下滑，書房開始受到嚴格管制。行政長官後藤新平說：「教育方針雖尚在研究中，可是公學校的目的已經確立，那就是以普及國語為首要目的。〔註48〕」換句話說，在同化主義的前提下，公學校的國語普及教育具有工具性作用。

　　日治初期由於台灣人對公學校缺乏信心以及種族因素的排外思想，書房反而呈現蓬勃發展，書房數與學生數迭有增加，至1903年，書房數仍為公學

〔註45〕　楊永彬〈日本領臺初期日臺官紳詩文唱和〉，收在若林正丈，吳密察主編《台灣重層近代化論文集》，頁110～113。

〔註46〕　（德）威廉・馮・洪堡特（Wilhelm von Humboldt）著，姚小平譯《論人類語言結構的差異及其對人類精神發展的影響》（北京：商務，1999年），頁72、52。

〔註47〕　台灣教育會編《台灣教育沿革志》（台北：1939年），頁165。

〔註48〕　後藤新平1903年11月6日於學事諮詢會上講詞，大園市藏《台灣始政四十年》（台北，1935年），轉引自吳文星〈日據時代台灣書房之研究〉，《思語言》第16卷第3期，頁63～64。

校的十倍，學生人數亦較多〔註 49〕。日本殖民政府的書房政策採取漸禁的方式，開始時尙希望書房暫時權充代用公學校，協助進行同化教育，但是書房的主持人恰是儒家文化民族主義意識形態的傳播者，因此很難達到目的。甚至書房是同化教育的角力場，公學校學生下課後又到書房上課，兩種意識型態競逐下很難達成同化之初衷。由於書房成爲公學校的競爭者，使得總督府不得不放棄妥協政策，改以法令遏止書房的發展。總督府對於書房的管理，責成各地方廳政府根據「關於書房義塾規程」，分別訂定書房義塾施行細則、舉辦書房教師講習會、書房教師檢定考試等，逐步強化管理。舉辦書房教師講習的目的，在於使書房教師熟習公學校之日語、算術等學科，並以之傳授書房學生。書房教師檢定考試每年舉辦一次，委任各廳或公學校就申請開設書房者，測驗其讀四書五經，並講解文意大要，以及兒童普通應該誦習之文集，通過學科考試後，再調查其出身，操行德望不辱教師身分者，方授予許可證書〔註 50〕。又要求以日本書籍漢譯本做教材，禁止使用中國出版的教科書，目的就是要斬斷台灣和中國的文化臍帶。當時書房的主持人大多爲前清遺民，當然不願意接受此等條文，本身條件也無法取得許可證，故大多違法授業。

　　駱香林自公學校畢業，檢定考試對他來說應該不成問題，問題是在文化民族主義的意識形態上他無法接受，因此「涵虛樓」的漢文教學無法獲得許可證，導致生活陷入困境，元配積勞而逝〔註 51〕，兒子出養，可謂家破人亡，所以遷居花蓮時以民族氣節而受到尊敬。移居花蓮是駱香林生命的重要轉捩點，花蓮的漢人移民與日本移民進入的時間點相當，花蓮屬於新開發地區，日本是以移民村的方式集體移民，漢人則是因應日本人的開發需要大量的勞動力而源源不絕的進入。通常新移民會攜帶其原生文化進入新開發地區，尤

〔註 49〕 吳文星〈日據時代台灣書房之研究〉，《思語言》第 16 卷第 3 期，頁 66。

〔註 50〕 吳文星〈日據時代台灣書房之研究〉，頁 68。

〔註 51〕 駱香林〈臨海隨筆〉：「余生平不能理家人生產，賴先妻韻梅經理之。教館所入，常不足。退而村居，視吾妻日僕僕於雞棲豚柵，菜畦稻壠之間，愛莫能助。人或憐之，曰：『吾以是爲樂，不知其勞也。』蓋其心但願余衣食，得齊凡人，富貴非所望也。故其詩云：『濯纓濯足隨清濁，望子望夫得溫飽。』肺腑之言，不修飾自佳耳。無何，雞豚患疫死，家益困，稱貸於人者，又無力以償。自移家新莊，用稍足，不二年而吾妻病矣，醫藥一年，所積爲罄。彌留之際，恐吾不能爲治喪，既死兩目耿耿如生時，豈復有蘆衣之慮也。賴友生之助，其喪以舉。」見《駱香林全集》，頁 517〜518。

其人數在取得優勢之後，就會移植其原屬傳統社會文化。漢人在新闢土地上立定腳跟之後，首要之務就是建立教化機構以教育子弟，同時實現其文化認同，也就是將蠻夷之地「中國化」〔註52〕。因此，開設書房具有相當重要的象徵意義，尤其駱香林在台北時期，在文化圈中已小有名氣〔註53〕，移居當時被視爲蠻荒之地的花蓮，備受地方人士重視與禮遇，「說頑精舍」據說是由以往的學生郭昌盛及花蓮地方人士所贊助〔註54〕，許多地方知名人士均寄籍其門下，如楊仲鯨（花蓮縣第一任民選縣長），陳竹峰（曾任縣議員），林永樑（曾任花蓮縣議會議長、彰銀董事長），許錫謙（花蓮首富之子，二二八事件的受難者），郭昌盛（花蓮市長郭榮宗之父），楊水盛（楊牧之父），戰後還有證嚴法師等，據云學生上千人，由此可見駱香林在花蓮的影響力不可小覷，不過這些影響力的發酵，要等到終戰後才得以發揮。事實上駱香林在花蓮的書房也未獲得許可，因爲從《台灣總督府學事年報》歷年的書房統計數字來看，花蓮港街均掛零，可見駱香林的說頑精舍還是地下書房，至於爲何在新莊時會有警察的騷擾，在花蓮卻不曾出現此情形，其原因不明。

駱香林曾質疑日人的教育政策，尤其是花蓮地區的教育狀況：

> 爲政之道，先於教育，教育之不振，民且冥頑。今花蓮一廳，民眾七萬餘，所謂教育機關，僅小學十三，公學二十，而中等教育，僅高等女學一校而已。我不知創設者何先於女子，豈男子盡不足教耶？不然。該校創始於昭和二年，首尾已六歲矣，期間所設施，豈盡急於中學之創立，而使人家子弟，犯風濤，遊學日本，或西部，爲政者獨無子弟耶。雖然，民智愈高，爲政者愈難於管束，而愚若山胞，亦難於感化，故小學則普及，中學則限制之，大學則無時不繫慮焉。常觀遊學日本而歸者，必使人默察其思想，稍有可疑，則尾行之，

〔註52〕潘朝陽〈地方儒士興學設教的傳統及其意義〉，《明清台灣儒學》（台北：台灣學生，2001年），頁34。

〔註53〕駱香林爲星社成員，星社爲當時北台灣極爲活躍的詩社，不只開創詩社聯吟的風氣，且出版詩刊《台灣詩報》比連橫的《台灣詩薈》還早，據稱是台灣最早的詩刊，駱香林負責其中部分編務，學藝有鬼才之稱，所作〈月蝕〉詩頗爲時人稱頌。見陳世慶〈星社〉，《台北文物》，第4卷4期，1956年2月1日，頁43～59。

〔註54〕根據耆老陳竹峰的回憶，包括他和很多社會人士，都曾記名爲書房學生，按月繳交束脩（學費），卻未必有時間來上課，而他們向駱香林請益較多的反而是詩社的詩會。據筆者1997年7月1日的訪問。

吾見爲政之難，至於此極乎！孔子曰：「道之以德，齊之以禮，有恥
且格。」治其心之謂也，今不出於此，而出於彼，猶治絲急而愈紛
之矣。〔註55〕

駱香林的觀察一點也沒錯，日本的殖民地教育政策，就是以小學（公學
校）的國語普及教育爲同化的工具，所以初期急於設置國語傳習所與廣設公
學校，但是後藤新平擔任行政長官，持地六三郎擔任學務課長時，擔心台灣
人熱心向學導致政治上發生危險，因此不但拒絕木村匡提出初等教育應與日
本國內一致的義務教育之建議，甚至暗地抑制公學校的擴增，盡可能抑止台
灣人接受較高的教育，保有較優越的社會地位及較好的就業機會，只希望公
學校畢業生仍追隨其父兄務農、經商或成爲新工業的半技術人員，使技術勞
工不必完全仰賴日本，將中等學校以上教育導向實業，並且修業年限及程度
均低於日本同級學校，這種特殊的教育體制並不準備讓學生接受專科或大學
教育〔註56〕。所以台灣本地子弟，有心更上一層樓者則以到日本本土留學爲
大宗，故男子中學反較女子中學晚成立。與持地抑制學校教育的意圖相違，
台灣人對於國語教育依然維持高度的熱忱和興趣，因爲接受新式教育不但等
於接受現代化的洗禮，而且有助於進入公家機構，薪水易較優渥，加上法律
對書房的抑制，所以進入書房與公學校的學生人數此消彼長，全省書房數目
快速減少。

綜觀日治時期的教育政策是以漸進爲原則，採逐步強化同化主義爲方
針，而差別待遇與隔離政策實爲其主要特徵。日本政府深知語言爲統治手段
的重要性，先後對蝦夷族與琉球人及朝鮮實施日語的同化教育〔註57〕。學務
部長伊澤修二也明白的表示，台灣的教育並非單純的教育，而是具有同化爲
日本人目的的教育，職是之故，「國語普及」爲總督府最重要的同化手段之一
〔註58〕。這種語言政策，書房與公學校顯然成爲主要戰場，因此對書房的壓
抑愈來愈嚴厲，到 1934 年明令關閉〔註59〕。事實上自 1922 年新的「台灣教

〔註55〕《駱香林全集》，頁548。
〔註56〕吳文星《日據時期台灣社會領導階層研究》，頁97～100。
〔註57〕吳文星〈日據時期台灣總督府推廣日語運動初探（上）〉，《台灣風物》第 37
　　　　卷第 1 期，1987 年 3 月，頁 4。
〔註58〕吳文星〈日據時代台灣書房之研究〉，《思語言》第 16 卷 3 期，1978 年 9 月，
　　　　頁 75～79。
〔註59〕違背者最明顯的例子就是駱香林的同學吳夢周，繼承老師的劍樓書塾，公開
　　　　反抗書房關閉令而被關入監獄直至戰爭結束。

育令」頒布，制定「私立學校規則」將書房納入管理，成爲代用公學校（合格者可領取補助款），以彌補公學校數量的不足之時，書房的數量頓時銳減〔註60〕。而在此之前公學校的漢文科迭遭減少時數，漢文教學已經流於形式，當時就有爭議，民間紛紛請願恢復漢文教學時數，或者乾脆轉入書房，黃呈聰的分析是：

> 若論初等教育之目的，是教授國民日常生活必須的智識技能，以資日常生活的應用爲目的，而現在台灣的日常生活上，最必要的就是漢文，無論記帳或寫信都是以漢文爲通用的。但是在這初等教育，都是不注重漢文的教授，故公學校的卒業者，完全沒有漢文的素養，故日常生活上感覺著很多不便〔註61〕。

黃呈聰純粹從實務面上做分析，雖然很有道理，當時士紳對殖民政府施了許多壓力，但是殖民政府不爲所動，因爲他們的目的就是要以日語取代漢語，所以到1937年就全面禁止漢文的使用。這種被消滅語言的傷痛，蔡培火有深刻的分析：

> 官僚説是依據一視同仁的聖旨，而以同化主義爲治臺方針；這一政策的首要，是日本語中心主義，先在政治上及社會上堵塞我們的嘴巴，使我們無能爲力。因此，我們必然要由一切有責任的地位退卻，這是由於我們連明白説明我們意志的機會都已沒有。……官僚們則稱此爲根據「一視同仁」的聖旨，使能享受與日本人同樣生活的同化主義教育法。噫！同化，假汝之名的日本語中心主義，眞是拘束並抑制我們心靈的活動，使從來的人物一無所能，使一切政治的社會的地位都爲日本人所獨占。又凡受此新型教育的青少年，除了特別的天才以外，都被低能化，失去新時代建設者的資格。……官僚爲了建立日本語中心主義，對於舊時代所養成的人物，視如糞土，抑制其雄飛，多致苦悶而死。此後三十餘年間，由於上述殺人的教

〔註60〕 日本統治初期，出於懷柔的目的，對於書房的管制不嚴，因此書房的數目不減反增，甚至蓬勃發展而與公學校產生競爭之勢，遂放棄妥協政策，改以法令過止書房的發展。見吳文星〈日據時代台灣書房之研究〉，《思與言》，第16卷3期，1978年9月，頁64～66。
〔註61〕 黃呈聰〈於官選協議會中的質問要項和感想（二）〉，《台灣新民報》，第346號，1931年1月10日。

育，使人才無由產生……〔註62〕。

雖然在知識分子心中，失語的痛苦是難以言喻的，但是對殖民者來說，效果是明顯的，禁用漢語之後，日語的普及率立刻快速成長，根據王育德的統計資料顯示，1930 年使用日語的人口爲台灣人的 12%，1937 年竄升到 37.8%，1944 年爲 71%，這是皇民化運動激烈手段下的成績〔註63〕。並且由於量變產生質變，對日本的認同亦快速激增，尤其是 1920 年代以後產生的新知識分子，已經以啟蒙後的世界觀重新審視自己，對於自我文化社會產生反省，所以產生新舊文學論戰。儒家型知識分子大部分屬於文化保守主義分子，對於社會變遷採取有條件的接受與緩步的改變，因爲文化傳統具有遲滯性，必須經過長時間的洗滌、沖刷、稀釋、取代、消除〔註64〕。在這個過程中很難以二分法來斷然取消其中任何一方的影響力，例如賴和雖然是新文化的倡導者，同時也是儒教與漢學的支持者；他雖然將書房教育比做監獄〔註65〕，卻以漢詩持續創作，他的文化視野既異於以遺民自居的上一代文人，也不同於與傳統文化斷裂的新生代以日文書寫的文化人。反之，許多以漢學守護者自詡的舊文人卻甘爲日本政府利用的幫閒文人〔註66〕，可見儒家型知識分子與民族主義、道德人格者不能同時畫上等號。吳文星認爲 1920 年以後各項同化的強制性措施日益積極，能繼續開辦的書房都是配合政策及法規，擔任代用公學校或推廣日語設施的角色，若忽略此一特徵，過度強調書房存在的民族主義本質，而斷言其爲「培養民族精神的根據地」，顯然與史實有相當的出入〔註67〕。同樣的情形也存在於詩社，日本殖民政府廢書房，卻不禁止詩社之

〔註62〕 轉引自矢內原忠雄《日本帝國主義下之台灣》（台北：海峽學術，1999 年），頁 182。

〔註63〕 皇民化運動中不學日語者罰款，執行公務使用台語者革職。以上資料見王育德《台灣──苦悶的歷史》（台北：自立晚報，1993 年），頁 147～148。

〔註64〕 葉啟政《傳統與現代的戰鬥遊戲》（台北：巨流，2001 年），頁 119。

〔註65〕 見楊守愚〈小學時代的回憶〉，賴和〈無聊的回憶〉，另外在小說中的描述如張文環的〈論語與雞〉，陳虛谷〈榮歸〉，涵虛〈鄭秀才的客廳〉，朱點人〈秋信〉，賴和〈赴了春宴回來〉，周定山〈老成黨〉，楊少民〈廢人黨〉等對傳統知識分子的形象大多是負面的，詳見施淑〈日據時代小說中的知識分子〉，《兩岸文學論集》（台北：新地，1997 年），頁 29～48。

〔註66〕 廖漢臣〈新舊文學之爭──台灣文壇一筆流水賬〉，《台北文物》，第 3 卷 2 期，1954 年 8 月，頁 27。

〔註67〕 吳文星〈日據時期台灣書房教育之再檢討〉，《思與言》，第 26 卷 1 期，1988 年 5 月，頁 108。

活動，甚至還參與詩社的交流活動，給予詩社極大的發展空間，故呈現詩社林立的狀況，但是此時的詩社也不能純粹以文化傳承的場域視之。

　　從日治時期的文化變遷可以看出，所謂的文化變遷雖然外表看來是因為外來的異文化衝擊，刺激原來的社會體系產生變化，但是外來刺激並非決定性的力量，真正使得舊社會解體產生新秩序的機制，還在於舊社會內部原有的力量，包括傳統社會規範對社會各個成員在角色規定與各種不同力量的碰撞、互動〔註68〕。這種互動中決定性的力量在於資源的爭奪與控制，所以殖民地的知識分子在文化主導權上和殖民者之間的共生關係，都會知識菁英在現代性和意識形態上與殖民者的重疊部分，以及資本家在追求跨國利潤對於殖民勢力的必要妥協等等，這些不同階級的利益都直接或間接造成殖民主義的普遍臣服狀態得以一再滲透和深化。這些利益和教化權力的共生關係，可以說是被殖民者自我殖民的基礎〔註69〕。

　　書房和詩社與教化的關係密切，書房之所以成為日治時期統治者的爭奪指標，係因其乃文化自主的基地與教化權的象徵。中國傳統的專制家長式權威體制下，教化不僅涉及到社會的運作，也關係到整個團體或社會資源的分配。一個夠資格去教化別人的人，通常擁有相當大的社會權力和他控制下的一切資源分配權，因而，教化並不僅只是知識上的權力，同時也是一種政治權力和經濟權利，所以擁有教化權力的人就擁有如君師般的神聖地位，得到社會成員完全的信任〔註70〕，故書房的漢語教化權在社會所代表的神聖性是日本殖民者極力爭奪的原因所在。

二、日治時期詩社的政治與文化意涵

　　相較於書房的教育意義，詩社的教化權象徵意義不高，卻是文化的指標，中國人本來就是文化主義者，只要接受中國文化，知識分子的抵抗正當性相對減少，則統治的阻力就會降低。台灣歷經數次政權更迭，每次新統治者為了安撫人心，往往藉由組織詩社的方式籠絡上層社會的領導者，每能達到快速安定地方秩序的功效。所以藉由詩社軟化社會文化中的抵抗意識，這也是

〔註68〕蔡采秀〈從中體西用到西體中用〉，《思與言》，第 29 卷 1 期，1991 年 3 月，頁 175。
〔註69〕蔡采秀〈解嚴與自我殖民〉，《威權體制的變遷：解嚴後的台灣》，頁 328。
〔註70〕蔡采秀〈從中體西用到西體中用〉，《思與言》，29 卷 1 期，頁 168～169。

快速取得社會信任的方法，例如清治初期，諸羅縣令季麒光邀集明末遺老沈光文、陳元圖、林貞一等創立東吟社，首開官紳合組詩社之模式。日治初期，台灣總督大力鼓倡詩歌吟詠，除了於 1896 年成立台日官紳合組的「玉山吟社」外，亦協助新竹「竹梅吟社」、台南「浪吟社」重振，與當地文人建立相當密切的互動關係。戰後，尤其是國府遷台以後，大批來台的文武官僚加入日治末期已經寥落的詩社，與本地詩人密切互動，使台灣傳統詩壇生態產生變化〔註71〕。可見詩社的問題比書房更為複雜，書房是純粹的語言文化傳播的場域，其意識形態顯而易見，所以成為直接消滅的對象。詩社的文學性、遊憩性質較高，雖然在文化意識形態上可以「延斯文於一線」，但是在有心人的引導之下，則成為軟化戰鬥意志的場所。詩社依其活動性質大致可以分為三類：（一）自遣寄情型，（二）振興漢文型，（三）風雅遊藝型〔註72〕。除類型二之外，其餘詩社對殖民統治不但不相妨礙，甚至有幫助，例如皇民化時期禁用漢文，連報紙的漢文欄亦一併禁止，唯獨詩社與《詩報》之類的漢文詩刊不禁，從詩刊上出現大量徵詩題目為：「從軍行」、「志願兵」、「千人針」……等可知其妥協性如此之高，難怪日本殖民政府不但不禁止詩社的活動，甚至加以鼓勵。日本希望藉由詩社攏絡士紳階層，所以日治時期詩社林立，並且產生變質，甚至淪為文字遊戲、附庸風雅與納結日本高官的終南捷徑〔註73〕。從上述的結果可知，詩社原以漢文學的堡壘自詡，為保存中國固有文化而創，從結果看來，僅能保有其形骸，而失卻了應有的精神〔註74〕。

　　書房在迭遭日本殖民政府打壓與時代無情的淘汰而日益萎縮，詩社成為漢人寄望維持文化的一個重要場域，花蓮最早的詩社——奇萊吟社——便是在駱香林的指導下成立，而當時詩社詩作的主流「擊缽吟」〔註75〕向為駱香林所反對，駱香林的主張乃星社同人的共識〔註76〕，《台灣新民報》介紹星

〔註71〕施懿琳〈五〇年代台灣古典詩隊伍的重整與詩刊內容的變異〉，東海大學中文系主編《戰後初期台灣文學思潮論文集》（台北：文津，2005年），頁29～30。
〔註72〕李世偉《日據時代台灣儒教結社與活動》（台北：文津，1999年），頁31～33。
〔註73〕江寶釵《台灣古典詩面面觀》（台北：巨流，1999年），頁67。
〔註74〕廖漢臣〈新舊文學之爭——台灣文壇一筆流水賬〉，《台北文物》第3卷2期，1954年8月，頁28。
〔註75〕擊缽吟為一種鬥詩遊戲，限時、限題、限韻，並設左右詞宗為評審，得勝者有獎品獎勵，是一種遊戲性質的詩藝競技。
〔註76〕星社初期亦免不了以擊缽吟為互相觀摩，但其過程短暫，數年後，遂以閒詠自由發揮為主，課題交卷代擊缽而為副。參見陳世慶〈星社〉，《台北文物》

社謂：「台灣之詩社，一時如雨後春筍……然概重擊鉢吟與課題，獨臺北星社……凡有詩主張自由作，又多好作古體，此乃該社之特色。……際此台灣（漢）詩界似興非興之時，星社諸同人而能獨闢一新徑，即如上述之自由作，多尚古風等特色以發揮，實足爲台灣（漢）詩界增光不少……。〔註77〕」從上述可知駱香林的文學主張與星社同人相同，以復古、好古相尚，然而詩社走向遊藝性質是時代趨勢，星社成員黃洪炎的批評可以代表星社同人的共同看法：

> 試觀吾臺詩界，各處詩社林立，數之百餘，動輒開擊鉢吟會，大而全島聯吟，或州下聯吟；小而各社之小會例會，幾乎指不勝屈。我臺文運不絕如縷，能延一線者，賴有此耳。然而閒詠者比較尚少，即根據眞實之感情作用，而發所謂心聲。或根據寫實而帶有地方色彩之吟詠無多，此非始吾臺詩界之缺憾乎〔註78〕。

大部分人都肯定詩社定期聚會作詩，具有延續民族文化的作用，可以強化集體認同，至於文學成分高低則很難要求達到一定的水準，但是比較遺憾的則是漢詩的文學性被娛樂性所取代，此爲現代化的時代趨勢，即使星社同人也無法避免，例如星社的高肇藩與蔡癡雲爲擊鉢吟能手，號稱「左右將軍」，以致南部詩人北上參加聯吟大會爭欲一睹其廬山眞面目〔註79〕，可見詩會的性質已經產生變化，加上現代傳播工具的推波助瀾，即使是地方小小的詩會，亦能見諸全台性的刊物（如《詩報》或報紙漢文欄），對於一般人來說是不小的誘惑，例如王松便曾自言：「頃閱本日新報（按：指《台灣新報》），載有題目索詩，自知固陋，但技癢難禁，倨艸作此塞責。呈新聞館中諸執事吟正，並希登報以鳴國家之勝。貽笑大方，知所不免云。〔註80〕」以王松當時已是小有知名度的文人，猶不能免疫於作品登報的誘惑，更何況是後進的無名大眾，對這個新舞台莫不躍躍欲試〔註81〕。由於初學者雖多，但接觸古典文學的管道減少，故大多屬遊戲之作，引來有識者的憂心：

第 4 卷 4 期（1956 年 2 月），頁 45。

〔註77〕轉引自陳世慶〈星社〉，同上注，頁 46。

〔註78〕轉引自陳世慶〈星社〉，《台北文物》第 4 卷 4 期（1956 年 2 月），頁 50～51。

〔註79〕陳世慶〈星社〉，《台北文物》第 4 卷 4 期（1956 年 2 月），頁 51。

〔註80〕《台灣新報》，明治 29 年 11 月 21 日。

〔註81〕當時的媒體刊登漢詩的有：《台灣新報》、《台灣日日新報》、《台灣日報》、《詩報》、《風月報》、《南方》、《台灣詩報》、《台灣詩薈》、《台灣文藝叢誌》、《藻香文藝》等。

雖詩社林立，然初學者十之八九，擊鉢詩體多取材於報紙，殆不知唐宋元明爲何代，李杜歐蘇爲何人也。泰然以詩人自居者，多有其人，甚至平仄難辨，倩人捉刀，自詡爲詞宗者，亦自不鮮矣〔註82〕。

駱香林觀察到的狀況與此相差不遠，對於擊鉢吟稱雄者，類如當時新文學論者所謂詩翁、詩伯、詩魔之流頗不以爲然：

吾臺之負販傭兒，能兩韻之詩者，比比皆是，問其所學，或曰學之報紙上諸詩，或曰學之擊鉢吟集。有三兩月而能者，有一二年而能者，則詩人何其易爲哉！觀其所作，多脫胎於古人，每大會，亦多此輩掄元。或謂詞宗不知薰蕕，曰不然，擊鉢詩宜淺顯，而老作家故爲深奧，且詞宗各有所偏，而此輩能揣摩迎合詞宗，雖起李杜亦莫能與之爭矣。〔註83〕

其實駱香林所論的與同門張我軍所抨擊的「糟糕的台灣文學界」似乎不謀而合：

……所以他們不是拿文學來做遊戲，便是做器具用。如一班大有遺老之概的老詩人，慣在那裡鬧脾氣，謅幾句有形無骨的詩玩，及至總督閣下對他們稱送秋波，便愈發高興起來了。還有一班最可恨的，把這神聖的藝術，降格降至於實用品之下，或拿來做沽名釣譽，或拿來做迎合勢力之器具，而且自以爲儒文典雅。……至於最可憐的一班活潑潑的青年，被這種惡習所迷，遂染成一種偷懶好名的惡習。他們爲做詩易於得名（其實這算甚麼名），又不費氣力（其實詩是不像他們想的那麼容易的），時又有總督大人的賜茶、請做詩，時又有詩社來請吃酒做詩。能印名於報上，又時或有賞贈之品，於是不顧死活，只管鬧做詩（其實是胡鬧），他們腹內並半部唐詩合解也沒有，一面只管搜盡枯腸，一味的吐，幾乎把腸肚都吐出來〔註84〕。

張我軍的諷刺筆法雖然過於刻削，但對於沽名釣譽之徒的形象描繪卻是

〔註82〕黃師樵〈台灣聯吟會存廢論〉，《南瀛新報》，第 2 號，1919 年 2 月。轉引自氏著〈聚奎吟社〉，《台北文物》，第 4 卷 4 期（1956 年 2 月），頁 71。

〔註83〕駱香林〈序〉，《洄瀾同人集》（花蓮：洄瀾詩報社，昭和十年十一月），無頁碼。

〔註84〕張我軍〈糟糕的台灣文學界〉，原載《台灣民報》第 2 卷 24 號（1924 年 11 月 21 日），收在張光直編《張我軍詩文集》（台北：純文學，1989 年 2 版），頁 64～65。

活靈活現。台灣詩社林立，聚會模式相去不遠，定期聚會吟詠，以詩鐘或擊缽吟的形式最爲普遍，拈題後，限時限韻，各逞詩能，具有濃厚的游藝性質，也是詩歌常民化、社會化的重要機轉，並成爲新舊文學論戰中新文學擁護者抨擊的對象。其實不只新文學擁護者不滿於當時的漢詩壇，對自我要求高的漢詩人恐怕也是不屑的，因此對於這種墮落的現象應該是有識者的共識，例如陳逢源把詩社比做「阿片窟」，他說：「我亦不敢說所有的社都類乎阿片窟，然而台灣的詩社多者像阿片窟一樣的作用在影響於台灣的社會」，「照台灣詩社的現狀，似難產生藝術上有價值的詩。只因這些詩社的主要事業，不是開擊缽吟，便是課題徵詩而已。」〔註85〕駱香林亦是反對擊缽吟的，雖然駱香林掛名爲奇萊吟社顧問，卻無法影響詩社實際運作，在陳竹峰主導下，與竹社的聯吟活動，仍不脫當時的擊缽吟之類的聯誼與遊戲活動，在《洄瀾同人集》中就刊登了奇萊吟社社員的擊缽吟詩，在左右詞宗的評比之下，駱香林只得右六左十，印證了駱香林「雖起李杜亦莫能與之爭矣」之語非虛。

　　日治時期詩社林立的原因很多，外部因素有日本殖民當局的攏絡與扶植，另有報紙雜誌等現代傳播媒體的推波助瀾；內部因素有舊儒藉詩歌以避世自遣，或以維繫漢文化爲己任，另有藉游藝競技以自抬身價者，不一而足。而就其發展論，初期詩社成員與當局者藉詩社交遊以互相爲用，另有部份遺民儒者帶有較濃厚的文化菁英色彩，文學性較強，到了明治末期，則詩社的游藝性、聯誼性質較強，成員流品駁雜，漢詩滲透到日用遊戲，於是形成社會生活的文學化與社會階層文士化的現象，漢詩儼然成爲台灣社會各階層普遍交流的文學形式，其影響比新文學更深更廣〔註86〕。

　　事實上文化菁英份子據守大傳統，以文學爲諷諭及教化之具，或是作爲抒懷遣興之用，而日治時期已邁入現代化，小傳統或文學的大眾化已經漸漸受到重視，借用紀登斯（Anthony Giddens）的話語來說，「現代的世界並沒有帶來傳統的消滅，而是賦予傳統新的地位和環境〔註87〕」。駱香林的文學知識

〔註85〕陳逢源〈對於台灣舊詩壇投下一巨大的炸彈〉，原載於《南音》第一卷二號、三號（1932 年 1 月 17 日、2 月 1 日），收在在李南衡編《日據下台灣新文學‧明集‧文獻資料選集》（台北：明潭，1979 年），頁 123。

〔註86〕當時除了日語之外，民間日常使用文字爲漢文，至於白話文，因爲日常用語爲閩南語，故能夠知曉或以運用中國白話文的並不像想像中那麼普及，反而漢詩的普及性更高。

〔註87〕安東尼‧紀登斯（Anthony Giddens），克里斯多福‧皮爾森（Christopher Pierson）著，尹弘毅譯《現代性：紀登斯訪談錄》（台北：聯經，2002 年），頁 xiv。

或理想往上溯源是以《詩經》的〈國風〉為尚，可以說把歌謠視為《詩經‧國風》之類而肯定其文學價值，乃是 1920 年代以降新知識份子大致的共識〔註88〕，日治時期受民族主義的影響，另有一股走向民間文學的思潮，醒民（黃周）認為歌謠是民俗的重要資料，能夠在人民的真感情之上，發展出「民族的詩」之類的民族文學〔註 89〕，最有名的是鄭坤五以「台灣國風」為名將通俗的採茶相褒歌稱為天籟而推舉為《詩經‧國風》之列，提升台灣歌謠的價值與自信，為當時的台灣話文與鄉土文學論戰提高堅實的理論基礎，當時鄉土文學風潮乃是源自於民族國家、民族自決所啟發的民間文學論，目的在地方性的認同與民族意識的啟蒙〔註90〕。

再看台灣新舊文學論戰，自 1924 以迄 1942 年，為時甚久，動員參與的人數及層面甚廣，駱香林雖然沒有直接參與，在奇萊吟社的機關刊物《洄瀾同人集‧序》中他推崇詩三百、樂府、山歌等民間詩人的天籟，譏諷擊鉢吟之抄襲成風。在此〈序〉中他的論點甚至有點接近胡適的白話文學論，推崇山歌等真正出自民間的聲音或是來自詩人的心聲，甚至引用胡適之子的詩以說明詩心雅俗之別：

> 且夫詩，心雅則雅，心俗則俗，心俗而求詩之雅，不竊不能也。胡適之子七歲，父命作雄雞詩，即詠之曰：「雄雞喔喔啼，知道天明了。鄉人養一雞，可當鐘和錶。」此以話為詩，無句不俗，而其心思之巧，有非雅所可及者，則俗不可全非。若抄襲古作，自命為雅者，是真筆可折手可斷也。〔註91〕

以此推論，駱香林對於中國的白話文學運動的觀點頗有認同之處，只是對於詩體的選擇不同罷了。到了戰後，駱香林晚年突然詩興大發而有俚歌的創作，頗有追摹「詩三百」之志，可惜只寫出二百二十八首。雖然駱香林自稱俚歌體制特殊，遣詞用字大有突破：「夫舊詩怕俗怕腐，十語九忌，將無法

〔註88〕 呂興昌〈論鄭坤五的「台灣國風」〉，胡萬川編《台灣民間文學學術研討會論文集》，南投：台灣省政府文化處，1998 年。

〔註89〕 醒民〈整理歌謠的一個提議〉，轉引自黃得時〈台灣新文學運動概觀〉，原載《臺北文物》，第 3 卷 2、3 期，第 4 卷 2 期，收在李南衡編《日據下台灣新文學‧明集‧文獻資料選集》（台北：明潭，1979 年），頁 294。

〔註90〕 陳建忠〈民間之歌，民族之詩——日據時期民間文學採集與新文學運動之關係初探〉，《日據時期台灣作家論：現代性、本土性、殖民性》（台北：五南，2004 年），頁 71～72。

〔註91〕 《洄瀾同人集》，無頁碼。

發揮。今乃因社會變動，作題材取捨，俗而穩，簡而有含蓄，激而不失其和，虐而不傷其趣，體製之殊，尤爲罕見。當今萬事革新，詩亦不能例外〔註92〕」，可見駱香林有意在詩的體制改革，以迎合時代的變遷，但是無法擺脫格式體制之拘限，與新文學仍有大相逕庭之處。

第四節　小結

　　日治時期儒家型知識分子所遭遇的生命的衝擊，就是遭到自古以來所鄙夷的異族統治，第一時間的反應是反抗以展現忠君精神，在武力明顯不足以抵抗之際，退而求其次是內渡以自保，然而財力條件不足以內渡或種種感情的羈絆選擇留下來的人，改以遺民態度自居以表達精神、文化上的抵抗，當然也有人在殖民者的籠絡之下改變態度，以尋求對自己有利的發展。駱香林出生於政權轉換的年代，像他一樣出生於相同年代的人，大約身上都有兩種文化作用的痕跡，只是駱香林身上所表現出來的氣質，是中國傳統文化的作用大於日本現代文化的影響，所以從時間的斷限上雖非稱得上「遺民」，卻以遺民自居，所展現出來的就是傳統文化型態的儒家型知識分子。

　　駱香林身上的傳統文化影響，除了家庭之外（目前文獻闕如，這個部份無法論斷），最大的影響來自書房（私塾）教育，尤其是塾師趙一山的人格精神感召，以及詩社同人詩友的砥礪，建立起他的行爲模式與精神樣態，所以，他的自我認同與國族認同，就是在此基礎上建立起來。書房與詩社成了駱香林（及其同道）抵抗日本殖民者文化改造的場域，日人也意識到此問題的存在，但是在處理的手段有所不同，對於前者採漸禁的方式，到了最後全然禁斷；對於後者，則不但不禁止甚至加以鼓勵，從早期的官民聯吟、共組詩社，其樂也融融。鼓勵詩社的目的在於利用文化的重疊性，軟化台灣人對日本統治者的排斥，進而改造認同，甚至可以說，利用詩社的娛樂性質，滲透了漢詩的文化正統性與正當性，以至於後來的新生代台灣青年如張我軍之輩，對於漢詩壇的攻擊與鄙夷，可以說其來有自。

〔註92〕《駱香林全集》，頁 1～2。

第五章　戰後政治、文化重建的協力者

第一節　戰後接收與二二八事件的影響

　　日本戰敗，第二次世界大戰結束，台灣戰區由中華民國代表接收，台灣重新回到中國的統治，大部分台灣人沒想到還有重回祖國懷抱的一天，駱香林也是如此，因此在詩中表現極大的驚喜與無限的希望：

> 晴空霹靂只驚嗟，回首扶桑水一涯。雙眼看來惟有淚，故園歸去恐無家。河山自具千秋業，棋局何堪一局差。五十年間幾威福，裂腸君莫笑饞蛇。

> 文章他日富波瀾，朕舌莫捫境驟寬。舊慣漸開新歲序，此身仍返故衣冠。喜心到極翻無語，使節來時競聚觀。畢竟華夷異襟度，不因宿隙禁交懽。

> 九州今是一家人，事業還都又卻新。夢裡懼聲聞嘆語，劫餘樓閣失魚麟。白頭風落遼東帽，青眼晴看塞外春。記取西銘念胞與，版圖重錄舊遺民。〔註1〕

　　戰後結束日本殖民，日治時期因為異族統治所感受的窘迫一掃而空，從這些詩句中可以感受到駱香林對於重歸祖國的喜悅，這種感覺一點也不讓人意外。畢竟日本治台五十年，差別待遇的殖民策略始終無法擄獲台灣人的心，台灣人選擇以血緣／文化為基礎的認同中國為祖國，更何況是以遺民自居的

〔註1〕　〈日本納降台灣光復八首〉錄前三首，《駱香林全集》，頁133。

駱香林。被日本殖民期間，台灣人一心期盼中國的強大，終有一天台灣將重回中國的統治。因此當這一天突然來臨，那是怎樣的歡天喜地？駱香林以古典詩表達畢竟說得含蓄，吳新榮以直接了當的白話清楚的說出大部分人的感覺：「在這瞬間我們感激之至，不覺淚流，不期在此一生，台灣竟能光復，我們能作一個中國人了。〔註2〕」為了迎接中國的接收，當時大家充滿了熱情跑到基隆去等待祖國的軍隊：

> 當時的台北、基隆二地，由全島集中的男女老幼，約有數十萬人之眾。各旅館與親戚朋友之家，悉住滿客人，無宿可住者，在野外或路旁露宿，達一星期以上。惟等候五天，國軍尚未來臨，因是，每日夜都派人佇立在基隆港務局五層樓上守望，或跑到社寮島的山頂上，遙望波濤洶湧的太平洋面，想發現祖國開來的兵艦。一見船艦，群眾便燃放鞭炮，揮揚各色國旗，一陣又一陣的鼓掌與歡呼，其雄壯、嘹喨、瘋狂、歡欣、鼓舞的浪潮，響徹天空，天地幾乎為之動搖。……古今中外，決無如台人以赤誠且以空前熱烈的場面，去歡迎國軍的。當時，台灣的任何窮鄉僻壤，都在街道或公路上面，作有裝飾綠門，以歡迎凱旋的國軍通過；且民眾自動的殺豬宰羊，以備慰勞士兵，如不到三百戶的貧村，都預備殺五百隻豬，歡宴官兵……。〔註3〕

從這些回憶中，台灣人熱烈歡迎、滿心期待所迎來同文同種的祖國統治者，很快就讓台灣人的幻想破滅了。1945 年 12 月，外國人已經觀察到這種氣氛的轉變，美國駐台領事館的報告說：「一月後，幻滅的感覺已經很明顯了，雖然有一種靜觀其變的氣氛，從深處漸增的憤怒與反感正在發展中。〔註4〕」

〔註2〕 吳新榮《震瀛隨想錄》（台南：作者自印，1966 年），頁 28。轉引自李筱峰《台灣近代史論集》，頁 133。

〔註3〕 楊杏庭《台灣青年白皮書》，頁 34～35。轉引自賴澤涵，馬孟若，魏萼著，羅珞珈譯《悲劇性的開端》（台北：時報文化，1993 年），頁 84。

〔註4〕 轉引自賴澤涵，馬孟若，魏萼著，羅珞珈譯《悲劇性的開端》，頁 151。1946 年 1 月 16 日，國民黨也有類似的報告：「自日寇投降台灣得以收復後，台胞歡喜情緒特別深刻，感謝祖國再造之恩，尤為熱切，故擁護政府無微不至。最近熱情漸漸冷淡，由熱烈歡迎而冷眼旁觀，此間變化，值得祖國注意，設法補救，以免貽患將來。」〈國民黨中執會秘書處為抄送《台灣現狀報告書》至行政院函及各部覆核情形〉，見陳鳴鐘，陳興唐主編《台灣光復和光復後五年省情》下冊（南京：南京出版社，1989 年），頁 552。

一年四個月後，台灣各地所爆發的全面性反抗中國統治，彷彿一瞬之夢，這個夢來得快醒得也快，「六百萬人同快樂，簞食糊漿表歡迎」所迎來的王師，轉瞬間，成了揮之不去的夢魘。國民政府宣稱戰後統治台灣為「光復」，所謂「光復」亦即「收復失地」之意，收復的只是失地，卻將此地人民視為戰敗投降的戰俘，所以言行中流露出對台灣人的不屑，葉明勳回憶說：「政府來台接收的人員，很多以接收大員自居，言行中便有令人不屑的優越感，對滿腔熱忱以迎漢官威儀的台灣同胞，自然熱忱大減，轉為失望。〔註5〕」除了優越感之外，還有不信任感，當時的台灣省黨部主委李翼中就對台灣人不表信任：

> 台灣淪陷五十一年中，是中國歷史演變最烈的時期，台胞既未能身
> 預其境，對祖國的蛻變過程，以及當前一般情況，自難免有隔霧看
> 花之感。因此我們希望台胞能夠了解我們自己的中國，辨別本身地
> 位，努力負擔中華民國國民的任務。〔註6〕

從文中對台灣人沒有參與中國的歷史與建設（民國的創建）略有微詞，認為台灣人應該先了解中國，並且看清自己的身分地位。當時中國來的統治者普遍認為，台灣人經過日治時期的「奴化」教育，必須先經過「教化」，清洗所謂「奴化的毒素」，才能（有資格）成為「中國人」。這種想法也盤據在陳儀的心中：

> 台灣收復以後，應做工作自然很多，但弟以為最為重要的一種卻是
> 教育。台灣與各省不同，他被敵人占據已四十九年。在這四十九年
> 中，敵人用種種心計，不斷地施行奴化教育。不僅奴化思想而已，
> 並禁用國文、國語，普遍地強迫以實施日語、日文教育，開日語講
> 習所達七千餘所之多，受日語教育者幾占台人之半數。所以，台灣
> 五十歲以下的人對於中國文化及三民主義差不多沒有了解的機會，
> 自然是茫然，這真是十二萬分的危險。收復以後，頂要緊的是根絕
> 奴化的舊心理，建設革命的心理，那就為主的要靠教育了。〔註7〕

〔註5〕 葉明勳〈驚濤歷盡看台灣〉，《中國時報》，1992 年 10 月 5 日。

〔註6〕 李翼中〈台胞對現狀應有之態度〉，《台灣之聲》創刊號，1946 年，頁 2；轉引自何義麟〈光復初期台灣知識分子的日本觀（1945～1949）〉，收在黃俊傑編《光復初期的台灣：思想與文化的轉型》（台北：台大出版中心，2005 年），頁 183。

〔註7〕 陳儀，〈致陳立夫函〉，1944 年 5 月 10 日。陳鳴鐘，陳興唐主編《台灣光復和光復後五年省情》上冊，頁 58。

　　這是陳儀在接收台灣之前去函陳立夫討論接收事宜，顯見陳儀是有備而來，而且成見甚深，在日治時期被視為殖民手段與工具的語言教育，一開始就浮上檯面而成為焦點之一。

　　國民政府治理台灣的政策，是以特殊化的「台灣省行政長官公署」為權力中心進行接收，行政長官集行政、立法、司法三權於一身，又兼任台灣省警備總司令，等於擁有軍權，制度與組織也大都承襲了日治時期總督府的遺規，難怪當時陳儀讓人有「新總督」之感〔註8〕。因為這種制度的設計，將台灣與中國淪陷各省的接收差異化，將台灣視為二等公民的再殖民情境再度刺傷台灣人的心。陳儀為了去除台灣被日本化的現象而積極推動「中國化」政策，比日本殖民政府的「同化」政策更急切，行政長官公署以剛性的語言政策，在執政一年後便廢除報紙、雜誌的日文版，二二八事件發生後更禁止使用日語與日本唱片，禁用日文與日語的結果使得原本受日本教育的大部分台灣知識分子變成文盲。事實上，台灣人也能夠了解語言問題的大用，所以一開始也非常熱衷於「國語」的學習，何容敘述當時的熱鬧情景：

> 剛光復的幾個月中，在台灣社會上，國語的學習和傳授，就狂熱的展開，並且以游擊姿態出現了。一般人都熱烈的學習國語，有的是由於純粹的「祖國熱」（純潔得可敬可愛）。有的是由於「要為祖國服務」（理智得可欽可佩）。當然也有的是由於「想做新官僚」（投機得可驚可懼）。連尚未遣送的日本人都偷偷的在家中讀〈華語急就篇〉。台灣學習國語的空氣這樣濃厚，於是讀「天地玄黃」的書房，有許多恢復了，抗戰期中被日人從淪陷區請來訓練特務和通譯的「教官話」的人，也趁機傳習「北京話」，算是為國效力了；也有人在市場的屋簷角掛上一面小黑板就傳習幾句會話，以便向圍攏來臨時學員收臨時學費，真可算是「五花八門」無巧不有了。〔註9〕

　　相較於日本的語言政策，日本人自然知道語言之於殖民的重要性，但是又不安於同化後的一視同仁，不願讓台灣人當日本人，一直到中日戰爭（1937年）之後才不得不加緊腳步，取消報紙漢文版而進入純日語的環境，儘管如

〔註8〕　鄭梓〈戰後台灣行政體系的接收與重建〉，原發表於《思與言》第 29 卷第 4
　　　　期，1991 年 12 月，收入張炎憲，李筱峰，戴寶村編《台灣史論文精選》下冊
　　　　（台北：玉山社，1996 年），頁 233～272。
〔註9〕　何容等編《台灣之國語運動》（台北：台灣省教育廳，1948 年），頁 10。

此，經過長期的同化，效果已經漸漸地發揮出來，根據總督府統計，1942年的日語普及率已達 60%〔註10〕，推估到戰爭結束前夕，普及率應該還會更高，葉石濤也斷言，台灣已經有三分之二的人口已經日本化了〔註11〕，因此三十歲以下的台灣人，能說能寫漢文的人恐怕百不得一。反觀「光復」初期，在陳儀剛性推行的堅持下，一年就要見成效，尤其將語言問題轉爲政治問題，不但以是否通國語爲拔擢人才的標準，更以講日語就是「奴化」污衊台灣人，何況當時的接收官員南腔北調，自己都無法說得一口「標準國語」〔註12〕，卻以此要求台灣人，把台灣人學習「國語」的熱情澆熄了。此外，語言問題被無限上綱到認同的政治問題，周一鶚在「自治三個年計畫」將台灣自治的縣市長選舉延到民國38年實施，所持的理由也是語言問題，他認爲若不能講國語、不能寫國文，就是缺乏或沒有國民精神與國家觀念，所以沒有資格選縣市長〔註13〕。同時陳儀也說：「本省人雖有良好技術及苦幹精神，但許多人上用日語、日文，爲建設中國的台灣，首先要使臺胞學習國語國文。現在實行縣市長民選，實在危險的很，可能變做台灣的台灣。〔註14〕」從統治者的角度來看，台灣人明顯地未具有中國國民的素養，因此必須施以中國化教育與推行國語政策，以確立台灣的通用語言與居民的民族認同，否則「變做台灣的台灣」是很危險的。台灣人再度陷入被殖民者在語言上「先天」的弱勢，這一部分在1949年國民黨政府退守台灣後再度加以強化，這些現象都是再殖民化的作用大於語言的意義。以期待自主的台灣人的角度來說，這種語言的要求與戰前殖民地同化主義的方針雷同，所謂「同化」就是強調「差異」，日本統治者也是要求台灣人要在文化上達到同化的程度，才能賦予做日本人的平等地位，否則只能當次等公民。差異化的對待使得台灣人在語言上的弱勢，無法爲自己發聲，也讓人與人之間的社會關係因爲無法充分溝通而益加冷漠，同時，也因爲語言的不同而建立「階級性」〔註15〕。從這裡可

〔註10〕　台灣總督府，《大東亞戰爭と台灣》（台北：台灣總督府，昭和18年），頁5。
〔註11〕　許雪姬，〈葉石濤先生訪問記錄〉，1991年6月26日。見許雪姬〈台灣光復初期的語文問題〉，《思與言》第29卷4期，1991年12月，頁158。
〔註12〕　當時的一個小學生以爲國語有六種，可見當時語音的混亂，見許雪姬〈台灣光復初期的語文問題〉，《思與言》第29卷4期，1991年12月，頁166。
〔註13〕　許雪姬〈台灣光復初期的語文問題〉，《思與言》第29卷4期，1991年12月，頁175。
〔註14〕　《民報》，1946年11月22日。
〔註15〕　蔡采秀〈解嚴與自我殖民〉，中央研究院台灣研究推動委員會編輯《威權體制

以看出，語言不單單只是溝通的工具，語言所代表的意義是言說者的主體性，所有的殖民統治者所欲搶奪語言的主控權就是剝奪被殖民者自主的主體性，尤其從今昔的對照中，彰顯出語言的優位性與政治權力結構之間的緊密關係。

正因為戰後的國民黨政府與日本政府一樣對待台灣人，在政治上使之從屬化，在文化上加以污名化，其操作手法如出一轍，中國人責罵台灣人「奴化」正如日本人辱罵台灣人「清國奴」一樣，讓台灣人的祖國意識變得愈來愈模糊，就如葉榮鐘所說：

> 我們出生於割台以後，足未踏祖國的土地，眼未見祖國的山川，大陸上既無血族，亦無姻親。除文字歷史和傳統文化以外，找不出一點連繫。祖國祇是觀念的產物而沒有經驗的實感，……我們觀念上的祖國到底是怎樣的國家，我們對祖國的觀念，由歷史文字而構成的，當然占有相當的份量，但還不及由日本人的言動逼迫出來的切實。當我們抵抗日人的壓迫時，日人一句共通的恫嚇就是「你們若不願做日本人，返回支那去好了。」緣此日人的壓迫力愈大，台灣人孺慕祖國的感情也就愈切。假使日人在這五十年的統治期間，能夠切切實實施行所謂「一視同仁」的政策，不歧視、不欺凌，那末台灣人的民族意識，或者不致如此強烈。〔註16〕

這段話說明了台灣的民族主義是被日本人逼出來的，以中國為認同對象的「祖國意識」是用來和日本帝國主義對抗的工具，在對抗異族統治的過程中，事實上見過「祖國」的人並不多，他們心目中的「祖國」是經過理想化的，與實際存在的祖國有相當大的差距。這也就是為什麼在終戰後，眾人熱切期盼回歸的祖國，卻在回歸後有了「經驗的實感」而產生失望，失望感之強烈竟至釀成二二八事件〔註17〕。這樣的反挫，使得台灣人重新審視自己的祖國認同，此時對日本的認同反過來成為抵抗中國統治的工具，葉明勳回憶二二八時期的情景：「最不可原諒的，就是街頭巷尾居然有人高唱日本歌，舞

的變遷》（台北：中研院台史所籌備處，2001 年），頁 332～333。

〔註16〕葉榮鐘〈台灣光復前後的回憶〉，李南衡，葉芸芸編註《台灣人物群像》（台北：時報文化，1995 年），頁 419～420。

〔註17〕李筱峰〈近百年來台灣政治運動中的國家認同〉，見氏著《台灣近現代史論集》（台北：玉山社，2007 年），頁 23。

著武士刀，幾乎忘卻自己是炎黃子孫，身上流著中華民族的血液。〔註 18〕」
這現象更坐實了陳儀等人所指責的台灣人受日本「奴化」的口實，而不必爲
自己的失政檢討，陳儀說：

> 我個人對於此事變的感想，以爲釀成此次事變的主要因素，是日本
> 思想的反動。台灣淪陷半世紀，台胞思想深受日人奴化教育及隔離
> 教育的遺毒，35 歲以下的青年，大都不了解中國，甚至蔑視中國和
> 中國人。詆毀中國的一切文物制度，認爲件件不如日本，而忘其祖
> 宗本屬中國人，現在自身已經做了中國人。這種思想，這種觀念，
> 在這次事變之中，都一一暴露出來。所以以後我們最要緊的工作，
> 是要以全力改變他們這種錯誤思想。〔註 19〕

因此二二八事件過後立即全面禁止跟日本相關的一切事物，此舉等於加
速將台灣人推離中國，使兩者之間民族主義的裂痕擴大。依據謝南光引述戰
後接收時美國記者的話說：「現在的中國是一等國家三等國民，現在的日本是
三等國家一等國民。〔註 20〕」也就是說當時受日本統治的台灣，國民水準遠
在中國之上，物質的現代化，還有法治的精神都遠在中國之上，以致對於中
國軍隊與接收大員的種種違法亂紀和貪污腐敗作爲，瞠目結舌，對中國的熱
愛逐轉爲冷淡。

事實上台灣人早在 1920 年代的社會運動與新文化運動，已經發展出台灣
人意識，但是未必清楚的意識到台灣民族主義，「二二八」是一個重要的轉折
點，「祖國」夢醒，認同轉向，以台灣人爲主體的民族認同已經產生幽微的變
化。依據 1921 年台灣總督府警務局對當時台灣議會運動者的思想傾向的分
析，簡化爲兩類：

> 綜觀幹部之思想言行大別可分爲兩派：其一即立腳於對中國之將來
> 寄予多大的希望，以爲中國將來之國情不久必可恢復正常而雄飛世
> 界，自然必可光復台灣，是以此際必須保持民族之特性，涵養實力，

〔註 18〕 葉明勳〈不容青史盡成灰──二二八親歷的感受〉，收入台灣新生報編《衝越
驚濤的時代》（台北：台灣新生報，1990 年），頁 206。

〔註 19〕 〈政務會議紀要〉，《台灣省行政長官公署公報》（台北：行政長官公署，1947
年 4 月 12 日），頁 174。

〔註 20〕 謝南光《敗戰後日本眞相》（台北：民報，1946 年），頁 18，轉引自何義麟〈戰
後台灣知識份子的日本觀（1945～1949）〉，收在黃俊傑編《光復初期的台灣：
思想與文化的轉型》，頁 204。

以待時機。由此民族意識嚮往中國，開口便是強調中國四千年之文化以激發民族之自信心，常有反日之過激言行；另一派則對中國不敢作過分之奢望，置重點於台灣人之獨立生存，假令能復歸祖國懷抱，而又會受到今日同樣之苛政則究有何益。因此不務排斥日本人，而堅持台灣為台灣人之台灣，專心圖增台灣之利益與幸福。雖然如此，彼輩係因失望於中國紛亂之現狀，而不得不抱此思想，他日中國一旦隆盛，則仍然回復與前者一樣的見解乃必然之勢。〔註21〕

這樣的分析雖有過度簡化之嫌，但仍不失其準確性。如果套用若林正丈的說法，也就是台灣人有兩個「巡禮圈」〔註22〕，一是以北京為中心而形成的中華帝國（清朝），亦即繼承「士大夫（文人官僚）巡禮圈」的中國民族主義巡禮圈；另一個是以台北為中心，隨日本殖民統治與開發而形成的「台灣規模」巡禮圈。前者是上述台灣反對運動者都可以接受的，這也就是為什麼雖然在日治時期已經產生「台灣人意識」，卻又在國民政府接收台灣時無條件選擇回歸祖國的原因，後者的「台灣規模」巡禮圈，一部分是指在日治時期因仰慕日本現代化的高度文明而接受同化者，另一部分是在回歸祖國無望之餘，或者祖國無法滿足期待（與日本統治無異）時，選擇對自我有利的以台灣為想像共同體的結果。台灣因日本戰敗而脫離殖民地支配，進入「中華民國」這個同以漢人主體的國家統治之下。但是戰後國民黨的統治政策在「本省人」眼中，「外省人」與日治時期的日本人是一樣的，在二二八事件之後，本已消解的「台灣人」意識與民族主義又悄悄的萌芽，雖然在國家機器的壓制下，將它縮成亡命海外台獨人士的「台獨運動」，一旦國民黨政權因其他因素而動搖時，這種普遍埋藏在台灣人心中的「台灣意識」就會復甦〔註23〕。

〔註21〕轉引自蔡培火等著《台灣民族運動史》（台北：自立晚報出版社，1971年），頁161。

〔註22〕「巡禮圈」的概念是根據 Benedict Anderson 對於民族主義的起源所提示的，「國民」（nation）本來就是有限定的，不像宗教那麼普遍，屬於主權概念的範圍，每個人能在心中描繪想像的共同體。近代這種「國民」形成的因素之一是單一中心的行政圈，在此單一中心地，產生一群不斷透過行政機構，以及與行政機構同類型的學校體系，而向此中心之地「旅」的人們。這個「旅行」，可以說是創造意義的世俗巡禮，並在此形成相同之「旅」的人們具有共同關心和利益的地域，這就是「巡禮圈」。見若林正丈著，洪金珠，許佩賢譯《台灣：分裂國家與民主化》（台北：月旦，1994年），頁52。

〔註23〕若林正丈《台灣：分裂國家與民主化》，頁51。

第二節　中華文化復興運動與國族建構

　　二次世界大戰後，許多亞非殖民地紛紛脫離帝國統治而獨立，但異族統治的終結或殖民帝國的離去，未必保證就能「去殖民」（decolonization），因為國族菁英往往模仿殖民帝國的國族主義，承繼原殖民者的地位，繼續壓迫大眾，只是壓在人民頭上的是同文同種的新貴，這種殖民者離去，但殖民結構並未稍改的現象，就是「再殖民」的統治型態〔註24〕。戰後國民黨政府接管台灣，雖然大部分台灣住民與新統治者同文同種，但它是一個外來政權，作為與殖民政權類似，被大部分學者視為另一種形式的殖民統治〔註25〕，理由如前一節所述，執政者對被統治者的歧視，被統治者無法行使與宗主國居民相同的權力而淪為次等公民。對於當時的國民政府而言，如何將接收來的「非國民」——日本化的台灣人——「國民化」，也就是「中國人化」成為首要之務〔註26〕。因此國民政府一切的施政措施以「去日本化」與「中國化」為務，重建的台灣文化必須以中國文化為中心的新「文化體制」（cmltuural institution），將台灣整合進中國文化圈。在此所謂「文化重建」（cultural reconstruction），意指為了強固國家體制而以人為的力量建構文化。如此情況下所建構出的文化，乃是自上層或外部強制產生，與殖民主義下的國族認同一樣，是來自外部的力量形塑而成的〔註27〕。尤其國民黨政府在 1949 年以後撤出原有的母土，播遷入台，被學者喻為「沒有母國的殖民王朝」，或謂「遷占者政權」〔註28〕。由於二二八事件剛過，國民政府在台灣人民心中的地位形象大減，但是任何政權欲維持連續存在，都必須獲得合法的基礎，因此需要一套理論來說服大眾以獲得支持。此時「中國化」仍然是一貫的政策，只

〔註24〕陳翠蓮《台灣人的抵抗與認同（1920～1950）》（台北：遠流，2008 年），頁 337。

〔註25〕李筱峰〈近百年來台灣政治運動中的國家認同〉，見氏著《台灣近代史論文集》，頁 7。

〔註26〕接管台灣之前，中國成立的「台灣調查委員會」擬定的接管政策，其中第一條的通則寫道：「接管後之文化設施，應增強民族意識，廓清奴化思想，普及教育機會，提高文化水準。」見〈台灣接管計劃綱要〉，收在陳鳴鐘，陳興唐主編《台灣光復和光復後五年省情》上冊，頁 29。

〔註27〕黃英哲《「去日本化」「再中國化」：戰後台灣文化重建》（台北：麥田，2007 年），頁 17。

〔註28〕李筱峰〈近百年來台灣政治運動中的國家認同〉，見氏著《台灣近代史論文集》，頁 7。

是實質內涵有了變化，這個變化不是來自「中國化」政策本身，而是實行「中國化」政策的意義改變了。1949 年後的台灣不再是中國的一部份了，而是差不多等於中國的全部了，一個原先不被承認爲具有中國文化的地方，這時不僅要使台灣更像中國，而且更要使台灣「代表」中國〔註 29〕。在國共內戰中潰敗而播遷到台灣的「中華民國」獲得重生的契機，可以說是在台灣建立一個「新的」民族國家。在現代性民族國家的要求下，中國文化的全新揚升，代表的是試圖建立集體認同的概念及社會意識的基礎，以一種原來的中國性概念無法做到的方式來涵蓋現代國家的整體性。因此，戰後台灣的文化書寫，在某種意義上建立了類似薩依德所說的「東方論」論述，這種防衛式的、反動的、甚至妄想症式的民族主義，他門所頌讚的傳統之獨特性經常是以犧牲其他傳統爲代價〔註 30〕。因此，在台灣大部分居民沒有看／到過中國，卻被要求成爲中國的一員，有關中國文化與中國性的論述，是以經過選擇性建構共享神聖性的來源與神話，以建立起集體記憶的共同感。雖然人類民族學者皆認爲「共同的起源」對於族群的凝聚非常重要，但是他們所謂共同的起源不必是「過去的事實」，這種「虛構的過去」主要來自人們主觀上重建過去並傳承文化的解釋。身分建構工具論者甚至指稱，族群身分的意義並不是建立在文化起源的歷史眞實性上，而是在於使他們聚集在一起的現實必要性上〔註 31〕。雖說台灣一直是以閩南與客家的漢人所組成的中國式社會，但是，基本上它是一個移民社會，它具有移民社會常見的邊際性格。一方面，仍保有母社會的文化傳統，與母文化產生濃郁的情感；另一方面，卻因爲隔離而又保留一些特有的地方性文化色彩。這種地方文化的產生，不但是因爲與中國大陸有一海之隔，更重要的是以下三個因素使之增強。第一，台灣在中國的歷史上原是化外之地，是冒險家的天堂，在這裡可以不必受傳統文化的束縛；第二，台灣歷經荷蘭、西班牙、日本等外族統治，再加上原住民原有的文化，使台灣成爲諸文化輻輳地區，混血文化在所難免，難以保留母文化的純淨度；

〔註 29〕 楊聰榮〈從民族國家的模式看戰後台灣的中國化〉，《台灣文藝》第 138 期，1993 年 8 月，頁 84。

〔註 30〕 薩依德著，蔡源林譯《文化與帝國主義‧緒論》（台北縣：立緒，2001 年），頁 24。

〔註 31〕 王明珂〈過去、集體記憶與族群認同〉，收在中央研究院近代史研究所編輯《「認同與國家：近代中西歷史的比較」論文集》（台北：中研院近史所，1994 年），頁 252。

　　第三，日治初期雖然台灣與中國仍然往來頻繁，但是日治後期，管制愈來愈趨嚴格，再加上日人刻意的日化台灣，使台灣文化與中國文化的差距愈來愈大，這是不可否認的事實〔註32〕。

　　1949年國民黨政府退據台灣，面對中華人民共和國的強大威脅，加強對台控制的措施更形必要。經過改造之後的中華民國，以往派系各擁山頭的情形一掃而空，權力集中而歸於「總裁」一人，國民黨已經形塑成為強人政治的「新」威權體制，1952年國民黨的第七次全體黨代表大會，就已經揭示「保衛中國文化」作為「復興基地」建設的工作重點。隨著國家力量強力地伸入台灣，以三民主義為中心的思想也推展到各方面，反共抗俄以外的論述成了非法且須立即掃除的對象。諸如1952年的「文化改造運動」，1954年的「文化清潔運動」和次年的「戰鬥文藝運動」等等，都是利用文化運動的形式改造教育體系與整編文藝出版界〔註33〕。上述文化活動多屬文藝範疇，尚未發展為整合國家施政的領導性訴求，到了1966年為了反制中國共產黨的文化大革命，國民黨政府特別發起了名為「中華文化復興運動」的第二波文化運動。這個運動是由最高層所發起與定調的政策，是一個嚴謹的壓制性意識形態戰爭，積極塑造中華民國的正當性，並將此擴大為全民參與的運動，以大規模的社團活動方式執行，聯合了黨、媒體、地方政府、學校以及不同的草根組織來進行。這時國民黨意識形態的革命行動特質，逐漸蒙上保守的修辭，而和中國文化的存亡絕續相關〔註34〕。著名學者艾森斯塔在《傳統、變革與現代性》一書中將中國國民黨自1927～1937這十年中的工作特點概括為「新傳統主義」，認為國民黨仍按照傳統主義的方式來定義社會、政治和文化秩序中的中心象徵〔註35〕。艾愷也認為國粹派的譜系，可以一直延續到30年代中國國民黨的戴季陶、陳立夫等人的新傳統主義，作用更大、更政治化，甚至延續到中華文化復興運動〔註36〕。這是因為孫中山與第三國際駐中國代表馬林的談話中特別強調：「中國有一道統，堯、順、禹、湯、文、武、

〔註32〕葉啓政《社會、文化和知識分子》（台北：東大，1984年），頁226～227。

〔註33〕林果顯《「中華文化復興運動推行委員會」之研究（1966～1975）》（台北縣：稻香，2005年），頁2。

〔註34〕陳奕麟〈論東方人的東方論〉，《當代》108期，1995年4月，頁94。

〔註35〕陳明〈政治與經濟：以文化為旗幟──台灣「中華文化復興運動」述評〉，摘自愛思想網，網址：http://www.aisixiang.com/data/detail.php?id=8302

〔註36〕艾愷著，王宗昱、冀建中譯，《最後的儒家──梁漱溟與中國現代化的兩難》（南京：江蘇人民，1996年），頁6。

周公、孔子，相繼不絕，我的思想基礎就是這個道統，我的革命，就是繼承這正統思想，來發揚光大。〔註37〕」孫中山的三民主義學說主要是通過引證儒家學說而加以論證闡揚的，孫氏十分清楚東西文化的分野，以堅強的民族自信心反對全盤西化，蔣介石以孫中山的傳人自居，自然要強調中國傳統的儒家思想，這一脈絡十分的清楚，而這一傳統的系譜，不正是漢民族烏托邦的建構？

晚清之際，中國人遇到的難題是要建立現代化的國家還是圖民族文化的存續，選擇前者則必須改變傳統文化，但是對傳統士大夫來說，改變傳統文化則等於選擇民族的滅亡。顧炎武有曰：「有亡國有亡天下。亡國與亡天下奚辨？曰，易姓改號，謂之亡國。仁義充塞，而至率獸食人，人將相食，謂之亡天下。〔註38〕」其中亡天下就是指文化的滅亡，中國人向來是一個文化至上論者，只許以夏變夷，而不得以夷變夏。而中國的民族主義是一種自相矛盾的學說，它明顯的含有日益增長的內在緊張。古代中國社會嚴格來說並不算是一個國家，從顧炎武的話就可以知道，傳統士大夫的國家意識並不是很強烈，他們追求的是維繫中華帝國之統協性的儒家中心價值系統〔註39〕。中國現代化的過程，就是一個使「天下」變成「國家」的過程。梁啟超說，士大夫把文化視為他們的禁區，在他們的影響下，中國人認為中國就是「天下」，而不是一個「國家」，因為世界上再也沒有比中國文化更高的文化形態存在，正由於是以中國為「天下」，所以民族主義和愛國主義都被泯滅了〔註40〕。「天下」的觀念實際上與儒家的「道」，亦即中國自身的主要傳統緊密地結合在一起，基於「救亡圖存」，近代中國人被迫求助於外國的「道」，將國家置於文化（「天下」）之上，起初還希望以「中體西用」保存儒家傳統文化，之後的發展使文化至上論絕望地退出歷史舞台，民族主義就占據了中國的心靈〔註41〕。可以說中國的民族主義與外族的入侵有關，然而現代意義的民族主義卻

〔註37〕陳立夫《國父道德言論類輯・緣起》（台北：東大，1981 年），頁 4。

〔註38〕顧炎武《原抄本日知錄》卷十七〈正始〉（台北：台灣明倫，1979 年），頁 379。

〔註39〕金耀基〈現代化與中國現代歷史〉，見氏著《中國現代化與知識分子》（台北：時報文化，1982 年），頁 30。

〔註40〕梁啟超《新民說》第六節〈論國家思想〉（台北：台灣中華，1978 年），頁 16～23。

〔註41〕列文森（Joseph R. Levenson）著，鄭大華，任菁譯〈民族主義在傳統自我否認中的作用〉，《儒教中國及其現代命運》（桂林：廣西師範，2009 年），頁 84～85。

與民族國家有關。在辛亥革命以前，一個以特定地理疆域和政治領域且屬相同族群的群體概念其實並不存在。孫中山起初在反清時喊出「驅除韃擄，恢復中華」的種族主義口號，卻在革命之後高倡「五族共和」，在這個概念下結合成「中華民族」的實體，在此以前「中華民族」並不存在，說明了族群並不是以血緣為組成的主要成分。就如孫中山所批評的，中國傳統政治中的族群其實是「一盤散沙」，一直到民國初年才有學者將中華民族和中國人結合起來，將中國眾多的族群視為一個單一的民族〔註 42〕。霍布斯邦（Eric J.Hobsbawm）說：「民族主義時而利用文化傳統作為凝聚民族的手段，時而因應成立新民族的需要而將文化傳統加以革新，甚至造成傳統文化的失調。〔註 43〕」同樣的，中國的民族主義並沒有提供一個最終的安身立命之地，因為民族主義既力圖維護日益沒落的儒教權威，又曾對它發動過攻擊〔註 44〕。民族主義者為了將大眾信念普世化，有意識地將原本複雜、有機生長、沒有系統、不均齊的「民族特徵」加以齊一化、普遍化。其中最明顯的例子莫過於以大眾通用語為基礎，經過高度標準化的語言出現了，它取代古典語言以及方言、土語，為大眾文化鋪平道路。此外，歷史、詩歌、文學、風俗、服飾之整理、訂定、傳播、推廣，納入國家系統，名勝古蹟之修葺定位等，都是民族國家之建構的必要手段。

　　國民黨政權在 1949 年移轉到台灣來，因為韓戰的契機而獲得美援與第七艦隊的協防之外部因素，以及土地改革成功後將資本轉移為工業化的經濟奇蹟之內部因素，使得國民黨政權得以在黨的「改造」後形成一個「威權主義體制」〔註 45〕，雖然支持者屬於少數，卻占有黨、政、軍之重要資源以確保其政權屹立不倒。儘管如此，政治菁英仍然以「大敘事」（grand narrative）來

〔註 42〕陳奕麟〈論東方人的東方論〉，《當代》108 期，1995 年 4 月，頁 90。

〔註 43〕霍布斯邦（Eric J. Hobsbawm）著，李金梅譯《民族與民族主義》（台北：麥田，1997 年），頁 13～14。

〔註 44〕列文森〈民族主義在傳統自我否認中的作用〉，《儒教中國及其現代命運》，頁 89。

〔註 45〕威權主義體制一般採用 Linz 的定義：「所謂威權主義體制，是有所限制，而且責任所在亦採不明確的多元主義，沒有不可質疑的意識形態（但有明確的心態），同時不論在內容上或廣度上也沒有高度政治動員（發展至某個時點之前除外），領導者（有時是少數者集團）的權力行使，形式上無限，但實際上是在完全可預測的範圍內。」轉引自若林正丈《台灣：分裂國家與民主化》，頁 32。

建立和維護社會體制的合法性〔註 46〕，並利用知識菁英透過種種傳播媒體來強化鞏固其理論，肯定其正統性即是最常使用的方法〔註 47〕。在傳統社會中，正統性的肯定乃建立在神的意旨之假定上，現今的社會則往往依附在對民主理念的肯定。所以才會出現台灣這種「威權主義體制」的政權，卻又強調自己是「自由中國」的「民主國家」（也可以稱之爲「民主集權制」〔註 48〕）；一方面在技術官僚體系接受全盤西化／美國化，另一方面在教育、文化體系卻推動「中華文化復興運動」的矛盾現象，其理由是「威權主義體制」以維護政權之必要時可以接受「不明確的多元主義」所做的努力。

　　「中華文化復興運動」並不是一種自發性的發掘傳統文化與價值的過程，而是有計劃性地嘗試重新定義這些傳統觀念與價值的內容。透過制度性的方式培育一個大型的社會意識，並且藉著社團活動的運作過程來促進國家在其他方面的發展，換句話說，政府不單是企圖利用傳統去培養國家的一體感，而且灌輸人們相信唯有靠這個文化意識精神，國家的命運才有前途〔註 49〕。尤其是在台灣剛結束五十年的被殖民統治之後，立即發生的二二八事件，造成台灣人的身分認同危機，緊接著國民黨政府退守台灣則面臨台灣人信任的政權危機，所以這時台灣人的「中國化」便顯得特別重要。一開始國民政府就嘗試定義文化的重要面向，運用共同的文化象徵爲基礎，培育單一的社會意識，持續繁衍民族國家。根據 Anderson 的說法，一個標準的語言社區的建立乃是一個新國家意識出現的先決條件，因此二二八時期遭遇挫折的剛性語言政策，更是如火如荼的推展。而足以表徵民族國家的傳統文化，則是將已經消逝的文化特質加以重建，這種傳統文化並不是自然形成的，是在倉促之間建構（construct）出來的。國民黨政府試圖透過華夏文化與其文明的表徵，

〔註 46〕 李奧塔認爲，任何一個時代都存在某些占主導地位的敘事，稱之爲「大敘事」，它講述社會的統治者、社會的法制和宗教組織等的合法地位的來源，把這些與神聖的東西，如歷史的源頭或將來的希望相聯繫，通過一再重述而建立合法性。

〔註 47〕 葉啓政《社會、文化和知識分子》，頁 231。

〔註 48〕 薛化元、楊秀菁認爲國民黨政府的改造，成爲「以黨領軍」、「以黨領政」的統治模式，與大陸時期的訓政相似，差別在於，在中國大陸時期各派系勢力龐大，黨的領導者所推行的政策必須透過各派系的領導人才能落實，在台灣經過改造之後，弱化派系勢力而形成強人政治。見薛化元，楊秀菁〈強人威權體制的建構與轉變〉，收在人權理論與歷史國際學術研討會籌備處編《人權理論與歷史論文集》（台北縣：國史館，2004 年），頁 280。

〔註 49〕 陳奕麟〈論東方人的東方論〉，《當代》108 期，1995 年 4 月，頁 95。

重新找回台灣人和主流中華文化之間的關係。傳統文化的核心價值——儒家——成為台灣與中國的共同象徵符號，因此國民黨政府的中華文化復興運動嘗試採用儒家作為中國傳統的理性論述，為因應現代國家的需求，把儒家當作一般性的道德倫理來處理。儒家作為一個普遍化的道德哲學或社會倫理，可以很容易為世俗的目的使用，用來倡導孝道、對威權的服從以及日常生活禮節的加強等，而偏離儒家其他傳統及宇宙觀，不過這並不影響駱香林等台灣保守派的儒家型知識分子對國民黨政府的認同與支持。

　　基本上，正統性必須利用種種方式來塑造神才形象（charismatic figure），使大家產生敬畏、崇拜的心理，其中的差異是有的神才形象是指向制度本身（如民主憲政體制），有的是指向個人（或超越神的人），但絕大多數的情形是融合兩者而形成一套複雜的信仰體系〔註50〕。國府遷台前後必須每天面對戰爭及生死存亡的威脅，在這樣的紛亂之中，蔣介石所領導的國民黨政權不但沒有倒台，蔣介石反而成了救世主。例如胡適、雷震這些反共的自由主義知識分子，他們即使對時局極不滿，但仍然相信局面的改變唯有依賴蔣介石的主導，因此反對蔣介石下野，認為蔣下野後局面會垮掉，在蔣介石下野後，他們反對迫蔣介石總裁出國之運動，在國共和談破滅前後，他們或奉命出國，或協助湯恩伯防守上海〔註51〕，另外像柏楊於「十萬青年十萬軍」時期對「領袖」的崇拜，以及歷史學者黃仁宇在學術著作中不可自抑的為蔣介石辯護〔註52〕，都是基於對這種「神才形象」的認同，更不用說一般的老百姓，例如家住台北市，出身醫師家庭的林彥卿這樣回憶道：

> 事實上，不管怎麼說，台灣人總是在五千年的中國歷史文化之中成長的，認定「支那」是祖國的人不算少。我家雖然最早被認定為國語家庭，並曾在當時報紙上受到大幅的報導過，但在支那事變爆發時，家母卻說了：「日本人為什麼要和中國人打仗呢？蔣介石是很偉大的人啊，可惜中國的力量不夠，蔣介石真是可憐哪！」這樣的話。

〔註53〕

〔註50〕葉啟政《社會、文化和知識分子》，頁231。

〔註51〕薛化元，楊秀菁〈強人威權體制的建構與轉變〉，《人權理論與歷史論文集》，頁278。

〔註52〕趙彥寧〈國族想像的權力邏輯〉，《台灣社會研究》季刊，1999年12月，頁48。

〔註53〕林彥卿《無情的山地》，頁102。轉引自李筱峰《台灣近現代史論集》，頁64。

由以上的敘述可知，由於長期的宣傳之下（尤其是 1949 年以後），蔣介石的「神才形象」已經深入人心，被視爲堯、舜、禹、湯……國父之後道統的繼承人，所以駱香林對於蔣介石的評價甚高，除了《駱香林全集》中有諸多代擬祝賀蔣介石生日的獻辭（頁 127 至 132）之外，〈俚歌〉三集哀悼蔣介石逝世的詩，表達了駱香林對蔣介石的認知與肯定：

> 噩耗驚天地，翻騰致雷雨。訃聞海內外，哀聲震寰宇。一統平中原，
> 卅年安裔士。尹躬責匪輕，湯網仁尤普。顧維中興業，終當以德取。
> 一身兼君師，知公心獨苦。適時會孟津，墨縗奉木主。獨夫必先殲，
> 逃民乃得撫。〔註54〕

詩中顯露了駱香林身爲儒家型知識分子的聖賢政治傳統觀念，視蔣介石爲商湯之類的聖君，不但一統中原，而且「作之君」、「作之師」，強調反共的結果，是以「德」而收撫民心。在〈哭靈〉一詩中曰：「英明自天縱，到處爲甘霖」，可見蔣介石在駱香林心中的聖君形象非常鮮明，在《題詠花蓮風物》中更強化了他的認同：

> 治國莫先於教育，爲士爲農爲工爲商以至軍旅百藝，胥由此出，故
> 小學則普及之，使國無不識字之人，以各勵其業；大學則深造之，
> 以養專材，研精科學；藉中學以階升之耳，故花蓮雖僻遠，兩歲之
> 間，總統　蔣公再臨檢校。觀其書贈花蓮中學「爲國育材」一匾，
> 知其於兵備之外，尤重教育，則今日人材之盛、設備之周，未始非
> 當日著力之成果，其高瞻遠矚，超眾人萬萬矣。〔註55〕

駱香林曾批評日治時期花蓮無中學校之設，可見他對於教育問題的重視，這是儒家型知識分子一貫的觀念，事實上，殖民者對教育的重視，其目的是爲了文化霸權的灌輸以及意識形態的建立，教育只是手段。儒家對教育的重視亦是如此，《禮記·學記》已經說明「建國君民，教學爲先」的教育理念，漢代的地方型儒家作爲教育的急先鋒，已經獲得漢代帝王的肯定，而成爲歷代儒者的典範，駱香林於日治時期苦守書房的教育崗位，深知教育對於文化的變易之重要性，中華文化復興運動藉助教育之力甚深，深獲駱香林的肯定。在教育機構中，學校透過各種課程與社團活動，散播與書寫政治意識形態，伴隨著國家慶典儀式中重要象徵符號的強調，以及維持國家團結的社

〔註54〕〈哀悼故總統　蔣公三首·一　噩耗〉，《駱香林全集》，頁 125～126。
〔註55〕駱香林《題詠花蓮風物》，頁 1。

團活動運作，以確保國家機器的持續，明顯提升國家的文化意識，昇華黨義，將傳統文化轉化為倫理價值和道德行為，以促進其內在的價值觀。這是政治意識形態在倫理及道德層面被理性化，然後轉換為文化霸權的建構過程〔註56〕。這種建構也表現在地方志的書寫，駱香林一生著述功業者表現在《花蓮縣志》，本書的著述起自民國四十六（1957）年以迄於六十八（1979）年，二十餘年間完成二十卷，頗獲好評。國民黨政府編寫地方志的目的不同於日本殖民政府的知識管理，頗有籠絡地方人士，清洗日本殖民統治痕跡的作用，也是另一種形式的文化改造運動，駱香林在這方面用力甚深，可參見下一章的詳論。另外，駱香林除了主持花蓮地方志的書寫之外，也參與了《台灣省通志》（在中央來說也是一種地方志）的書寫，主要負責名勝古蹟一章，這部份後來單獨出版為《台灣名勝古蹟集》，這也是一種文化的重新建構，將台灣文化與中國文化重新接軌，而去除與日本有關的活動痕跡。

第三節　儒家型知識分子與地方政治

　　吳濁流指出，二二八事件的鎮壓成了一個分界點，原本一致對抗外省人的台灣人知識分子出現了分化，「超越派」對政治失望，採取不聞不問的態度，「妥協派」態度一百八十度轉變，不惜搖尾乞憐，淪為御用，尤其是日治時期的御用士紳再度抬頭，沒有放棄理想的「理想派」仍以正直的言論追求自由與三民主義的實現，在嚴厲「掃紅」之後，只能噤聲，「抵抗派」則早就逃到海外去了，至於一般民眾，「光復」初期的解放感早就煙消雲散了，和日治時期一樣，對政治漠不關心，只為了自己的生活而專心工作〔註57〕。二二八事件之後，台灣的氣氛與之前截然不同，是一片令人窒息的沉默，1949年之後，氣氛又有轉變，除了沉默，更加入了恐怖的氛圍，在此氣氛下，本省籍的知識分子能做的有限，外省籍的知識分子不久也沉寂了。

　　國民黨政權在台灣重建後，以其「移入者政權」特徵，確實存在著以少數統治多數和面對居民統治正當性的問題與信任危機。因此國民黨政府遷台初期便實施有限的地方選舉，目的之一便是爭取本省籍菁英與群眾的支持，

〔註56〕陳奕麟〈論東方人的東方論〉，《當代》108期，1995年4月，頁110。
〔註57〕吳濁流著，鍾肇政譯《台灣連翹》（台北：南方叢書，1987年初版，1988年三版），頁225～226。

以建立移入政府統治的正當性。但是他對於地主等地方勢力視爲潛在競爭者，透過土地改革一舉瓦解地主的在地影響力，一方面透過選舉的提名機制，篩選願意與國民黨政府合作的本省籍「政權協力者」，以便透過他們來動員匯聚支持者，配合官方的政策。籠絡的方式是特許其運用所控制的地方政府公權力，自行創造經濟利益以嘉惠其樁腳等支持者，進而形成地方派系〔註58〕，這就是所謂的「二重侍從主義」〔註59〕。在這個結構之下，中央的統治菁英是外省籍，地方政治菁英是本省籍，所以也可以說是省籍的二重結構，從台灣人對黨國體制的憤恨看來，這還是另一個疑似殖民地的構造，因爲地方政治菁英的權威是有限的，在黨國體制統治菁英維持高度的封鎖性之下，封住了地方政治菁英上升爲統治菁英的可能性〔註60〕，偶爾以幾位政治明星點綴，做爲樣板，這些人被台灣人戲稱「半山」。近代台灣歷經兩個不同政權統治，其相同點就是：中央的統治菁英都是來自社會外部的統治集團，而本土政治菁英則一直停留在地方層次〔註61〕。但是有一個值得注意的現象，在二二八事件過後，本土地方政治菁英產生空前絕後的斷層，其影響遠大於政權的轉移。花蓮的地方政治菁英不再繼續參選的撤出率爲 81.8％，而且這是全省性的普遍現象，也就是說有八成的地方菁英從政治領域消失了，這個巨大變動造成的空缺，由另外一群全新的、毫無政治經驗和政治地位的地方人士填補這個空缺，這些政治新貴可以說是二二八事件的直接受益者，成爲新政權的擁護者與忠實盟友〔註62〕。

〔註58〕 龔宜君《「外來政權」與本土社會》（台北縣：稻香，1998 年），頁 145～146。黃玉振〈國民黨與地方派系——四種互動關係〉：「民國 39 年實施地方自治辦理公職人員選舉以來，國民黨和派系就結下了不解之緣。……國民黨爲鞏固執政的地位，派系則爲維持自身的利益，兩者間很自然的結合起來，形成一個共榮共生的生命共同體。……政黨以政治資源支配派系；而派系則藉由既有政治資源的掌握，取得更廣大的經濟和社會資源，並以這些資源回饋政黨。」收在張昆山、黃政雄主編《地方派系與台灣政治》（臺北：聯經，1996 年），頁 10。

〔註59〕 若林正丈，《台灣：分裂國家與民主化》，頁 108。

〔註60〕 若林正丈，《台灣：分裂國家與民主化》，頁 127。

〔註61〕 吳乃德，陳明通〈政權轉移和菁英流動：台灣地方政治菁英的歷史形成〉，收在張炎憲，戴寶村，李筱峰編《台灣史論文精選》下冊（台北：玉山社，1996 年），頁 355。

〔註62〕 吳乃德，陳明通〈政權轉移和菁英流動〉，收在張炎憲，戴寶村，李筱峰編《台灣史論文精選》下冊，頁 374～377。

　　國民黨雖然必須以滲透、吸納地方菁英與人民來擴大統治正當性的基礎，卻又害怕在滲透過程中給予地方勢力與人民反抗中央政治菁英的機會與空間，所以在革命實踐研究院編的《基層黨務工作方法》中明確的指示其基層代理人要消滅地方派系的力量：

> 消極的方法是：由平衡派系的力量到左右派系，即是不容許一派系
> 有突出的勢力，把持一切，同時以超然的地位，運用各種方法適時
> 左右，使它不能脫離黨的掌握。……積極的方法：有計畫的吸收優
> 秀而無派系的分子，加強對黨的認識，嚴密組織，擴大社會基礎，
> 同時聯繫並說服派系觀念不深的分子，逐漸脫離派系，為黨所用，
> 由削弱派系的力量進而控制派系，消弭派系，這是根本方法。〔註63〕

　　從這裡可以明白看出，國民黨對地方派系並不信任，卻又必須以他為地方政治的代理人，因此透過恐怖平衡來抵消派系不利於它的力量。花蓮地區特殊的閩客勢力相當的政治生態，地方政治派系以族群分〔註64〕，因為閩客之間互相較勁，在國民黨上述的操作原則之下，閩南人當縣長時，省議員就一定是客家人，反之亦然，所以有所謂閩客輪流執政之說。1950年的花蓮縣長選舉，由於閩客相爭不下，駱香林協調出外省籍的胡子萍為縣長是「二二八」之後唯一的例外〔註65〕。從這個例子也可見出，駱香林恰好是國民黨所謂的優秀而無派系的分子，為黨所用，在當時的政治氣氛成為「政權協力者」，在政治宣傳上，發揮了很大的作用。駱香林並不是所謂的地方政治菁英，而是屬於次菁英分子，次菁英並不屬於權力系統，然而由於他們的專業知識、他們在行政系統和文化教育機構的地位，統治團體在維持有效的統治、合理地辯護其統治地位、擬定並施行公共政策諸方面，都不能沒有他們的背書，他們可以說是統治團體「矛盾的共犯結構」（conflictual Complicity）〔註66〕。吳水雲在口述歷史中回憶道，當時他被提名前，只要駱香林一句否定的話，

〔註63〕中興山莊編《基層黨務工作方法》（1962年），頁19～20。轉引自龔宜君《「外
　　　　來政權」與本土社會》，頁146～147。

〔註64〕李中弟〈花蓮縣：族群情結多糾葛　山頭爭鬥少聽聞〉說：「花蓮縣地處偏遠、
　　　　封閉、落後、交通不便的台灣東部，在國民黨長期『一黨獨大』的掌控下，
　　　　雖沒有明顯的山頭派系鬥爭，卻明顯存在著深厚的族群意識與省籍情結糾
　　　　葛。」收在張昆山、黃政雄主編《地方派系與台灣政治》，頁275。

〔註65〕黃瑞祥〈花蓮瑰寶駱香林〉，《更生日報》1992年8月5日。

〔註66〕吳乃德，陳明通〈政權轉移和菁英流動：台灣地方政治菁英的歷史形成〉，收
　　　　在張炎憲，戴寶村，李筱峰編《台灣史論文精選集》下冊，頁354。

就不可能被提名〔註 67〕，可見駱香林在花蓮的地方政治的影響力之大，可謂動見觀瞻，但是他爲何要爲這些人背書？

儒家和法家在統治和管理方法上雖然存有許多重要的差異，但她們在對待「國家」和「社會」關係的問題上卻有共同的取向，史華慈（Benjamin Schwartz）認爲：

在中國，居於統治地位的共同文化取向就是關於普遍的、無所不包的社會政治秩序的概念，而此種秩序乃是一種基於宇宙論的普遍王權的概念爲中心的。〔註68〕

國民黨政府用孫中山的三民主義道統說，將道統與政統合一的論述，取得儒家型知識份子的認同。因而國民黨政府的「黨國體制」政權與中國「國家儒學體制」，在政治與文化意理之結合不能說無類似性格，尤其就「國家」對「社會」的干預與支配，更強而有力，所以在國家有難之際發揮了一定的作用。中國人在儒家的影響下重秩序與和諧，缺乏一元的政治領導以及絕對的政治秩序，將會使中國人感到極度不安〔註 69〕。因此在二二八以及之後的國共內戰、政府遷台所顯現的時局動盪，都可以看出駱香林選擇支持政府成爲穩定局面的角色。

由於戰後台灣知識分子對「回歸祖國懷抱」懷有很高的期待與想像，加上殖民時代的新聞統制解除，新創立的新聞媒體多達十幾家，知識分子透過社論高談闊論，表達對陳儀主政下的政治、社會、經濟等諸問題的看法，延續日治時期抗日過程所培養出的批判精神。不料二二八事件發生後，新聞媒體工作者幾乎被消滅殆盡〔註70〕。據說駱香林曾於民國 35 年擔任《東臺日報》的義務主筆，撰寫社論（因爲社論並無署名，無法證實然否），在此紛亂之際駱香林卻能全身而退，因爲他在戰後與來自中國的接收人員之間不但沒有語

〔註67〕 吳水雲說：「（駱香林）他是意見領袖，但是以他在地方地位的崇高，上面都會詢問，對我的部份，他都說『嗯，不錯啊！』一句話就給我肯定。假使是否定的話，我的提名機會恐怕就不考慮了。」見台灣省諮議會編著《台灣省參議會、臨時省議會暨省議會時期口述歷史訪談計畫：吳水雲先生訪談錄》（台中縣：台灣省諮議會，2004 年），頁 77。
〔註68〕 轉引自金耀基《中國社會與文化》（香港：牛津大學出版社，1992 年），頁 95。
〔註69〕 朱雲漢〈現代化與政治參與：台灣的發展經驗〉，收在彭懷恩，朱雲漢編《中國現代化的歷程》（台北：時報，1980 年），頁 395。
〔註70〕 何義麟〈媒介眞實與歷史想像〉，《台灣史料研究》24 號，2006 年 3 月，頁 4～5。

言的障礙,甚至得到信任與倚重。《東臺日報》的發行人係縣政府主任秘書陳篤光﹝註71﹞,另一地方報《更生報》,發行人謝膺毅是情治人員,駱香林則是共同發起人之一,從這裡更可以看出駱香林與軍方、政府單位都能維持良好關係。《東臺日報》自 1946 年 6 月 5 日開始出現社論,刊出時間並不固定,由於社論並未署名,駱香林在《東臺日報》撰寫社論的正確時間無可考,從目前所可以看到的《東臺日報》社論內容,明顯迴避當時台灣的社會與政治問題,與《民報》等自日治時期以來即積極爭取台灣人權益的知識分子的積極性相較,《東臺日報》的社論相對保守許多﹝註72﹞。從日治時期以來,駱香林不同於現代知識分子的激進,他始終保持冷靜理性的旁觀者的角色,過著幾近隱居的逸民生活;戰後他則是站在政權協力者的角色,幫助新政府和台灣人溝通。因此當二二八事件發生時,駱香林的冷靜理性到出奇的地步,以目前的文獻看不出駱香林曾經參與地方人士所組成的事變處理委員會,事變之後,台灣人噤聲之際,據說駱香林挺身而出向當時的「台灣東部綏靖司令部」司令何軍章、軍法官楊蔭清陳情,將獄中羈押的一百七十八名嫌犯釋放﹝註73﹞。駱香林〈何軍章傳〉說到此事:「何軍章四川大竹人。……日人既降之明年,以上校領整編廿一師獨立團來臺,未及月而二二八事變起,奉調至花,遂成綏靖部,於是軍章以團長兼司令焉。軍紀肅然,人心底定,乃傳諸處理委員會訊之。法官楊蔭清仁人也,自始至終,未嘗刑一人,戮一罪,告司令請上峰,原其情而開釋之。花之人衷心感戴,謀勒石以存去思,未成而獨立團遠調。﹝註74﹞」事實上何軍章獨立團也是二二八事件中屠殺高雄學中學的

﹝註71﹞ 陳篤光擔任發行人,可見該報具有官方色彩,陳氏後來因《東臺日報》誤植「中華民國」為「新華民國」而請辭,後由縣議長吳萬恭獨資買下該報並擔任發行人。參考數位網路報:http://hanreporter.blogspot.com/2007/10/blog-post_5616.html。

﹝註72﹞ 例如二二八事件前一年,《東臺日報》出現的社論有:〈正義感〉(6.7),〈歡迎何將軍〉(6.8),〈談談節約〉(6.10),〈民主與言論〉(10.3),〈軍事勝利聲中看中共〉(10.4),〈國民教育應有的新認識〉(10.14),〈公民訓練的我見〉(10.20),〈發揚本省人民的優點〉(10.22),〈本省教育之路〉(11.11),〈關於民主精神的培養〉(11.23),〈本省文化運動之途徑〉(11.27),〈語文訓練的重要性〉(12.5),〈消滅地域觀念〉(12.15),這些社論與當時迫切的民生問題距離有點遠,談論米價與當時社會問題的社論只有以下幾則:〈健全工貸和農貸的基礎〉(11.14),〈從另一方面看米價〉(11.15),〈青年煩﹝按:原作順有誤﹞悶的出路〉(11.21),〈平抑米價〉(12.14)。

﹝註73﹞ 黃瑞祥〈花蓮瑰寶駱香林〉,《更生日報》1992 年 8 月 5 日。

﹝註74﹞ 《駱香林全集》,頁 599。

主力部隊，駱香林有所不知的是在恐怖持續期間的大逮捕，前述的 178 名嫌犯，在沒有證據與審訊之下被捕，全台多有類似的狀況，許多有影響力的台籍人士向中央政府請命，希望能夠下令省府官員、憲警及軍隊停止對老百姓的逮捕和屠殺。1948 年當選監察委員的陳江山向監察院提議，組織巡查團赴台考察，藉以了解事變後的台灣民情〔註 75〕。此外，當時仍有藉端報復，閩台監察使揚亮功行文給台灣省政府，嚴令禁止任何報復行為：「……為最近送據各方報告，省外各縣市地方尚有軍事機關，藉口二二八事變，逮捕人犯，或在進言時期所逮捕之人犯，迄今仍未在法院審理，顯與中央處理台事之原則及貴省政府命令牴觸。〔註 76〕」然而在魏道明主政期間，審訊調查仍然繼續拖延，1948 年元旦，蔣介石的秘書吳鼎昌希望其力促有關機關從速審結事變人犯，盡量減刑或特赦〔註 77〕。從這裡可以看出駱香林偏居一隅，對於時局的觀察與資訊的取得，都有所偏頗，或許這也是當時的當局者普遍的現象吧，不是今日的資訊發達的情況下以後設角度可以評論的。

駱香林在日治時期持遺民心態刻意不出，到了國民黨政府時期，不但擔任地方報社主筆，據說國民黨中央黨部曾經徵召或提名他參選縣長、省議員或擔任縣黨部主委，都被他婉拒〔註 78〕，不過他接受了《花蓮縣志》編纂委員會主委（其後改組為花蓮縣文獻委員會主委）一職，主編《花蓮縣志》，意在發揮文化方面的影響力。駱香林自知並不適合從政，不過他在地方上的影響力仍不容忽視。駱香林最為花蓮人所津津樂道的幾件事大約是與文化界大老溥心畬、陳定山等人訂交，以及時任行政院長蔣經國的探訪，前者因他的學養受肯定，後者則是以「巖穴之士」受高層重視，這兩件事都讓花蓮人建立自信與光榮感。當然，駱香林與這些外省文化菁英的交往，除了他的文化素養可與匹敵外，他在文化認同的取向上，使他與外省文化界人士同聲相應、同氣相求，因為他可以體會流亡儒者「花果飄零」的處境，徐復觀說：「我們精神上最大的挫折，在於我們沒有可歸的故鄉，因而沒有真正的家。〔註 79〕」這種處處無家處處家的不安定感，正是一九四九年以後流亡港台的遺民儒者

〔註 75〕 賴澤涵，馬孟若，魏萼著，羅珞珈譯《悲劇性的開端》，頁 268〜269。

〔註 76〕 《台灣新生報》，1947 年 6 月 3 日。

〔註 77〕 賴澤涵，馬孟若，魏萼著，羅珞珈譯《悲劇性的開端》，頁 272。

〔註 78〕 《聯合報》，1977 年 8 月 5 日。

〔註 79〕 徐復觀《無慚尺布裹頭歸——徐復觀最後日記》（臺北：允晨文化，1987 年），頁 46。

共同的心境〔註80〕，也是駱香林在日治時期的經歷，所以可以感同身受，這恐怕是他能夠與流亡文人、高官交好的內在因素。

　　駱香林抗拒日化，保持了較高程度的中國化，符合中國接收官員的期待，與中國來台的官員溝通無礙，因此與旅花外省籍人士交好，例如東部防守司令闕漢騫中將有一段時間每天清晨驅車造訪，借閱駱香林所收藏《中國歷代書畫名家景印全集》〔註81〕，而駱香林則有〈送闕漢騫司令之任澎湖防衛司令序〉、〈雲海軒記〉、〈贈撥雲將軍四首〉、〈雲海軒懷舊〉、〈闕司令撥雲五十華誕〉等詩文記闕漢騫司令，他們之間的情誼主要建立在藝文的愛好上，駱香林說他：「性好書，喜臨池，雖軍事旁午，未嘗稍廢，所作擘窠大字，蒼莽沉古，氣魄磅礴，善書者不能及。〔註82〕」顯然很欣賞這位軍事將領而能有藝術修養。駱香林也自述與花蓮地方法院院長彭吉翔的交往：「蓋先生恂恂儒雅，清濁無所不容，顧廉潔自守，法界三十年，皭然泥而不滓者也。余以同氣相求，不能為澹臺滅明之惜足，間常過之，且與涉水登山，搜石僻壤，兩人於僕僕烈日中，懽如也。〔註83〕」類似的交遊情形尚有馬慶勛、管容德、張慕漁、夏紹堯、王彥、蕭純伯、陳讚昕、吳玉階、楊昆峰等人，這些流寓花蓮的外省籍人士，有的是軍人轉文職，有的是法官或公務人員，花蓮以外的文化界大老更多，有溥心畬、陳定山、蕭一葦、梁寒操、易君左、吳萬谷、曾克耑、王壯為、賓國振、成惕軒、郎靜山、杭世駿、吳天任、唐嗣堯、李鴻球、吳嵩慶等人，都因為藝文的愛好與駱香林有了交集，而且極度肯定駱香林的文藝才能。如溥儒函曰：「言為心聲，自然流露，足下卓然遐舉，抱貞守璞，詩境自高，非敢以為諛也。〔註84〕」賓國振曰：「大作自命俚歌，實則詞質而徑，欲見之者易諭；言直而切，欲聞之者深誡，事覈而實，使采之者有徵，一時治化，悉見篇章，乃國風之遺。……今讀公詩，於心釋然，悉止並世無兩，即百年來亦無此新什。〔註85〕」以上兩位的評價大概已足以說明駱香林在詩壇的地位，就如吳萬谷所言：「溥氏高標絕藝，名滿天下，當世士

〔註80〕黃俊傑〈論東雅遺民儒者的兩個兩難式〉，《台灣東亞文明研究學刊》，第3卷1期，2006年6月，頁64。
〔註81〕陳香編撰《花蓮縣人物掌故》（花蓮：花蓮縣文獻委員會，1982年），頁319。
〔註82〕《駱香林全集》，頁580。
〔註83〕駱香林〈送彭院長吉翔調司法行政部專員兼業務室主任序〉，《駱香林全集》，頁587。
〔註84〕《駱香林全集》，頁9。
〔註85〕《駱香林全集》，頁10～11。

不足以介其懷，而獨厚於香老，往來函札，輒致欽挹，有曰……以溥西山之卓特，而詡與如此，則世之相推重者，不免徒覺詞費。〔註86〕」明乎此，則不難理解，駱香林在花蓮地位之高，一般尋常政治人物很難與之相提並論，藝文界也難有與之匹敵者，這樣的形象與象徵性地位，卻也造就駱香林在政治上的另一番作為。

當年被視為神話的事蹟是他拒絕了當時的行政院長蔣經國的召見，他認為「於理不合」，並非自己求見，「是蔣先生想見我，應當他來花蓮〔註87〕」，後來蔣經國果然親自到臨海堂探視駱香林，這是當時民眾感到不可思議的事。其實駱香林所據就是孟子之言：

> 古之賢王好善而忘勢，古之賢士何獨不然？樂其道而忘人之勢，故
> 王公不致敬盡禮，則不得亟見之。見且不得亟，而況得而臣之乎？
> 〔註88〕

這就是傳統儒家知識分子以「道」抗「勢」的姿態，知識分子與君的關係，既然不是君臣，自然不必受「勢」的羈束。前述駱香林拒絕公職與黨職的安排，儼然古代的巖穴之士，蔣經國以總統之子任行政院長之姿而為黨國接班人，礙於「民主」國家卻行父子相傳的封建行為，因此訪求賢士之舉，對於他的聲望有增無損。所以蔣經國不但不怪罪駱香林，反而禮遇有加，此舉也美化了蔣經國的形象。同時，也說明國民黨政府因為即將失去美國的外在支持（與中共建交），轉而開啟「台灣化」，向內尋求本土菁英的支持而獲得政權的正當化〔註89〕。花蓮的鄉野百姓自然不懂得那麼多國際大勢，卻因蔣經國的重視，神化了駱香林的形象與在地方的影響力。駱香林雖然不欲為官，卻對地方民生、經濟的發展有責任感，邀請溥心畬來花蓮繪製「花蓮八景圖」，以及晚年出版《題詠花蓮風物》都是為了行銷花蓮的觀光，接任花蓮縣文獻委員會主委編纂《花蓮縣志》則是為花蓮立史，蒐集整理地方的各項資料，對於初掌握台灣政權的國民黨政府，能進一步的有效控制、統治有極大的幫助，可以說他是以不具官方身分的方式，從地方貢獻一己政治之力，正是傳統地方型知識分子的典型。

〔註86〕《駱香林全集》，頁6。
〔註87〕賴秀美〈移民‧遺址‧遺作〉，《東海岸評論》2004年11月，頁29。
〔註88〕《孟子‧盡心》上，（十三經注疏本），頁230。
〔註89〕王振寰〈台灣的政治轉型與反對運動〉，《台灣社會研究季刊》，第2卷1期，1989年3月，頁90～91。

　　駱香林站在儒者的觀點，不以窮踞一方爲憾，而是以大傳統的傳播者自居，「采詩觀風」以盡儒者的職責，漢代儒者炮製《詩經》「采詩觀風」作爲政治統治的手段，或許只是儒家所建構的理想，然而在漢代以後卻成爲地方型儒家奉爲圭臬的準則。「采詩觀風」是「移風易俗」的準備工作，「移風易俗」又是如理想中的「禮樂教化」的一環，所謂「禮樂教化」就是以禮樂的大傳統來「化民成俗」，完成文化的統一。因此儒家型知識分子經常以「觀風俗」爲手段，行文化統一之實。駱香林的作品如《俚歌集》、《題詠花蓮風物》攝影集以及《花蓮縣志》，莫不帶著「觀風俗」的意識在觀看花蓮這個蠻煙僻壤，目的則是有助於「治化」。話說回來，〈國風〉之所以受矚目就在於其地方歌謠的特色，駱香林的作品也同樣因爲他的「采風觀俗」所保留的地方性，使得他的作品呈現與眾不同的特色。另一方面，駱香林以儒家大傳統的藝術審美表現在賞石、藝蘭、攝影等向民間小傳統滲透，卻沒有產生如預期的「教化」作用，不得不說，這是一個現代化的社會，大眾文化普遍趨向通俗的的趣味，已經不是文化菁英可以左右的了。

第四節　小結

　　第二次世界大戰結束，產生了台灣人一度夢想卻又不敢奢望會成眞的結果，台灣人終於回到「祖國」的懷抱了。對駱香林這個以「遺民」自居的日本「非國民」，當然是雀躍不已的樂事，所以跟其他尚保有漢文寫作能力的人一樣，寫下慶賀的詩篇。但是，這種喜悅在台灣人心中並沒有存在太久，語言的問題立刻成爲衝突與矛盾的引爆點，在短短一年間，日語、日文的禁用，使台灣人感受到再殖民的剝奪感，在「祖國」統治者看來，台灣人是被「奴化」的一群人，因而無法擁有自主、自治的權力。再加上接收大員的優越感與貪污腐敗，經濟措施失當，通貨膨脹等因素，造成了二二八事件的發生。轉瞬間，「回歸」的喜悅頓時被摧毀，漢詩人紛紛偷偷寫下不滿與遺憾，這種不滿，已經不是同文同種的民族主義或國族認同可以弭平。當一個社會處於有壓力或衝突時，則發現社會權威的合法性往往受到某種程度的挑戰，理論也會受到質疑。一般關於政權的正統性概念通常以 Max Weber 及 Seymour M. Lipest 所說的人民對政權認可的「志願性」（roluntary）概念來檢討，但是在二二八事件之後，人們對國民政府政權這種「志願性」顯著降低，以此來思考

國民黨的政治體制時，會產生以下的疑點：（一），「志願性」概念下的正統性並未說明，究竟要什麼樣的支持，政權才能獲得維持？因爲實際上統治者必定會透過教化及其他正當化措施，來培養人民對其政權的支持。（二），這種概念不能說明爲何有不受人民愛戴的政權，卻能安然持續存在，也有獲得人民支持卻反而倒台的政權。因此王振寰採用 Charles Tilly 等人的正統性概念，認爲正統性是掌握權勢者之間的相互認可，原因有以下三點：（一），任何政權都以教化等正當化措施，努力獲得大部分人民的支持，但是，政權存續的實質條件不是因爲大部分人民的忠誠。（二），政權安定的主要基礎，在於掌握影響政權之資源掌握權勢者是否支持。這種掌握權勢者不只存在於國家內部（如軍隊、資本家階級及其他），有時也存在於外部（如有能力提供或奪取政權所需之資源的外國）。（三），這種意義上的正統性發生危機時，政權的權力基礎也會暴露於危機之中，此時政權將會藉強化原有的支持，或尋求其他掌握權勢者的支持來化解危機〔註 90〕。從這個意義來看，台灣在戰後接收初期，雖然也有小部分獨立與託管的聲音，但是很快被「回歸祖國」的強大呼聲所掩蓋，這個聲音卻又在一年多以後出現，就產生政權合法性的疑慮，而這個合法性疑慮其實是來自社會權威的動搖。於是，在日治時期已見萌芽的台灣人意識與台灣民族主義，悄悄的復甦，成爲台灣人反抗的武器。

　　雖然二二八事件的混亂，並沒有造成駱香林的態度改變，反而更堅定的支持堅持中國化政策的國民黨政權。事實上，國民黨政府的「中華民族」的國族建構是到台灣才眞正開始，因爲在此之前，中國的國家意識並不明確，而是以天下代替國家，民族意識也不明確，而是以文化主義代替民族主義。在 1949 年以前的中國陷於軍閥的割據與剿匪以及日軍入侵的混亂中，無心也無力於民族國家（文化霸權）的建構。戰後接收台灣成爲一個新的契機，將台灣「中國化」的過程，正好給予國民黨政府的大敘事重新建構「中國」的機會。1949 以後，國民黨政權記取教訓，強化國族意識的「中國化」運動如火如荼的展開，而透過黨的改造之後的國民黨政府，成爲一個新「威權主義體制」，並且是以黨領國的「黨國體制」，在三民主義的神聖象徵之下，道統與政統合一的新政權已經與古代中國的「國家儒學體制」接近，因此取得儒家型知識分子一致的擁護。在二二八事件之後，本省地方菁英撤出政治圈，

〔註 90〕王振寰〈台灣的政治轉型與反對運動〉，《台灣社會研究季刊》，第 2 卷 1 期，1989 年 3 月，頁 75～80。

對於國民黨政府的正當性產生衝擊，於是不得不透過特許經濟與地方派系合作，卻又必須抑制地方派系以避免獨大，此時像駱香林這類的地方型次菁英就成為穩定政權的協力者。

　　駱香林因為堅持漢文的學習與傳授，民族意識之堅定異於一般知識分子，忍過日治時期的不合理對待。在戰後，除了品格備受肯定之外，與外省籍統治者在語言文化的溝通無礙，所以駱香林戰後所交往的對象以外省籍菁英為主，包括政治菁英與文化菁英，所以能夠展現他的多面向的影響力。不但能夠涉足政治事務的協調，也在文化建構的大敘事貢獻一份力量，甚至能在蔣經國接位時，成為類似「商山四皓」之類巖穴之士的象徵，對民間來說具有崇高的地位，因此更努力扮演大傳統的教化者，對民間的小傳統積極傳布教化。

第六章 再中國化的歷史建構

　　一般來說，所謂的歷史，不外是以往實際發生的事件（往事），一說是以往實際發生事件的記錄。然而，往事與事件紀錄之間其實有一大段的距離，重點就在於往事是透過誰而為人所知，是親歷者的見聞，或是極為有力的間接「所傳聞」。嚴格來說，這些都只是往事的證據，也就是所謂的史料，與文獻及實體留存物相同，不是所謂歷史〔註1〕。歷史既不是往事，也不止於是往事的記錄，而是史學家研究往事的成果，所以史學家與史事二者是形成歷史的必要條件，散於各處寂然無聲的事實，經過史學家的組織運用，才能形成歷史〔註2〕。由此可見，歷史是一種由史學家建構出來自圓其說的論述，史料的存在無法導出一種必然的解讀，反之，凝視方向或觀點的改變，新的解讀便隨之出現〔註3〕。所以關鍵在於史學家的選擇，是出於某種史觀，而選擇了自認為有意義的事實，使其變成歷史事實〔註4〕。

　　對於國族認同的論述而言，如何建構民族共同的歷史來源與神聖象徵，是一個非常重要的課題。在中國接收台灣之後的再「中國化」歷程，就是將台灣納入中國的民族國家之一部分的認同，除了建立相同的語言之外，就是建立共同的歷史，而建立此一歷史書寫的一個重要步驟，就是地方志的建立。地方志就是地方歷史與人文地理、地質地理的綜合體。由於地方志具有資治、

〔註1〕　杜維運《史學方法論》（台北：華世，1979 年），頁 24～25。
〔註2〕　杜維運《史學方法論》，頁 29。
〔註3〕　凱斯‧詹京斯（Keith Jenkins）著，賈士蘅譯《歷史的再思考》（台北：麥田，1996 年），頁 68。
〔註4〕　杜維運《史學方法論》，頁 27。

教化與存史的功能〔註5〕，所以清治初期的修志，與日治時期及國府接收之後，都有主動修纂方志的動作，不但具有將地方納入中央統治的宣示作用〔註6〕，同時也具有打造可供辨識地方秩序與地方知識之作用。因此地方志不僅是單純的地方往事的記錄，而是在一定的意識形態下，建構統治者所欲導向的歷史書寫。

第一節　地方志之必要──知識生產與殖民宰制

　　中國地方志依其源流與內涵大約可分為地理派與歷史派〔註7〕，自宋朝以來逐漸發展出官修方志的傳統，至清朝達到鼎盛，尤其台灣為新納疆土，修志風氣較中國本土更盛，官方的用意乃透過方志而掌握地方知識的生產，可以達到宣揚統治的功能。日治時期的殖民統治，作為唯一非西方殖民帝國的日本，努力的學習西方帝國殖民經驗以脫亞入歐，從西方十九世紀後期帝國主義擴張和民族國家建立的經驗來看，除了軍事的壓迫和政治經濟的支配，文化知識的建構扮演了關鍵的角色〔註8〕。其後國民黨政府從中國內戰中敗退台灣，在百廢待舉之際卻急於全面性的修訂地方志，顯然有很濃厚的政治思

〔註5〕　來新夏《中國地方志》（台北：台灣商務，1995年），頁236～242。

〔註6〕　清代方志出現的年代，集中於清領前期的17世紀末葉到18世紀中期，其後150年間鮮少地方志出現，直到道光年間，中北部的地方志才出現，可見與開發及新設縣治有關，日治時期的方志則出現在1910年之前，都說明方志的編纂與政治的宣示有關。參考吳密察〈「歷史」的出現〉，收在黃富山，古偉瀛，蔡采秀主編《台灣史研究一百年：回顧與研究》（台北：中研院台史所籌備處，1997年），頁2～15。

〔註7〕　清代方志地理派以戴震為代表，歷史派以章學誠為代表。戰後台灣方志的編纂也有歷史學派與新地志學派的爭論，前者以盛清沂為代表，後者以張其昀為代表，盛清沂主導、參與編修的方志有《台灣省通志》、《台北縣志》、《中和鄉志》、《重修中和鄉志》、《永和鎮志》、《重修永和鎮志》、《樹林鎮志》、《板橋市志》，對台灣方志的編纂有相當的影響力，故台灣的方志以歷史派勝出，地理派大多為私修的方志，在官修方志中不但沒有地位，也沒有太大的影響力。另外依高志彬的分類除了上述兩派之外，還有綜合新體派、古體新例派、百科全書派、分科全書派以及復古正史派等八種類型。參考高志彬〈台灣方志之纂修及其體例流變略述〉，《台灣文獻》第49卷第3期，1998年9月，頁199～201；林玉茹〈地方知識與社會變遷──戰後台灣方志的發展〉，《台灣文獻》第50卷第4期，1999年12月，頁249。

〔註8〕　張隆志〈從「舊慣」到「民俗」：日本近代知識生產與殖民地台灣的文化政治〉，《台灣文學研究集刊》第2期，2006年11月，頁36。

考。戰後躍身成為世界霸權之一（二戰戰勝國及聯合國五大創始國）的國民黨政府初取得台灣統治權，其統治作為以清除日本殖民思想遺毒與強化民族文化認同之論述為先，地方志成為建構地方與中國的歷史、血緣關係的論述工具，強化統治者的歷史正當性與合法性。這些情況都說明台灣作為一個陌生之地，外來統治者為了占有地方知識，必須掌握地方知識的生產，而地方志的書寫正是藉由地方人士的協助，更精確、便利地掌握地方知識的方法之一。

滿清治台灣達二百一十二年（1684～1895），所修方志（含采訪冊）三十三種〔註9〕，其修志風氣之盛不輸給中國本土，這股修志風氣並未隨著台灣割讓而停歇，1895 年 4 月台灣被割讓給日本，7 月，日本參謀本部即編印《台灣誌》作為統治之參考，顯見來台之前即已對台灣做詳盡之資料蒐集，其後，民政長官後藤新平採「生物政治學」的科學殖民政策，先後設立「臨時台灣土地調查局」（1898 年）及「台灣慣習研究會」（1900 年），後者且以總督兒玉源太郎及民政長官後藤新平為正副會長，發行專刊《台灣慣習記事》，顯現統治者對於舊慣資料調查的重視；另一方面，廣泛蒐集清代所纂修的方志，重刊清代《續修台灣府志》，並倡修縣廳志，日治五十年間，官修的全臺史志計有《台灣誌》等九種，縣廳、郡市、街庄志等合計三十七種，而這些方志大多撰於明治年間，大正以後則少有官撰之州廳志〔註 10〕，顯示其階段性任務已經完成，地方知識的生產已經為統治者所掌握，而事實上日本已掌握更有效率的地方知識的生產，充分運用各種調查報告、統計、地圖等，與殖民管理／宰制的作用更加密切，台灣社會被更徹底地滲透。

中華民國政府成立延續清代修志的傳統，在民國十八（1929）年十二月先後公佈「修志事例概要」及「市縣文獻委員會組織大綱」，此辦法迭經修訂，民國三十五（1946）年十月一日內政部公佈「地方志書纂修辦法」及「各縣市文獻委員會組織章程」〔註 11〕。台灣在戰後初期即有地方人士於台北縣召

〔註9〕　府志六部、縣志十種、廳志三種、采訪冊十四種，其餘私人所撰志十餘種不在此計算之內。參考曾鼎甲《論《台灣省通志稿》之纂修》（台北縣永和市：花木蘭，2007 年），頁 11。

〔註10〕　王世慶〈日據時期台灣官撰地方史志的探討〉，《漢學研究》第 3 卷 2 期，1985 年 12 月，頁 317～318。

〔註11〕　簡榮聰〈台灣省文獻委員會推動全面修志概述〉，《台灣文獻》第 46 卷 3 期，1995 年 4 月，頁 83。

開修志委員會議建請纂修台灣省志〔註12〕，此議似乎並未得到應有的重視〔註13〕。民國三十六（1947）年台灣省政府成立後，翌（1948）年七月即正式設立「台灣省通志館」，隔（1949）年改組爲「台灣省文獻委員會」，肆後內政部於民國四十一（1952）年一月函囑台灣省政府轉飭各縣市設立文獻委員會以纂修地方志書，內政部並規定應於文到後一個月之內，將各縣市文獻委員會成立情形層報備查，並於三個月內，先行編擬志書凡例、分類綱目及編纂期限〔註14〕，內政部的動作之積極出乎一般行政慣例，其函文的內容要旨有三點：

> 一、本省光復後，適政府實施憲政，實爲我國政治史上之盛舉，他如地方各種政教設施，經濟建設，以及興革諸事，均應載之方志，永昭後世，至於先哲、先賢、先烈之言行、事功、志節，尤須加以表彰，應迅纂修志，以宏揚國家意識，發揚民族精神。

> 二、本年元旦總統曾昭告全國軍民進行社會改造運動與文化改造運動，以達到敦親睦鄰，明禮尚義之目標，則纂修地方志書，適足以促進此等運動之展開。

> 三、本省自三十九年各縣市行政區域調整後，現已年餘，各地文獻委員會均已紛紛設立或籌備成立，依照地方志書纂修辦法第四條之規定，「各縣市纂修志書事宜，應由各省市縣政府督促各省市縣文獻委員會負責辦理」。〔註15〕

花蓮縣誌編纂委員會成立於民國三十八年十一月，由駱香林擔任主任委員，期間並沒有具體的作爲，在內政部推動全面修志之下，各縣市將縣誌編

〔註12〕 民國三十五（1946）年11月8日由台北縣長陸桂祥召開「台北縣志修志委員會議」，邀請地方人士黃純青、楊雲萍、林佛國、連溫卿、李建興、盧纘祥……等人參加，該次會議不僅率先籌劃編纂縣志，並建議台灣省行政長官公署纂修台灣省通志。見尹章義〈清修台灣方志與近三十年所修台灣方志之比較研究〉王世慶講評部分，《漢學研究》第3卷2期，頁267～268。

〔註13〕 據說當年台北縣政府辦公大樓失火，所有接收檔案付之一炬，翌年陸桂祥縣長辭職回中國，接著發生二二八事件，因此戰後首部方志纂修計畫告終，不過當局無暇顧及文化建設乃不爭的事實。參考同上注。

〔註14〕 王世慶〈參與光復後台灣地區修志之回顧及對重修省志之管見〉，《台灣文獻》第35卷第1期，1984年3月，頁2。

〔註15〕 王世慶〈參與光復後台灣地區修志之回顧及對重修省志之管見〉，《台灣文獻》第35卷1期，1984年3月，頁2。

纂委員會改組為文獻委員會，於是花蓮縣文獻委員會在民國四十一年八月成立，仍由駱香林擔任主任委員〔註16〕。由此可見台灣志書的編纂乃由於國民黨政府的積極推動，此一積極性尚有些許波折，當初由地方人士發起修志的建議時，台灣行政長官公署忙於接收事宜，修志與否非其所關心，故無具體回應，國府遷都來台之後態度轉趨積極，此一轉變，具有幾重意義，一方面隱含有中國歷史上開館修史籠絡遺老的政策，用以轉圜台灣菁英份子對中國政權的疑慮（懼）；二來，對於一個新成立的政府而言，透過修志，除了具有維護正統、鞏固政權的作用之外，尚有外來統治者對地方知識缺乏的迫切需要〔註17〕；第三則具有教化的作用，從上述函文第二點可知修志是當時的文化政策——文化改造運動——的一環，所謂「文化改造」就是「去日本化」，由於台灣長期受日本統治，在各方面已經與中國有相當大的隔閡，此為二二八事件發生的潛在原因，國民黨政府事後的檢討認為這是因為台灣接受日本「奴化教育」的結果，為了剷除日本教育的遺毒，必須加強台灣人的國家觀念與民族意識，因此更進一步由「去日本化」轉為積極「中國化」乃其文化政策的重點〔註18〕。所以內政部特別強調方志須「以宏揚國家意識，發揚民族精神」為其內容要點，特別表彰具有革命、抗日之事功與事蹟。然而在省志大抵完稿之後，1958 年台灣省文獻會即由二級機關降為三級，至 1973 年更進一步裁撤各縣市文獻委員會，此時由於外來政權的統治已經穩固，對台灣內部的控制更趨嚴厲，地方不但不再重要，甚至是打壓的對象，從當時嚴密的思想控制與「去台灣化」的政治動作，可知台灣方志的編纂乃屬政治性與工具性的作用。

　　開館修志顯現的是台灣作為中國的一個地方史〔註19〕，更具象徵意義的是中央對地方的規範，尤其國民政府以一個新的外來政權進入台灣，為了宣

〔註16〕一般縣市文獻委員會成立後多由縣市長兼任主任委員，只有新竹、花蓮兩縣由當地耆宿黃旺成、駱香林出任主任委員。

〔註17〕林玉茹〈地方知識與社會變遷——戰後台灣方志的發展〉，《台灣文獻》第 50卷 4 期，1999 年 12 月，頁 247。

〔註18〕曾士榮《戰後台灣之文化重編與族群關係——兼以「台灣大學」為討論案例（1945～50）》（台北：台灣大學歷史所碩士論文，1994 年），頁 109。

〔註19〕王晴佳認為 1960 年之前的台灣史研究，《台灣省通志稿》是台灣附從於中國正統的一個地方史研究的顯例，台灣史研究理所當然的成為中國史研究的一部分。見氏著《台灣史學五十年（1950～2000）：傳承、方法、趨向》（台北：麥田，2002 年），頁 157～158。

示中華民國推翻清朝政權與統治台灣的正統性，刻意凸顯日治時期的反抗事件，強調異族統治台灣的暴政，另外紀元的用法也有強烈的價值判斷，荷蘭統治時期稱「荷據」，用明朝正朔；日本統治時期稱「日據」，用清朝及民國紀元，完全否認上述兩國統治台灣的合法性〔註20〕。這樣的統治意識也表現在內政部對《台灣省通志稿》的審查意見上：

> 一、……所送通志稿內容，大部分篇幅均為記述日據時期事蹟，不僅明清兩代事蹟略而不詳，即光復後之政績措施亦未見詳述，如教育志僅記至民國三十五年，光復後一週年，敘述尤嫌簡略。

> 二、查台灣光復，已逾十五週年，而貴省志書至現在為止，尚未出版。如依所送志稿之斷代及記載內容，據以出版，顯與目前事實脫節，以之流傳坊間，實屬不妥。復查臺省各項建設工作多在三十九年以後始著績效，貴省通志係以三十九年為斷代，遺漏太多，有失修志記載史實之意義。本年為民國成立五十週年，各方面多有檢討過去，策勵將來之舉，《台灣省通志》應改為以五十年為斷代。〔註21〕

從內政部的審查意見可以看出統治者並沒有想要藉由地方志取得統治資料或了解地方的用意，與日治時期的地方知識生產之意向不同，因此對於日治時期的歷史沒有詳述之必要，反之則對於明清與當代的疏略加以糾正，就是為了強化兩者之歷史連結，恢復中國統治的正當性。事實上台灣省通志館於 1948 年開始設館，肆後歷經改組與人事的變化，《台灣省通志稿》綱目於 1951 年始奉核定，開始進行編纂之時，又奉省政府通知斷代於民國三十五年十月二十五日（即光復一週年），用意係為避免述及二二八事件〔註22〕，而日後審查意見又以僅述光復後一年，無法顯現其政績而將斷代延後至 1961 年以為建國五十年慶，不僅前後矛盾，亦可見出此書的審查不以專業為考量而更重視其政治性，因此前後的政治任務不同，對於地方志的內容與斷代時間的要求亦不同。至於《台灣省通志稿》之編纂人員共六十二人，大多來自各方面的專家，省文獻會內編纂人員僅十七人，占 27%，可見外部專家備受重視的程度，然而《台灣省通志》根據內政部的審查意見將斷代延伸至 1961 年，

〔註20〕 林玉茹〈地方知識與社會變遷——戰後台灣方志的發展〉，《台灣文獻》第 50 卷 4 期，1999 年 12 月，頁 247～248。

〔註21〕 王世慶〈參與光復後台灣地區修志之回顧及對重修省志之管見〉，《台灣文獻》第 35 卷第 1 期，1984 年 3 月，頁 11。

〔註22〕 同上註，頁 9。

此次參與編纂人員則以會內人員為主，僅外聘專家三人〔註23〕，前後動員規模不可同日而語，態度亦前後不一，一般的評價亦以為《台灣省通志稿》優於《台灣省通志》〔註24〕，此乃時勢使然，考慮的重點隨即調整，前者乃著重於統治合法權的宣誓與籠絡人心之用，後者乃政績的宣揚，至於志書的內容優劣或資料準確與否，實非統治者所關心者。省志如此，縣志的情況亦復如此。

第二節　地方歷史的想像與建構

在花蓮，駱香林以道德、文章備受尊崇，雖然熱心地方事務，國民黨政府屢次徵召從事政治事務，都被他婉拒，唯獨接受「花蓮縣志編纂委員會主任委員」一職，可見他的名山志業之想，一生著述功業有賴於《花蓮縣志》的完成。《花蓮縣志》的著述起自民國四十六（1957）年迄於六十八（1979）年，二十餘年間完成二十卷，是花蓮修志立史的起點，《花蓮縣志》一書雖由駱香林、苗允豐、王彥、黃瑞祥等四人合纂，然而實際總其成者乃駱香林一人，「體例一式，筆法一致，猶如一人所纂」，所以高志彬認為《花蓮縣志》是一人修志之類〔註25〕。

《花蓮縣志》由於修纂的時間過長，因此邊修邊印，自民國 46（1957）年至 57（1968）年間先後完成九卷，另首卷一卷，計三十一篇，為《花蓮縣志稿》。原《花蓮縣志稿》斷代於民國 40（1951）年，民國 62（1973）年花蓮縣政府就《花蓮縣志稿》修訂重新排印，修訂本奉內政部審定意見斷代至民國 50（1961）年，修訂本自民國 62（1973）年至 69（1980）年，完成二十卷，另首卷一卷，篇數不變，更名為《花蓮縣志》。

一、歷史消跡與發現花蓮

殖民主義經常被追問的一個問題是：誰發／再現了誰？《花蓮縣志》的編纂就是殖民主義再現的問題，而這個再現則充滿了想像與建構。台灣

〔註23〕王世慶〈參與光復後台灣地區修志之回顧及對重修省志之管見〉，《台灣文獻》第 35 卷第 1 期，1984 年 3 月，頁 12。

〔註24〕方豪、楊雲萍等人均有此評價，參考同上注，頁 13。

〔註25〕高志彬〈台灣方志之纂修及其體例流變略述〉，《台灣文獻》第 49 卷 3 期，1998 年 9 月，頁 193。

最後被開發的花蓮，做為一個被再現的對象，我們不得不追問：花蓮是誰
的花蓮？在花蓮被發現之前有沒有花蓮？答案顯而易見，對於十七世紀的
清朝人而言，花蓮是一個不存在的空白之地，康熙朝所完成的台灣全圖僅
繪出台灣西部，沒有花蓮。七十餘年後的「乾隆一統輿圖台灣圖」才補繪
出顯然未經任何測量的東部海岸線想像圖，這個看起來像是只有一半的台
灣地圖一直被沿用，直到同治朝的「同光臺澎山海圖」，東部海岸線的輪廓
才比較精確〔註 26〕。來台繪製康熙輿圖的傳教士馮秉正（J. F.M. A. de
Moyriac de Mailla，1669〜1748）說：「並不是整個台灣島是屬於漢人的（原
文作支那人），它分為兩部分，東部和西部，中間是高山，山從最南端的沙
馬磯頭（xama-ki-teou）起，一直到本島北端的海面，到那從前西班牙人所
築的砲臺，中國人稱為雞籠寨（Ki-long-tchai）的，只有大山的西部纔是屬
於漢人的……。〔註 27〕」所以東部並不在他的測繪之內，他的認知與官方
的認知無異，一直到牡丹社事件（1874 年）前，日人透過外交管道交涉琉
球漁民遭恆春（瑯嶠）原住民殺害一事時，涉外官員直以「化外之民」稱
之〔註 28〕，也就是說一直到光緒朝，恆春以及東部後山都還是屬於中國「境
外」。地圖上的空白，就是認知上的空白，或可馳騁想像〔註 29〕，或可恣意
書寫、命名，《花蓮縣志》云：

> 花蓮古稱奇萊，稱花蓮始見沈葆楨奏疏，前此無聞焉。故老云，花
> 蓮溪東注，其水與海濤激盪，紆迴潆洋，狀之以其容，故曰洄瀾，
> 後之人諧為花蓮，至今沿襲之，知洄瀾者，百無一二焉。〔註 30〕

「花蓮」浮出歷史的地表，始於 1875 年的沈葆楨的奏疏，在此之前只是

〔註 26〕夏黎明《清代台灣地圖演變史》（台北縣：知書房，1996 年），頁 61。
〔註 27〕轉引自方豪〈康熙五十三年測繪台灣地圖考〉，見氏著《方豪教授台灣史論文
選集》（台北：捷幼，1999 年），頁 44。
〔註 28〕涉外官員以：「未服王化者為生番，置之於化外，未為理之也。」見伊能嘉矩
《台灣文化志》（中譯本）下卷（南投：台灣省文獻會，1991 年），頁 85。
〔註 29〕關於後山的想像茲舉二例：高拱乾《台灣府志》（1694）：「山頂常滯雲，人視
之，若有人形往來雲中，疑為仙人降遊其上。」見《台灣府志》卷二〈規制
志〉（台北：台灣銀行，台灣文獻叢刊第六五種，1960 年），頁 14。《東瀛識
略》：「相傳臺鹿皆鯊魚所化，然沿海俱有鯊，即臺地山前亦有之，未見有化
鹿事；獨後山鯊魚隨潮登岸，即化為鹿，毛色純黃，其孳生者始有梅花點。」
見《東瀛識略》卷七〈奇異〉（台北：台灣銀行，台灣文獻叢刊第二種，1957
年），頁 84。
〔註 30〕《花蓮縣志》卷二〈總記〉（花蓮：花蓮縣文獻委員會，1983 年），頁 1。

含糊籠統的稱爲「後山」〔註 31〕，或者以部落名稱「奇萊」、「直腳宣」、「崇
爻」稱之，至於花蓮之所以被命名爲「花蓮」，源自於「洄瀾」的諧音，此說
的起點則是《花蓮縣志》，故纂志者說：「知洄瀾者，百無一二焉」。因此可知
「花蓮」是一個他稱而不是自稱，並非是在地人的自我認知，而是由外來者
的發現與命名，故《花蓮縣志》對花蓮歷史具有「寫定」的意義，在此之前
的歷史並不存在。邱貴芬說：「『無史』、『歷史消跡』是所有被殖民社會的共
同經驗」，「『發現』只是個藉論述行爲產生於文字的動作」，她以美國爲例，
所謂「新」大陸早已存在，有生長、活動於其土地上的人民與自己的歷史文
化，但是當哥倫布宣佈「發現新大陸」的這個歷史時刻裡，「新」大陸頓時被
化爲一張白紙，它原有的歷史、文化從此消跡〔註 32〕。同理，花蓮不是「無
史」，而是被「歷史消跡」，《花蓮縣志》認爲花蓮的原住民阿美、泰雅、布農
諸族：「既無文字以紀政令，無城廓市廛以備守禦通功易，故其治亂興衰，不
可得而知矣。〔註 33〕」又云：「若洪荒則山胞所居，道聽塗說，莫知所從，姑
擇其淳雅近理情者彙集之，以存其概〔註 34〕」，如此說法與連橫喟嘆「台灣固
無史也」的道理相同，歷史是以文字爲本位，也就是說沒有被文字記載的就
不是歷史，而原住民沒有文字，更方便於「歷史消跡」。因此原住民的口傳歷
史在駱香林看來是「道聽塗說」，只能採集其「近理情者」，所謂的「合理」
當然是以漢人的邏輯作判斷，故花蓮的歷史以沈葆楨的奏疏爲起點，即納入
治理的那一刻起，彷彿後山花蓮這時才從海中或中央山脈的雲霧中浮現出

〔註31〕 清代稱東台爲「山後」或「後山」，所謂「後山」的定義有二：一是廣義的，
　　　　 泛稱所有中央山脈以東地區，藍鼎元《平台紀略》云：「台灣山後，蛤仔難、
　　　　 崇爻、卑南覓等社……。」（台北：台灣銀行，1958 年），頁 30；蛤仔難指宜
　　　　 蘭，崇爻指花蓮，卑南覓指台東，故中央山脈以東均是廣義的後山所指的範
　　　　 圍；二是狹義的，專指蛤仔難以南地區，夏獻綸《台灣輿圖》云：「後山自蘇
　　　　 澳以南至得其黎，……歷花蓮港、吳全城、大巴籠、周塱社而至水尾得所謂
　　　　 秀姑巒者，……由水尾東至沿海大港，西至璞石閣而歷平埔大庄、石牌以達
　　　　 卑南，……此則後山大略情形也。」（台北：台灣銀行，1959 年，頁 75），則
　　　　 是以蘇澳爲起點；但也有說從蘇澳到恆春者，〈吳贊誠使閩奏稿〉：「台灣後山
　　　　 南起恆春八瑤灣，北至蘇澳。」收在《吳光祿使閩奏稿選錄》（台北：台灣銀
　　　　 行，1966 年，頁 25），此說想是受牡丹社事件之影響，將當時未納入的化外
　　　　 之地均視爲「後山」，但是這一說法較少見。參考孟祥翰〈清代台灣東部之拓
　　　　 墾與發展〉，《興大歷史學報》創刊號（1991 年 2 月），頁 134。
〔註32〕 邱貴芬《仲介台灣・女人》（台北：元尊，1997 年），頁 155。
〔註33〕 《花蓮縣志》卷二〈總記〉，頁 2。
〔註34〕 《花蓮縣志》卷二〈總記〉，頁 1。

來，其歷史才逐漸清晰、明朗可見，在此之前乃屬於「洪荒時期」。

二、花蓮前史的想像

在花蓮尚未被命名、指認之前（花蓮前史），後山是一個可供想像的地方，歐洲人傳說中的金河、黃金島即指此〔註35〕，《花蓮縣志》卷一〈大事記〉的起點即始於 1622 年西班牙人至哆羅滿採砂金，〈總記〉則說「大抵花蓮知名於世界，實西曆 1590 年，西班牙採金哆囉滿，嘗為圖說以紀其事。〔註36〕」此說與〈大事記〉之紀年又不同，其實西班牙與荷蘭人都曾慕黃金島之名而來，並且付出慘痛的代價〔註37〕，結果始終成為泡影，據云鄭克塽亦曾派人前來探金〔註38〕，哆囉滿產金之說，漢人的文獻最早見於蔣毓英修的《台灣

〔註35〕 伊能嘉矩在《台灣文化志》中提到西元 1500 年代通過台灣海峽的葡萄牙人，將台灣東海岸北方的花蓮溪命名為 Rio-Duero，意即「金河」，見氏著前揭書，頁 277；中村孝志認為此說無據，另外提出英人 Willaim Adams 轉述西班牙人船說東方海上有仙島、金銀島之說，據云他們已知台灣就是傳說中的仙島，並且把日本假定為傳說中的銀島，把接近日本的大小琉球假定為金島，中村孝志認為到了十七世紀，人們已經很清楚大琉球（即琉球）並不產金，所以只有小琉球（台灣）才是傳聞中的金島。參考中村孝志〈十七世紀荷蘭人在台灣的探金事業〉，吳密察，翁佳音譯《荷蘭時代台灣史研究（上卷）：概說・產業》（台北縣：稻香，1997 年），頁 172～173。

〔註36〕 《花蓮縣志》卷二〈總記〉，頁 4。

〔註37〕 荷蘭人在台灣的探金活動始於 1636 年，直至 1661 年被鄭成功逐出台灣，不但耗費大量經費與人力，而且有人員的傷亡，收穫卻不成比例，西班牙人同樣努力不懈地探索黃金的所在，直至被荷蘭人打敗，逐出台灣北部的根據地為止。荷蘭人與西班牙人的探金活動可參看中村孝志〈十七世紀荷蘭人在台灣的探金事業〉、〈荷蘭人的台灣探金事業再論〉、〈荷蘭時代的探金事業論─特別關於哆囉滿〉，見氏著前揭書。

〔註38〕 黃叔璥《臺海使槎錄・番俗六考・北路諸羅番十》：「偽鄭時，上淡水通事李滄願取金自效，希受一職。偽監紀陳福偕行到淡水，率宣毅鎮兵並附近土著，未至卑南覓社，土番伏莽以待曰：『吾儕以此為活，唐人來取，必決死戰！』福不敢進；回至半途，遇彼地土番泛舟別販，福率兵攻之，獲金二百餘，並繫其魁令引路，刀鋸臨之，終不從。按出金乃台灣山後，其地土番皆傀儡種類，未入聲教，人跡稀到。自上淡水乘蟒甲從西徂東，返而自北而南，溯溪而進，帀月方到。其出金之水流，從山後之東海，與此溪無與。其地山枯水冷，巉巖峻峭，洩水下溪，直至返流之處，住有金沙。土番善泅者，從水底取之，如小豆粒巨細；藏之竹籠，或秘之瓴甋，間出交易。彼地人雖能到，不服水土，生還者無幾。（海上事略）」見氏著，《台海使槎錄》（台北：台灣銀行，1957 年），頁 139～140。

府志》〔註39〕，不同的是漢人對於探金似乎不是那麼熱衷，甚至成為災異的指標〔註40〕，以致「哆囉滿」究竟在何處竟至成謎。《花蓮縣志・疆域・新舊地名考》云：

> 花蓮著聞於世最先名稱為哆囉滿，明弘治年間（原注：西曆一千五百年間）葡萄牙人航海經台灣海峽，繞至東台海岸，發現砂金乃用其本國產金河流之義名其地曰「利澳特愛魯」（Rio Dne ro），……泰雅族稱今新城一帶聚落為『太魯宛』，漢人譯作『哆囉滿』，其地以產金著名，葡萄牙人稱金河者，殆指得其黎溪而言，西班牙所謂 Turmoan 則從國語譯音也。又花蓮溪口一帶海岸，亦產多量砂金，日據時期，指吉安田圍地帶為砂金礦區，然則葡萄牙人所指金河，究為得其黎溪，抑為花蓮溪，尚難臆斷，姑並誌之。〔註41〕

傳說中的產金之地「哆囉滿」究竟在何方〔註42〕？是花蓮溪還是得其黎溪？撰志者謂「尚難臆斷，姑並誌之」〔註43〕。從這個「哆囉滿」（金河）的

〔註39〕 蔣毓英《台灣府志》卷二〈敘山〉「諸羅縣山」條云：「南即哆囉滿社出金者。」（南投：台灣省文獻委員會，1993年），頁19。

〔註40〕 《台灣志略》：「陳小崖《外紀》：『康熙壬戌間，鄭氏遣偽官陳廷輝往其地采金，老番云：「采金必有大故。」詰之，曰：「初，日本居臺來采金，紅毛奪之；紅毛來取金，鄭氏奪之，今又來取，豈遂晏然無事？」明年癸亥，我師果克台灣。』」尹士俍著，李祖基點校《台灣志略》（北京：九州，2003年），頁101。

〔註41〕 《花蓮縣志》卷二〈疆域〉，頁20。

〔註42〕 依中村孝志的考據：居住在花蓮港之北得其黎溪上游的 Atayal 族，稱下游一帶的地方即今新城部落的邊境為「Tarowan」（意即祖先之地、久居之地），這一帶地方大概就有了「哆囉滿」之稱。《台海使槎錄》說：「後山倒咯滿南有金沙溪，金沙從內山流出」，若此金沙溪就是得其黎溪，那麼哆囉滿一定是在得其黎之北。福留喜之助根據實地勘查，推定它大概就是大濁水溪（立霧溪）右岸的「古柯脫」（Gukutsu），馬淵東一與移川子之藏的考據與福留相近，因此哆囉滿的位置應在得其黎溪之北與大濁水溪之南一帶，見氏著〈十七世紀荷蘭人在台灣的探金事業〉，前揭書頁195～196；不過中村又補充鈴木喜義從出土的陶器、青磁器、金環、金線考證，主張哆囉滿是立霧溪口左岸沿蘇花公路一帶，因此中村氏又改稱哆囉滿是魯雞恩社（崇德）附近。見氏著《荷蘭時代台灣史研究（上卷）：概說・產業》，頁237。

〔註43〕 《花蓮縣志》卷二〈總記〉：「清初陳少崖《外記》《台灣志略》，《台灣外紀》所述哆囉滿產金之事頗多，然無一能知其源，每大雨崩山，金輒碎為細砂，沉澱溪谷，平時淘洗者，得不償勞，故時作時息。」其下雙行夾注曰：「哆囉滿即今新城，泰雅呼為大魯宛，泰雅諸社數出擾，漢人禦堡壘為防，羅大春開北路亦駐軍是處，故遂改呼新城。」頁4。

紀錄，可以發現歷史的「銘刻」與「再現」，都是論者以自己的意識來論述。不論中外，對於這個空白無主之地的想像力集中在「財富」，這才是最真實的，「黃金」成為一個想像的象徵，當這個真相得到實證之後——金砂量太少，採金人散去——它繼續被雲霧繚繞，回歸到空白無知的狀態。

在真正接觸後山之前，漢人對花蓮的想像分兩種，一是盜賊與凶番匯聚的危險所在，所以將它醜化、污名化；另一種是物產豐饒的桃花源，所以將它美化。前者如藍鼎元的《東征集‧檄查大湖崇爻山後餘孽》：

> 山後地方，有崇爻、卑南覓等社，東跨汪洋大海，高峰插天，巖險林茂，溪谷重疊，道路弗通；苟有賊黨嘯聚，往來番黎無不知之。
> 〔註44〕

前期採取禁山的政策，是因為造反者與盜匪在追補之下遁入後山，與凶番結合而擾亂前山治安，因此清廷採取禁山政策，杜絕漢人進入後山，避免賊黨得到補給。如此的做法只是說明當時的公權力無法及於此，在陌生與恐懼之下所產生的想像，後者如郁永河《裨海紀遊》所記：

> 客冬有趨利賴科者，欲通山東土番，與七人為侶，晝伏夜行，從野番中越度萬山，竟達東面，東番導遊各社，禾黍芃芃，比戶殷富，謂苦野番閒隔，不得與山西通，欲約西番夾擊之」。又曰：「寄語長官，若能以兵相助，則山東萬人鑿山通道，東西一家，共輸貢賦，為天朝民矣。又以小舟從極南沙馬磯海道送之歸。七人所得餽遺甚厚，謂番俗與山西大略相似，獨平地至海，較西為廣；使當事者能持其議，與東番約期夾擊，剿撫並施，烈澤焚山，夷其險阻，則數年之後，未必不變荊棘為坦途，而化猱狐猓狓為良民也。〔註45〕

郁永河此說的虛妄性一望即知，不但是漢族中心的觀點，且有〈桃花源記〉的影響甚明，馮秉正來台測繪地圖時記下了這個傳聞的另一個版本：漢人為了搜尋金礦，設法搭船到東部，受到當地居民招待，八天之中努力的搜尋均一無所獲，卻意外發現當地人的屋子中藏有金塊，漢人便計謀奪金，趁著離去時的宴飲，將當地人灌醉，殺人奪金後掛帆而去，此一暴行傳遍東部，

〔註44〕藍鼎元《東征集》（台北：台灣銀行，台灣文獻叢刊第 12 種，1958 年），頁 21。

〔註45〕郁永河《裨海紀遊》（臺北：台灣銀行，台灣文獻叢刊第 44 種，1959 年），頁 33。

於是東部原住民便實施報復行為，凡遇漢人不論男女老幼一概殺死〔註46〕。兩種版本孰是孰非無法考知，鄧傳安《蠡測彙鈔‧台灣番社紀略》對於賴科的事蹟也表示懷疑：「考賴科之名，亦見於《東征集》，是大雞籠通事，曾招崇爻八社嚮化者。所謂野番，似指淡水山後；未知所稱土番，即是崇爻抑尚在崇爻以北？姑存之以備一說。〔註47〕」《花蓮縣志》則給予此事一個合理化的說法：

> 康熙三十二年，估客陳文、林侃爲風漂於崇爻，崇爻即今木瓜溪流域，泰雅族木瓜蕃諸社在焉，陳、林通其語言，故得安其身。繼而陳、林與通事賴科、潘冬，招其八社歸清，是爲漢人來花之始。〔註48〕

此說以遇風一事爲開端大大合理化此事件的可能性，在牡丹社事件之前，類似的漂流事件時有所聞，但是過於簡化過程，遺漏了許多的細節，亦排除了馮秉正的紀錄，實爲可疑。在美化版的紀錄中，東部彷如一片處女地，等待漢人的開發，對於漢人的來臨歡迎以對，與歷史經驗不符（從羅妹號事件與牡丹社事件可推知當時原住民對於外來者的態度），事實顯然並非如此，因此在某些文獻上東部又被描繪爲盜匪匯集的兇險之地，東部的原住民也成爲窮凶極惡之人，而攻擊這些凶番又顯得理所當然。

三、從洪荒到開闢

《花蓮縣志》歷數花蓮原住民族的來歷：

> 阿美系出馬來亞，相傳唐貞觀中，馬來亞火山爆發，廬舍盡燉，有女曰阿吧士瑪支拉與其弟同坐小臼浮於海（原注：臼，樟木所製，長約一公尺餘寬約半公尺，今存台灣大學），隨浪浮沉，不知歷多少時程，幸不死著于陸，蓋大港口也，因居之遂爲夫婦育子女焉。其後子孫漸眾，乃徒居奇美，歲久人多，則分之他處，今大港口、烏鴉立、巫老僧、巫漏、謝武得、掃叭頂、加蚋蚋諸社，皆其人云。花蓮近郊有薄薄、荳蘭二社，自言即阿吧士子孫，徒是處數百年，往歲日本人剷平花崗山，得石器，考古者斷爲七百年前物，是其時

〔註46〕方豪〈康熙五十三年測繪台灣地圖考〉，同前揭書，頁44～45。
〔註47〕鄧傳安《蠡測彙鈔》（台北：台灣銀行，台灣文獻叢刊第9種，1958年），頁3。
〔註48〕《花蓮縣志》卷二〈總記〉，頁4。

二社已先在。而薄薄之鄰有里漏，薄薄之言曰，里漏來自台東里壟（原注：今關山）亦阿美也，後薄薄二百餘歲，當時來花，所乘船猶存焉，壞則修之，已修數次矣，每歲集社中十五歲以上青年，掉是舟於海，歸而祭之，示不忘其先也。……

泰雅或呼太么，譯音之異也，實只一族，其先不知所自出，……或曰泰雅明末自南投東遷，分往花蓮境內……。

布農亦自南投來花，有三系，……。

馬卡到平埔族，初居台南，荷蘭據台，乃退出台南，鄭成功時，又退處下淡水溪，乾隆間舉其族三十餘家，遷台東，……光緒七年，山洪陡發，田宅淪沒，乃散居璞石閣、觀音山、麻汝、迺佳等地，孳生不息，至今猶盛。宜蘭亦有平埔族，宜蘭之設廳，其族悉退處中央山麓，泰雅不能容，群起逐之，乃分乘竹筏或船，南下至花蓮鯉浪港，建社以居，光緒四年與竹篙宛社抗清，為中路統領吳光亮削平，其族四散，或遷光復，或徙瑞穗，而沿海之加路蘭、新社、姑律、石梯等處，多其人云。諸族到花先後，殊不可考……。〔註49〕

纂志者歷數上述諸族的來歷，此舉無疑是為了證明花蓮是無主之地，所謂的原住民與漢人皆為外來者，只是來到花蓮的時間先後不同而已。李亨、莊找、吳全、黃阿鳳、林蒼安等人前仆後繼，進入花蓮開墾，此時尚屬清廷禁山時期，既無國家（軍隊）為後盾，遭遇當地原住民的強烈抵抗，先後以失敗告終，因此其歷史的流傳與原住民的歷史一樣屬於口語傳布，故同歸入洪荒時期。

所謂洪荒，意指其蒙昧不明的狀態，花蓮的歷史到了沈葆楨「開山撫番」之後，有了文字書寫的紀錄，歷史才清晰起來。「開山撫番」意謂著國家體制的介入，不同於早期私人集團零星的開墾，國家體制的介入代表著軍事力量的強制性干預，以及帶有絕對權威性的國家制度，例如設置行政機構——卑南廳，由設於卑南的撫墾局主導計畫性的開墾，招徠內地流民，給予牛隻與土地，並以軍隊為後衛，從此花蓮進入了「筆路時期」。漢人分北、中、南三路，在軍隊的保護下進入花蓮從事開發，原住民成為擾亂開發的「他者」，新城、大港口、加禮宛等戰役，所謂的「叛服」均是以漢人的觀點而

〔註49〕《花蓮縣志》卷二〈總記〉，頁2～3。

言，至於「叛亂」的原因從來不需言明，甚至事件的結果與對當地居民的影響，以及在鎮壓過程的欺瞞狡詐等手段的運用，在《花蓮縣志》中更不見相關敘述。在開發史觀之下，《花蓮縣志》所強調的是「開」、「撫」的政策與作爲──「叛」者「鎮」、「服」者「撫」──同時以教育加以同化之，特別是針對「番童」設置的「義塾」，《花蓮縣志》記載：「自璞石閣至花蓮，共設義塾二十有六處，皆以是訓蕃童，數歲後通事張芳茂率其優等生十餘人，觀光台灣府，示以文物，終因以蒙師督責嚴，停學者過半焉。〔註50〕」雖然番童教育的漢化／同化政策最後以失敗告終，但其本質與與日治時期的廣設蕃童教育所、蕃人公學校的殖民地同化教育亦無不同，就是希望透過教化而馴化這些化外之民。

清廷對花蓮的開發實是形勢所迫，因爲牡丹社事件，台灣問題國際化之後，後山成爲洞開的門戶（指面對日本），沈葆楨曰：「近者芟夷修闢，雖日起有功；若欲盡番壤而郡邑之，取番眾而衣冠之，必非一朝一夕所能致。倭事雖已順平，而各路之師至今不可撤。〔註51〕」「……經營後山者，爲防患計，非爲興利計。爲興利計，則儘可緩圖；爲防患，必難中止。……後山一去，前（山）亦不可復守。〔註52〕」羅大春也觀察到：「論後山之兵勇此時可增而不可減；否則，有土地而無人民，則其地終非吾有。〔註53〕」在這些政治考量之下，乃決定經營東台灣：「至是清人慮山胞肇釁，列強藉口，乃決計設治東台〔註54〕」。清廷改變禁山政策而轉向開發，可以說是在大戰略思維底下展開，這種思維與清初擊敗鄭氏政權之後對於台灣「棄留論」的爭議是一樣的，台灣對清帝國而言是邊陲之地，微不足道，同理，花蓮後山更是邊陲中的邊陲，對帝國利益更是微乎其微，因此在「篳路時期」纂志者花費大量的篇幅詳述沈葆楨、劉璈與劉銘傳等人對台灣戰略位置重要性的分析及其革新的作爲，並稱頌劉銘傳：「……諸方建設，大爲革新，蓋以先覺之明，闢文明之徑，終劉之任，雖僅六年，而勵行政令，嚴武備，廣交通，增殖產，敷文教，裕

〔註50〕《花蓮縣志》卷二〈總記〉，頁 6。
〔註51〕羅大春《台灣海防並開山日記》（台北：台灣銀行，台灣文獻叢刊第 308 種，1972 年），頁 59。
〔註52〕羅大春《台灣海防並開山日記》，頁 60。
〔註53〕羅大春《台灣海防並開山日記》，頁 62。
〔註54〕《花蓮縣志》卷二〈總記〉，頁 5。

財源，體民情，豐功偉績，鄭成功而後一人而已。〔註55〕」至於劉銘傳的改革無以爲繼的原因，略無描述，花蓮僅是附屬於此變革下的一小部分，因此「篳路時期」所描述的花蓮幾乎都是原住民對開發的頑抗，即使到了清末割讓台灣之際，「叛亂」仍不曾停止〔註56〕，而胡傳（鐵花）竟說後山「精華已竭，無復膏腴可闢，臺東州直當以甌脫棄之〔註57〕」，此正可以說明爲何清廷的殖民開發以失敗告終，乃因其係傳統帝國，與現代帝國主義憑藉著進步的科技以掠奪土地資源不同，抱持可有可無的羈縻態度，並非眞心要開發後山，所謂「精華已竭，無復膏腴可闢」不過是對此不屑一顧的矯飾之詞。因此之故，纂志者不得不承認日本的殖民開發成功：「初日人之據台灣，即以爲殖民地，故遂闢榛莽，堙山浚谷。以通舟車，決河導流，以開田畝，趣建設，懋化遷，擅利山海，而飛潛動植出焉。〔註58〕」

雖然纂志者以民族主義的意識形態而貶低日本的殖民成就：「承平既久，耳目之慾漸縱，庶事繁興，侈於費矣。花蓮僻處東台，拮据四十餘年，傑閣層樓，喧然名都，及戰事一起，配給制旋施。民用滋困矣。〔註59〕」從這段敘述可知日本殖民時期，在現代化的「開發」之下，花蓮人口快速增加，一度富庶繁榮，豈是胡傳口中「精華已竭，無復膏腴可闢」之地？但對於原住民的壓迫則較清治時期有過之，太魯閣之役、七腳川事件等，原住民被殲滅，被迫遷村，都是殖民者爲了消滅開發的阻力，與清治時期雷同，而纂志者的觀點，稱清治時期原住民阻礙開發爲「叛亂」，到日治時期則對原住民的抗爭抱持同情，讚許其爲「抗日」。清帝國與日本帝國殖民花蓮的過程並無二致，在此過程中的阻抗，如清帝國統治下的「大港口事件」、「加禮宛之役」，與日本帝國統治的「威里事件」、「七腳川事件」、「太魯閣之役」，性質是一樣的，都是針對被殖民者的鎮壓，但兩者在縣志中的敘述觀點與敘事策略顯然有極大的差異，前者略而後者詳，並且前者有美化清帝國殖民者而醜化被殖民者

〔註55〕《花蓮縣志》卷二〈總記〉，頁8。

〔註56〕光緒二十一年正月，觀音山平埔族反，二月再反，此時距三月的清日議和與割讓台灣僅一個月，因此可以說清帝國從決定開發後山到其勢力退出，後山原住民的抵抗不曾停止。

〔註57〕據蔣師轍轉述，見蔣氏著《臺游日記》（台北：台灣銀行，台灣文獻叢刊第6種，1957年），頁58。

〔註58〕《花蓮縣志》卷二〈總記〉，頁22。

〔註59〕《花蓮縣志》卷二〈總記〉，頁23。

的現象，後者則反之。以漢族觀點建構的歷史事件如大港口事件〔註60〕，《花蓮縣志》的紀錄：

> （吳）光亮將開水尾大港口道，沿途阿美阻之，且殺通事林東涯糾眾反，光亮弟光忠與林福喜舉兵討之，地險不利，多潰走，光亮乃與孫開華、羅魄、林新吉等舉璞石閣營兵討之，阿美不支乞降。光亮謂汝等苟誠意投順，明春各以米一擔來營，以證無他，明年一月二十七日諸阿美負米至營，吳慮其叛服無常，命扣留一百六十人，遣歸者五人而已。〔註61〕

此事纂志者寫來平淡，殊不知所謂「扣留」其實是屠殺，大港口部落實際上等於是被滅村，其餘原住民被迫遠走他處，對原住民的歷史影響深遠。加禮宛之役也與此雷同〔註62〕，造成事件的原因都是通事被殺，至於為何本應擔負溝通重任的通事反而成為滋事的來源〔註63〕？在儒家為「賢者」諱的史觀之下，竟隻字未提，至於太魯閣之役中的通事李阿隆，則被塑造成抗日的民族英雄，符合內政部所指導方志須「以宏揚國家意識，發揚民族精神」為其內容要點，特別表彰具有革命、抗日之事功與事蹟的方向。仔細推敲以下這段文字可以發現，事實上李阿隆所扮演的角色，清治時期與日治時期並無差別：

〔註60〕 事件發生的原因是丁日昌於汕頭募得潮民 2000 餘人，其中 800 餘人安插於大港口、大庄、客人城、卑南等地，引發大港口奇密社的反抗。見《花蓮縣志》卷四，頁 13。

〔註61〕 《花蓮縣志》卷二〈總記〉，頁 6。

〔註62〕 加禮宛之役被屠殺者二百餘人，造成撒基拉雅族幾乎被滅族，為了避禍而遠逃他處，或是混居於阿美族部落，造成後代認同的混亂。事件在當時的紀錄參考吳贊誠〈官軍攻毀後山番社並搜除安撫情形摺〉，見氏著《吳光祿使閩奏搞選錄》（台北：台灣銀行，台灣文獻叢刊第 232 種，1966 年），頁 22。加禮宛事件的關鍵人物陳輝煌，在沈葆楨的奏摺稱為「軍功」（見沈葆楨《福建台灣奏摺》，頁 6），吳贊誠則稱之為「土棍」：「土棍陳輝煌指營撞騙，按田勒派，共詐番銀不少；該社被逼難堪，是以決計反撫……。」（同吳氏前揭書，頁 19），可見其身分之混清具有多重性。

〔註63〕 「通事」是清代的官職，雖然職位很低，但是權力很大，通常由通曉原住民語言的漢人擔任，主要從事傳達官方命令，收繳番餉，分配差役等工作，扮演官方與原住民之間的溝通媒介工作，由於通事熟知原住民的憨厚個性，太過熟悉原住民部落的狀況，遂有玩法弄權諸多弊端，郁永河已經指出這種狀況：「此輩皆內地犯法姦民，逃死匿身於辟遠無人之地，謀充夥長通事，為日既久，熟識番情，復解番語，父死子繼，流毒無已。」《裨海紀遊》，頁 37。

新城、三棧、大魯閣諸社叛變，羅大春討之，社眾逃避山上，羅進
焚其居所，歸途經險隘，山上木石拋墜，羅兵多被傷，乃築營三棧
溪畔曰順安城，以為防禦，月餘諸社因李阿隆乞降，羅令獻其首惡
三人，縛送台北，亂平。〔註64〕

新城諸社「叛變」的原因是否與李阿隆有關，並無法究知，但其降則因
李阿隆的勸說。日治時期的新城事件，李阿隆對於日本殖民還在摸索階段，
起初採不合作的態度，新城事件發生後，在台東廳長相良既往不咎的承諾下，
及以太魯閣總通事職位的勸誘，李氏勸降太魯閣族人。但威里事件過後，「李
阿隆被日本人騙離新城，不知所終，或謂被害。〔註65〕」根據日治時期森丑
之助的說法則是，狡猾的李阿隆在威里事件後已經將自己的家產裝載到戎客
船，運送到宜蘭老家作為退路，又騙取原住民的信任，誤以為可以替他們向
日本官署交涉，爭取一條活路，李阿隆卻趁機向日本官署請願，希望可以長
期住在花蓮新港街，獲得許可後，於是趁夜將留在得其黎的家族帶出，直至
明治41（1908）年12月病逝於新港街家中〔註66〕。可見事情的原委是面對外
來的入侵者，李阿隆挾番以自重，利用雙方的緊張關係以獲取個人的最大利
益。李阿隆為了捍衛自己的權益而與入侵者周旋，但相同的歷史事實，纂志
者卻賦予不同的評價，則是因為主觀的族群意識形態而刻意予以或褒或貶的
評價。總之，本書的書寫形態大致如此，在國族史觀的影響下，《花蓮縣志》
的書寫被賦予建構歷史與再現花蓮的政治任務。

第三節　國族認同與地方史的建構

在英文中 nation 有民族之義，也有國家之義，所以中文有人將它翻譯為
「國族」，而 nation state 則是被翻譯為「民族國家」，不論是「民族國家」或
「國族」，都要經過一個民族整合（national integration）或國家建造（state
building）的過程。這個過程可分為由上而下整合或由下而上建造，前者指由
政府或國家有計畫的推動，使政治地圖與文化地圖合而為一，通常稱為「民
族同化」；後者則是一國人民開始意識到自己與統治者在民族或種族上的異質

〔註64〕《花蓮縣志》卷二〈總記〉，頁6。
〔註65〕《花蓮縣志》卷二〈總記〉，頁13。
〔註66〕森丑之助著，楊南郡譯注《生蕃行腳：森丑之助的台灣探險》（台北市：遠流，
　　　　2000年），頁443～445。

性，從而以政治的方式或以革命方式對統治政權進行反抗，最終建立民族自治政府。國民政府自戰後接收台灣起，就是以前者的手段欲將台灣整合進中國而成為一個民族國家，尤其 1949 年以後，行動更為積極，希望透過這個整合而使自己成為具有合法性與正當性的政權代表。在這個整合的過程，除了高度標準化的統一的語言之外，歷史、文化、風俗、歌謠、服飾等都必須加以齊一化、普遍化，而不容許差異性存在，這是民族建造共同的集體（虛擬）記憶所必經的過程。所以當時的女性代表服裝是旗袍，男性卻是唐裝或是中山裝，集體記憶的歷史當然也是自五千年前的夏、商、周開始，比較近的集體記憶則是抗日戰爭，所以常有一起唱的是「松花江上」或是「梅花」之類的愛國歌曲，在此前提之下，當然不容許日本歌的傳唱或是日本統治時期的相關記憶。

地方志是地方歷史與地方性人文風情的記錄，強調的應該是差異性，可是在上述國族認同建構的任務之下，地方志的書寫乃將台灣史化為中國一個地方史的見證，更重要的是在書寫的規範所建立的系統化架構，以及透過資料的棄取與解釋，達到馴化新版圖與消弭文化差異的目的。例如二二八事件，在《花蓮縣志》卷一〈大事記〉民國三十六年「本縣記事」僅有五條：

> 「三月五日三民主義青年團花蓮分團為台北二二八事件，召開幹部會議，發動市民大會。」
> 「四月一日整編第二十一師獨立團開抵花蓮，成立台灣東部綏靖司令部，團長何軍章兼任司令。」
> 「四月八日開花蓮縣綏靖會議。」
> 「四月九日開始逮捕響應二二八事件暴徒。」
> 「五月九日二二八事件暴徒情節輕微者一律開釋。」〔註67〕

至於相關事件的「本省記事」則只有兩條：

> 「二月二十八日台北因查緝私煙，擊斃市民發生騷動，是為二二八事件。」
> 「三月十二日二二八事件各地騷動平息。」〔註68〕

姑且不論該記述的正確性，事實上原本的方志斷代斷在民國三十五年，

〔註67〕《花蓮縣志》卷一〈大事記〉，頁 94～95。
〔註68〕《花蓮縣志》卷一〈大事記〉，頁 93。

就是為了避開這一段尷尬的歷史，後來又因為該斷代只能記錄「光復」後一年之事，無法凸顯國民黨政府的「政績」，內政部的審查意見又將斷代時間延後，所以對於二二八事件都只是輕描淡寫，避免造成共同記憶的反效果，在〈總記〉中稱：「二月二十八日，台北莠民煽惑，波及全台，花之父老，防患未然，力為阻遏，事平，廿一師獨立團奉命來花，團長何軍章率之，據報盡拘訊諸處理委員，知非其罪，請於上而原之。〔註69〕」以上所述與今日所知的落差非常大，而且刻意放大軍方的寬容處理以弭平民眾對事件的不滿。

由於花蓮在清治時期納入版圖的時間極短，而且向未取得統治的正當性，在歷史上盡是「叛服未定」的歷史記憶，為了取得統治的正當性，在縱向的聯繫（時間）上連結地方與中央，《花蓮縣志》的書寫策略就是在時間軸上盡量向上（向前）延伸，以便與中國的符號緊密的連接，例如卷八〈官制〉追溯中國的官制起自伏羲、皇帝之世，又說：

> 台灣省之先住民族，或居平野，或居山地，部落散漫，各舉酋長聽命之，初無官制可言。隋開皇中，曾遣虎賁陳稜略澎湖，設巡檢司，未久即去。〔註70〕

又卷九〈戶口〉云：

> 鳩民以益其眾，教民以致其用，乃振古為政之要。吾國自黃帝作舟車以濟不通，分星次以定疆界，於是從而建萬國，制九州，民眾之數，始有所稽考焉。〔註71〕

又卷十一〈教育〉：

> 繄我華夏，開化居民，溯自伏羲垂今，已六千四百餘載。……唐虞百僚有教官，夏曰校，殷曰序，皆鄉學之名也，鄉校曰公堂，國學則曰學……。〔註72〕

又卷十二〈司法〉：

> 今述司法，先溯本探源，以明有自來也。我國立法肇始，遠在六千年前，伏羲作八卦，以推萬物之情，結繩記事，以代書契之用，……皆所體察天地自然之奧蘊，神而明之為法，應用於人類社會，實為

〔註69〕《花蓮縣志》卷二〈總記〉，頁27。
〔註70〕《花蓮縣志》卷八〈官制〉，頁4。
〔註71〕《花蓮縣志》卷九〈戶口〉，頁1。
〔註72〕《花蓮縣志》卷十一〈教育〉，頁1。

我國文化先河。〔註73〕

又卷十二〈警察〉：

《周禮》，地方有司虣、司稽，執盜賊，禁暴亂，即今警察之濫觴也。

〔註74〕

又卷五〈民族〉：

台灣之民族源流，歷稽史乘，端倪略見。三國時吳黃龍二年，孫權
使魏溫諸葛直以甲士萬餘航海求夷州及亶州（即今台灣及海南島），
亶州絕風波不得至，獲夷人數千還。……清代以前，漢人之至者雖
不絕，然入墾久居，則以萬曆年間，顏思齊據台灣為始。《台灣通志
稿・大事記》云：「天啟四年，顏思齊橫行閩海，聲勢浩大，據有斯
土，始稱台灣。」〔註75〕

上述的歷史敘事公式是先上溯中國歷史，再溯與台灣接觸的歷史，或從
明鄭始，或溯至隋唐，甚至遠溯至黃帝時代，這是從縱的時間軸產生共同的
起源想像，然後再從橫的地方軸，產生與人民／種族的接觸，則強調李亨、
莊找的開墾，以及清光緒的開山撫番設治，在〈總記〉、〈選舉〉、〈土地〉、〈交
通〉等志中反覆提及，如卷十〈土地〉：

台灣東部，地僻阻塞，疇昔視為荒徼化外，雖有漢人來墾，如清嘉
慶十七年，李亨莊找以貨物折價，從奇萊五社通事購墾北起荳蘭南
迄荖溪之地，道光五年，吳全、蔡伯玉，募佃墾志學，咸豐元年，
黃阿鳳募佃墾十六股，三年，沈私有、陳唐、羅江利，至璞石閣墾
荒，光緒元年，林蒼安重墾十六股，先後踵至，各有辛勤，然成效
未彰，政令未逮。光緒元年，兵工開路既通，設招撫局（光緒十二
年改為撫墾局）於卑南，招民墾荒，官給經費，……〔註76〕。

從以上的敘述可知，花蓮的開發甚晚，前幾次民間發起的入墾終歸失敗，
最後官方的開墾模式與日治時期相同，結果也一樣以失敗告終，究竟原因為
何，始終不見檢討，但是這些記載，可以證明清帝國與花蓮的接觸比日本為
先，可以強化它的統治正當性。

〔註73〕《花蓮縣志》卷十二〈司法〉，頁1。
〔註74〕《花蓮縣志》卷十二〈警察〉，頁62。
〔註75〕《花蓮縣志》卷五〈民族〉，頁1～2。
〔註76〕《花蓮縣志》卷十〈土地〉，頁4～5。

　　至於觸及文化、禮俗的差異，或者收編爲共同的符號，或者貶抑其差異，例如地方名勝中的「荳蘭社樹」，根據《花蓮縣志》卷二十一〈名勝古蹟〉所述，這裡所謂的「社樹」是阿美族馘首之後處理人頭的地方，通常是將人頭懸在樹上，待其腐爛之後將人頭擺置在「首棚」架上〔註77〕，故平時此處乃爲禁忌之地，一般原住民平時不敢輕易進入此地。日治時期爲了禁止「獵首」的習俗，把這些首級合葬，並將此地設爲神社，由此可知此地之所以成爲原住民的「社壇」之類的地方，其實是日本人的影響，但是駱香林〈薄薄社樹〉一詩卻說：

　　　　殷周柏栗祀勾龍，京觀重封事卻同。回首社壇多少樹，苔枝戞玉倚

　　　　秋風。〔註78〕

　　這一首詩將薄薄社的一棵大樹稱之爲社樹，原住民並無社壇、社樹觀念，但是作者以主觀的認知來稱呼它，爲它命名，再以之與中原文化的類似現象加以類比並列，以達到收編爲「中原遺風」的目的〔註79〕。同樣的，台灣的原住民來歷不一，駱香林亦知之甚明，卷六〈禮俗〉言：

　　　　花蓮昔爲山胞先住，其族不一，其俗略同，後來客民皆漢人，初多

　　　　移自閩粵，衣飾、飲食、居住、歲時、冠禮、婚禮、喪禮、祭祀、

　　　　宗教信仰，以逮通俗事類，悉沿祖籍貫舊，而小異其趣，台灣各新

　　　　舊地方志已詳，不須贅，故專採山胞禮俗記之。〔註80〕

　　其實花蓮地區閩、客的邊際性格，與台灣西部或中國閩、客文化未必雷同，更何況原住民的不同族群，文化差異更大，在漢人看來卻是大同小異而以一族加以概括。《花蓮縣志》的禮俗書寫頗詳實，有人類學田野調查的基礎，或許是受日治時期的人類學採集風氣影響，或借用其資料，但是很可惜僅限於書寫阿美一族，原因並不是田調人才不足，而是以阿美族爲代表而概其餘：

　　　　其間阿美族發祥於斯，繁衍亦最盛，紀其部落期之習俗，以存傳統

　　　　陳跡，山胞悉遷平地後，政教有歸，除舊式服裝仍於祭典舞會沿用

　　　　外，其他風尚，丕變維新，殆由質而文，與世界任何民族之遞嬗進

〔註77〕　《花蓮縣志》卷二十一〈名勝古蹟〉，頁66。
〔註78〕　〈秋日郊外與管吳二子同遊〉，《駱香林全集》，頁174。
〔註79〕　這裡的社樹是日本受中國文化影響而與中國合力塑造的文化地景，這種現象
　　　　　在戰後台灣其實頗爲普遍，最有名得例子就是「吳鳳神話」中吳鳳的形象，
　　　　　經過日本人的塑造，國民政府接力宣傳，成爲台灣人普遍的歷史記憶。
〔註80〕　《花蓮縣志》卷六〈禮俗〉，頁1。

化無殊，阿美布農泰雅三族舊俗，大同小異，爰舉阿美族以概其餘。

〔註81〕

　　事實上阿美族與其他兩族的來歷與禮俗等文化，差異甚大，很難說是「大同小異」而以一以概其餘。在民族國家建構過程的文化論述就是藉由選擇性的記憶與風俗習慣的普遍化，進行抹消「自我」，也就是泯除異己以達到權威主體的文化霸權，進而創造出各族的共同體想像，而這個共同體通常是以優勢主體為代表，這就是儒家的「用夏變夷」的文化至上論的民族觀，纂志者明白的指出這個觀點：

> 上古交通閉塞，蠻夷戎狄，各自成邦，固以語言血統宗教習俗相同
> 使然。近世國家幅員愈廣，包括種族愈夥，凡倫理文化不殊，共隸
> 同一政治區域者，統稱之曰某一民族，而一國之有數種族，亦勢所
> 必至。考諸近史，既信有徵，推之吾國三代以來儒家學說，其夷
> 夏之分，亦多重視文化倫理，而未盡以族性血統為判者焉。〔註82〕

　　中國古代的民族主義是以文化為內核，或者可稱為文化主義或文化至上論，如果文化是中國作為一個政治共同體的統合原則，它同時也成為這個共同體內最根本的分類標準：依文化的近似程度，以天子（聖王）為文化與政治權威的核心表徵，天子周圍則以具有優越道德學養的文人官僚菁英為內層，不識字但是遵循儒家倫理道德為本之文化傳統的漢人，則是環繞於朝廷之外為第二層，繼之以歸化的異族（熟番）為第三層，最後則是以難以教化的外族暫時羈縻為第四層，形成一個有中心邊陲差序的同心圓。現代民族主義採「排除」原則，對外凸顯與非我族類者的差異，對內則消滅異己認同，強制同化，地方志的目的之一就是強制同化，難以容許多元文化的存在，這是民族主義以單一民族文化為尚必然產生的文化霸權。

第四節　小結

　　以歷史建構共同記憶是國族建構的必要手段，歷史並非過去所發生的事實，而是過去發生事實的紀錄為史家所擷取乃構成歷史事實。所以國族的歷史建構是建立在有意識的擇取歷史材料，進而虛構出集體的記憶，獲取民族

〔註81〕《花蓮縣志》卷六〈禮俗〉，頁1。
〔註82〕《花蓮縣志》卷五〈民族〉，頁1。

的認同從而建立民族國家。地方志是地方的歷史，所以是中國大一統歷史的部分構件，由於清朝是以外族統治中國，更需要在歷史建構上著力，故地方志發展達於鼎盛，從這裡可以看出地方志與帝國統治的必然關係。日本統治台灣初期，仍然致力於地方志的書寫，其理由亦在此。同理，國民黨政府退據台灣即積極展開編志事業，理由也在此。

當然，國民黨政府對地方志編寫的理由，不只是對於新收入版圖的了解與宣示作用而已，而是在接收台灣不久發生的二二八事件導致台灣民眾對中國統治的疏離，以及後來國民黨政權在中國內戰中的失利，必須退據台灣，如何獲得台灣民眾的認同，則是必須考慮的。因此編寫《台灣省通志》與各縣市的地方志，可以籠絡各地方文化菁英，同時透過制度化的地方志書寫以建構統一的國族觀念，也是地方志編纂的一大收穫。

因為地方志編纂而編制的「花蓮縣文獻委員會」主任委員一職，雖然屢經改組，駱香林一直是不二人選，原因是駱香林的文化素養與道德形象在地方上頗具威望，在事變過後人心不安之際，為新政權背書的意義大於實質方志書寫的價值。事實上地方志之龐雜難以一人之力完成，但是在方志學者高志彬看來，《花蓮縣志》的體例與筆法之完整、前後一致，猶如一人修志，可見駱香林在此用力之深，因此將它視為駱香林的作品亦不為過，故從《花蓮縣志》中亦可分析出駱香林的歷史觀念在國族建構中所發揮的作用。

花蓮的族群駁雜，有阿美族、太魯閣族、布農族、撒基拉雅族、平埔族、閩南人、客家人、外省人……，來到花蓮的時間先後不一，如果從出土的考古文物來看，時間可以推到萬年以前，花蓮的歷史猶如台灣歷史的縮影。從縣志的編寫用意，首先是歷史的消跡，將花蓮視為一塊無主之地，將花蓮的原住民稱為「先住民」，不過是比漢人早一點來到這裡而已，而其歷史的起點就在於花蓮的被命名，名稱定了以後，在歷史上才有了座標。在此之前關於花蓮歷史的想像，在國外被想像為頗具吸引力的黃金之城或黃金島，吸引西班牙、荷蘭、日本人相繼來採金，在縣志中所占的篇幅卻相當小，在漢人的想像中，一為物產豐饒的土地，一為充滿盜賊與凶番之地，這兩種想像一直到現在仍盤據在某些人的腦海中，沒有太大的變化，可見歷史消跡與再發現的建構成功。花蓮的歷史直到漢人進入才真正展開，所以花蓮的歷史是以漢人開發的眼光來書寫，所謂「叛」、「服」都是以漢人為中心，至於相同的情況，在清治與日治時期則有不同的評價，顯現民族主義史觀所造成的偏差。

　　中國的民族主義以文化爲內核，所謂漢人乃是認同漢文化的一群人的自我感覺，以此爲基準衡量所有異族，因此各種不同種族的人都可以聲稱自己爲漢民族，這種文化主義的民族觀沒有明確的疆界，所以中國自古國家觀念淡薄，與現代民族國家必須有明確的疆界不同。中國文化民族主義與西方國族主義相同的是對於民族的認同感建構，是以文化認同爲基礎建構出來的，將不認同者予以排除或改造的文化霸權運作下，地方志的書寫恰可以爲認同的改造之工具，透過歷史重塑集體記憶。因此發展出一套書寫公式，縱的時間軸先從遠古的中國歷史溯源，橫的地理軸則從漢族的接觸開始，強調漢人在此地的活動，強調彼此之間的大同小異，擴大其相同的部份，例如原住民的社樹，透過編碼而與中國殷周社壇類比，與中國文化不同者則加以淡化。至於現代的歷史，如二二八事件，也是盡量加以淡化或凸顯其他事件，以改變歷史的記憶。

第七章　再中國化與族群文化的建構

第一節　從「采詩觀風」到「移風易俗」的儒家教化
觀點

　　班固《漢書·藝文志》說:「古有采詩之官,王者所以觀風俗,知得失,自考正也。〔註1〕」又〈食貨志上〉說:「男女有不得其所者,因相與歌詠,各言其傷。……孟春之月,群居者將散,行人振木鐸徇於路,以采詩,獻之大師,比其音律,以聞於天子,故曰王者不出牖戶而知天下。〔註2〕」所謂「采詩之官」或「行人」似乎是編制內的官員,若然,則「采詩」顯然已經制度化,但是,在此之前並無相關的文獻記載,只有「獻詩」之說,《國語·周語上》記載:「故天子聽政,使公卿至於列士獻詩,瞽獻曲,史獻書,師箴,瞍賦,矇誦,百工諫,庶人傳語,近臣盡規,親戚補察,瞽、史教誨,耆、艾修之,而後王斟酌焉。〔註3〕」《左傳·襄公十四年》也有類似的記載:「自王以下,各有父兄子弟以補察其政:史為書,瞽為詩,工誦箴諫,……百工獻藝。故《夏書》曰:『遒人以木鐸徇于路』。〔註4〕」由此可知,「采詩觀風」是一種理想化的「體察民意」,真正落實制度化的執行要到漢代,《漢書·藝文志》記載:「自孝武立樂府而采歌謠,於是有代、趙之謳,秦、楚之風,皆

〔註1〕　班固著,顏師古注《漢書》(北京:中華,2005年),頁1355。
〔註2〕　《漢書》,頁946～947。
〔註3〕　《國語》(台北縣:漢京,1983年),頁9～10。
〔註4〕　《左傳》(十三經注疏本),頁562～563。

感於哀樂，緣事而發，亦可以觀風俗，知薄厚云。〔註5〕」其理論基礎則是根據《詩經‧毛詩序》曰：「詩者，志之所之也，在心為志，發言為詩，情動於中而形於言。〔註6〕」論者認為詩是個人真情實意的表現，「飢者歌其食，勞者歌其事」，是再自然不過了，在不經意間洩露心事，使執政者得以知民怨之所在，以補察時政，以資治化。所以《詩經》的諷諫美刺主要是針對在上位者，其中至少包含兩種涵義，一是憂時憫世，對於腐敗的政教予以有節制的批評；二是憤世嫉俗，對於統治者的昏庸腐敗予以無情的揭露〔註7〕。

但是由於漢代君權上升，在「君尊臣卑」的趨勢下，「采詩觀風」轉化成為在上位者的教化工具，「觀風」的目的是為了「移風易俗」作準備，《詩經‧毛詩序》：「風之始也，所以風天下而正夫婦也，故用之鄉人焉，用之邦國焉。……先王以是經夫婦、成孝敬、厚人倫、美教化、移風俗。〔註8〕」這裡的「風」是指十五國風，就是十五國的歌謠，但是也可以是孔子所謂「君子之德『風』」之意，是禮樂教化的一部分，也就是「風化」。不過「風」也指具有特色的地方風氣，與習俗並稱風俗，「移風俗」與「禮樂教化」是儒家理想上的美育與道德感化，然而是否所有的風俗都應該被「移」呢？在儒家看來的確是如此，班固《漢書‧地理志下》說：

> 凡民函五常之性，而其剛柔緩急，音聲不同，繫水土之風氣，故謂之風；好惡取捨，動靜亡常，隨君上之情欲，故謂之俗。孔子曰：「移風易俗，莫善於樂。」言聖王在上，統理人倫，必移其本，而易其末，此混同天下一之虖中和，然後王教成也〔註9〕。

在這裡「風」是指風土，與地理環境有關，人易受環境的影響，遂形塑成各地人民不同的集體差異，有剛急、緩柔之異，但是急則失之躁，緩則失

〔註5〕　《漢書》，頁1384。東漢時期也承續此制度，《後漢書‧方術‧李郃傳》：「和帝即位，分遣使者，皆微服單行，各至州縣，觀採風謠。」（台北：鼎文，1987年），頁2717。此外，漢代的觀風不止於采詩，《漢書‧地理志下》之末所輯各地風俗，便是成帝時丞相張禹使屬下朱贛整理出來的，可見中央政府的檔案中藏有大量從各地蒐集來的風俗資料。參考余英時〈漢代循吏與文化傳播〉，見氏著《中國思想傳統的現代詮釋》，頁174。

〔註6〕　《詩經》（十三經注疏），頁13。

〔註7〕　賴麗娟〈《海音詩》觀風問俗析論〉，《成大中文學報》第9期，2001年9月，頁103。

〔註8〕　《詩經》（十三經注疏），頁12～15。

〔註9〕　《漢書‧地理志下》（北京：中華書局，2005年），頁1640。

之於慢，對於統治者而言，最好是均衡的「中和之性」，於是要求百姓「移其本，而易其末」，而使其趨同，從這裡可以看出中國傳統對於一般人個性一元化的同化意向。應劭《風俗通義·序》所述可補充上述之意：「風者，天氣有寒煖，地形有險易，水泉有美惡，草木有剛柔也。俗者，含血之類，像之而生，故言語歌謳異聲，鼓舞動作殊形，或直或邪，或善或淫也。聖人作而均齊之，咸歸於正。聖人廢，則還其本俗。〔註10〕」也就是說，所有的風俗與人的本性，都有待聖人的教化，聖人一旦不存，則人性的劣根性復萌。

依漢代的儒家看來，習俗隨君上（聖人）而變化，所以聖人的影響具有絕對性，「聖人之道，同諸天地，蕩蕩四海，變易風俗。〔註11〕」董仲舒聲稱這種絕對權力來自於天命：

> 天令之謂命，命非聖人不行；質樸之謂性，性非教化不成；人欲之
> 謂情，情非度制不節。是故王者上謹承於天意，以順命也；下務明
> 教化民，以成性也；正法度之宜，別上下之序，以防欲也〔註12〕。

這樣看起來除了聖人之外，其他的人都有待教化。而在荀子看來，樹立標準的良風美俗，是政治教化的必要手段〔註13〕，才能建立起社會、國家的秩序，因此自古以來，儒家型知識分子自覺的承擔起「移風易俗」的文化責任，在儒家傳統的深刻影響下，士大夫強調中原漢族文化的正統性，在他們心目中，中原以外地區的「奇風異俗」與他們的道德規範迥異，故屬於「陋俗蠻風」而有改良的必要，在此「教化」的熱誠之下，中國文化圈漸次向外擴張。教化的目的是同一化，因為各地風俗不同，人的性情各異，統治者為了追求秩序（政權的安定）而必須加以同一化。

《禮記·中庸》：「中也者，天下之大本也；和也者，天下之達道也。致中和，天地位焉，萬物育焉。〔註14〕」此章說明「致中和」的奧義，「中和」是指經過聖人認可而形成主流的文化，在此系統下萬物才得以建構出秩序，凡不與主流文化相合者即被視為異端，對於異端的「教化」，實質上就是消滅，

〔註10〕　（漢）應劭著，王利器校注《風俗通義》（臺北：明文，1982 年初版，1988
　　　　年再版），頁 8。
〔註11〕　董仲舒《春秋繁露》（台北：中華，1984 年台二版）卷十二。
〔註12〕　《漢書·董仲舒傳》（北京：中華書局，2005 年），頁 2515。
〔註13〕　梁啓雄《荀子簡釋·王制》：「廣教化，美風俗。」（台北：木鐸，1983 年），
　　　　頁 113。
〔註14〕　《禮記》，（十三經注疏），台北市：藝文印書館，頁 879。

同化之後異文化自然消滅於無形，也就是說在中國集權、統一的政治體系下，無法容許異端的存在。因此漢代儒家突出〈中庸〉一章的教義有其原因，「致中和」是手段與方法，漢儒假設所有的百姓都具有劣根性，必須經過帝王的教化才有資格成爲帝國的子民，所謂的「化外之民」就是指沒有經過「王化」者，不被承認其爲帝國的子民，自然就無法被帝國保護。董仲舒說：「教化行而習俗美也〔註15〕」，重點在於「行」，也就是說「可被教化」或「願受教化」地區，習俗才有變「美」的可能，而抗拒教化者就成爲「化外」之民，不是被消滅，就是被放棄。移風易俗歷來是地方官吏的施政方針，而欲移其風、易其俗，當然要先了解當地的風俗，所以《漢書‧地理志下》花了相當大的篇幅在介紹各地風俗，目的在於逐行帝國的統治，與地方志的作用雷同。由此可知，儒家型的地方官吏，每到一地特別注重其風俗資訊的蒐集而編纂鄉土志或風俗志，其作用並非尊重地方特色，其實只是作爲施政的前置作業，但日後往往成爲當地風俗的史料。

「采詩觀風」在漢代被轉化爲「移風易俗」之功用，唐代的新樂府運動重新回到作者論，由文人模擬民間歌謠的精神，諷諭時政，白居易〈與元九書〉中說到《詩經》的創作精神：

> 人之文六經首之。就六經言，《詩》又首之，何者？聖人感人心而天下和平。感人心者莫先乎情，莫始乎言，莫切乎聲，莫先乎義。《詩》者：根情，苗言，華聲，實義。〔註16〕

白居易的新樂府運動，《詩經》不但是政治評論的引據，而且成爲文學創作論的源頭，就如呂正惠所說的：「在懲勸善惡（風化）與補察得失（風刺）這兩方面，白居易是更重視補察得失的。白居易認爲，在上位者應該積極主動的去採納民間的詩歌，從裡面了解政治的得失，以作爲施政的參考。〔註17〕」駱香林的詩作，自己也有這樣的期許：

> 俚歌本乎人情，歸功於治化。故社會得失，知無不書，書無不盡，深入而淺出，古有風詩，其義豈有異哉？〔註18〕

〔註15〕《漢書‧董仲舒傳》，頁 2504。
〔註16〕白居易著，朱金城箋注《白居易集箋校》第五冊（上海：上海古籍，1988 年），頁 2790。
〔註17〕呂正惠〈元和新樂府運動，及其政治意義〉，見氏著《抒情傳統與政治現實》（台北：大安，1989 年），頁 63。
〔註18〕駱香林〈俚歌百首初集‧後序〉，見氏著《駱香林全集》，頁 55。

　　駱香林自己有意將《俚歌百首初集》的創作觀與《詩經》〈國風〉的諷諭觀相提並論，當世的評論者也大多作如是觀，吳萬谷評論道：

　　　　凡有所作，上關乎邦國治平之大，下繫乎民生疾苦之微，喟慨於世道人心，眷懷於鄉土文物，尋常酬唱，亦莫不致其敦厚之思，以增倫常之重。集中俚歌二百餘首，花蓮風物圖詠，及游覽贈答諸什，胥元白之遺風。〔註19〕

　　駱香林的好友王彥的評論：

　　　　香林先生詩文並妙，書畫咸工，詩四言，接跡風雅，邈然寡儔，近作俚歌，用五言新樂府體，亦源出國風，得力杜陵，駸駸方駕元白，惟皆遺貌取神。〔註20〕

　　賓國振則針對《俚歌百首》給予極高的評價：

　　　　竊謂老杜所以號稱詩史者，以其能摹寫天寶末年國事蜩沸，民生疾苦之狀也；白香山所以為中唐大家者，以其新樂府五十篇，皆為君為民為物為事而作也。大作自命俚歌，實則詞質而徑，欲見之者易諭；言直而切，欲聞之者深誡；事覈而實，使採之者有徵。一時治化，悉見篇章，乃國風之遺，不徒繼杜白墜緒也，信乎垂世不朽矣。〔註21〕

　　由上述的評論可知，駱香林的創作觀乃遵循傳統儒家的「文以載道」，循《詩經》〈國風〉的風化、諷諭及白居易的新樂府精神，具有淺白易懂，直書胸臆的特徵，但是從他的作品（包含詩與攝影）看來，其實是偏向代替在上位者向下民移風易俗的作用，而非向上位者諷諭時政以資治化之用，與白居易的意圖顯然不同。《題詠花蓮風物》以圖輔詩，類似清治時期六十七的《番社采風圖》，由此更可見出駱香林對於風俗的採集與批判的積極作為，都是站在大傳統的角度向小傳統傳播，至於小傳統的在地風俗，在列為奇觀之餘則希望改變原有的風俗。《俚歌百首》系列主要是書寫他在民國六〇回到台北時所見的現代化景象，而有感於文化與社會變遷之速之奇，與《題詠花蓮風物》純粹以花蓮的地方性題材為主，有見證與保存淳樸古風的意味，兩者可為互證、互補。

〔註19〕吳萬谷〈駱香林全集序〉，收在《駱香林全集》，頁5。
〔註20〕見《駱香林全集》，頁9。
〔註21〕見《駱香林全集》，頁10。

第二節　族群文化建構與文化霸權

　　希爾斯（Shils）認爲：「中心或中心區域，乃是一個有關價値與信仰範疇的現象。它是統治社會之價值、信仰、象徵秩序的中心。〔註 22〕」希爾斯清楚地指出，一個中心之所以成爲中心的重要機制，就是透過一套價值和信仰體系的社會化作用，形成一個具有「正當」意義的制度化權威體系。也就是說，除了憑藉武力的強制作用之外，最常見的方式是透過長期的說服，或生機條件的控制統馭過程而樹立其權威地位〔註 23〕。對花蓮而言，漢化的時間尚短就已經全面接受日本殖民統治／現代化，日本統治結束，接手的國民黨政府亦已進入半現代化，所以儒家傳統文化在此必須跟日本文化與西方文化爭奪中心性的權威地位。

　　花蓮是日治時期殖民者全新建構的現代城市，各項現代設施一應俱全，但是在日本戰敗後，殖民者及其當初所動員的移民離去，花蓮的城市空間急遽的重構，大量台灣西部移民以及在中國內戰中敗戰而來的新移民填補了空缺，使花蓮的族群結構改變，在國家主導下，一個新的民族國家論述，急待取得空間主權的合法性。所謂「民族」是指基於共同語言、宗教、種族、歷史、文化、風俗習慣或其他共同特徵的共識，而結合成爲一個社群。「國家」指擁有一定領土疆域、人民、政治結構、法律制度和政治權力的政治實體。基於此，民族是心理、文化、社會概念，而國家則是政治與法律概念。民族國家來自於共同體的感覺建立，也就是民族與國家同時建立，但是台灣的民族國家進程是後設的，先有國家，再透過語言的統一與教育灌輸民族、文化的一體感，爲了達到這個目的，調查、博物館、地圖、地方志等文化媒介，都成爲塑造想像共同體的重要途徑。在文化論述上則是建立共享的神聖性神話，「中國性」榮膺這個神聖性的象徵，超越族群認同和政治現實的一種文化和文明的定義〔註 24〕。這類文化論述內容不僅包含了國家認同的符號、愛國

〔註 22〕Shils《Center And Periphery》，轉引自葉啓政〈邊陲性與學術發展〉，見氏著《社會、文化和知識分子》（台北：東大，1991 年再版），頁 311。

〔註 23〕葉啓政指出：所謂「生機控制性」乃指一個個體或社群所具備保證自身或其成員足以控制外在環境來維持獨立生存的機會，以及保證人格發展有利條件的程度。若用 Pasons 之 AGIL 的概念來說，即一個個體或社群保證具有獨立而自主的做到以下 4 點，1、調適環境，2、獲致目標實現，3、維持整合，4、貫徹具有個性之文化模式的能力。見氏著《社會、文化和知識分子》，頁 315。

〔註 24〕陳奕麟〈論東方人的東方論〉，《當代》第 108 期，1995 年 4 月，頁 88。

熱情的圖像等具體事像,而且必須透過大敘事以滲透一般人的認同,如《題詠花蓮風物》的首頁〈誕敷文德〉及次頁的〈為國育才〉、〈適彼樂土〉,以及第14頁的〈風雨如晦〉,都清楚的標示國家的象徵(國徽)或愛國的符號(國家領袖),〈適彼樂土〉關於大陳義胞的敘述如下:

> 大陳迫於匪,義胞棄之,舉其財賄,乘隸華登陸艇遷台,凡萬六千
> 餘人,分居數處,居花蓮者約十之二三焉。抵花之日,政府與民眾
> 到港口歡迎,道路為塞。乃先安置縣下諸校,旋移美崙大陳新村,
> 政府專為義胞建置者。於是漁者輔之使漁,耕稼者使耕稼……近歲
> 居大陸沿海,苦苛政欲逃香港,或既至而被遣返,或死途中者,指
> 不勝屈,則義胞之先見正義胞之幸也。〔註25〕

這些敘事係接受來自媒體的暗示,在當時國家危難的想像之下,民眾被要求共赴國難的一體感所薰染,無暇辨識其中的真偽(其實是資訊的壟斷,造成一般人缺乏可資辨證的資訊)。事實的狀況是因為 1955 年一江山島被中共攻下之後,大陳島亦岌岌可危,在美軍的要求與掩護下進行全島大撤退,個人無法選擇去留,來台後雖有專區安置,但是政府對「大陳義胞」的生活照顧遠不如眷村,文章以香港做為對照,用以凸顯「大陳義胞」的幸運以及中華民國政府的擔當,其實是受當時政治宣傳的影響。當時隨大陳島居民撤退來台的還有傳奇人物「雙槍黃八妹」,駱香林似乎有所不知,在〈俚歌二十八首三集〉中訛為「雙槍王八妹」,〈抗日英雄王八妹〉詩說:

> 雙槍王八妹,抗日一英豪。功不讓鬚眉,膽高義亦高。中原昔陷匪,
> 改稱王拔毛。敵後領游擊,殺匪如殺倭。勢孤力不逮,舍死羞遁逃。
> 晉王授矢意,報復命兒曹。吾台興復地,備戰廿年多。得此勵眾志,
> 悉力蕩妖魔。〔註26〕

從詩中看來駱香林的誤會很大,顯然在資訊吸收上受到有意的誤導,試想黃／王八妹隨軍撤退和留在中國繼續打「共匪」,哪一個宣傳效果大即可想而知。黃八妹本名黃百器,隨大陳居民撤退來台後,一直到 1982 年病逝於台灣。駱香林此詩寫於 1976 年,與大陳撤退的時間點不合,推測駱香林不會無緣無故寫此詩,定然受到當時愛國電影的宣傳有感而發,由此可知,像駱香林這樣的地方型知識分子,對於資訊的掌握不易,易受主流論述影響,而在

〔註25〕駱香林《題詠花蓮風物》(花蓮:作者自印,1976 年),頁3。
〔註26〕《駱香林全集》,頁116。

他的再傳播下，文化霸權在地方才有發揮作用的機會。

後設的民族國家論述中，足以表徵國家在民族的文化傳統並非是自然形成的傳統，而是在急遽的情況下，將某些已經消逝的文化特質加以重建而成，只能說是傳統的重建或傳統的再造，例如國劇（京劇）、國畫（水墨畫）、旗袍之類，是在特定目的下建構起來。上述已經遠離人們生活的藝術、文化，在保護的狀態下發展，即便與環境隔絕，只要能滿足作為表徵國家民族的功用，傳統的權威性便得以維持〔註27〕。傳統詩沒有隨著白話文在台灣的普及而被消滅或淡化，傳統詩社／人也沒有因為日治時期與殖民統治者過從甚密而被指為漢奸，反而在來台黨國大老的鼓勵下益發蓬勃發展。奇萊吟社一直維持到戰後，二二八事件之後暫時受挫而解散，不久，蓮社就接續了奇萊吟社的模式而發展起來，這些在花蓮來說只是少數人的娛樂活動，在文化上卻占有中心性的主流論述地位，水墨畫／國畫的情況也是如此，在日治時期的美術已經以油畫與東洋畫（膠彩）為主流，駱香林不但以書畫聞名，連現代的攝影，他都堅持在上面題字，製造出國畫的形式。此外，經由暗房技術（現代科技）的操作，「主體」〔註28〕於無限的流亡與延宕中將「過去」（落後的、必須被批判的、已經永遠逝去的）與「未來」（意欲的、主觀的）結合起來，其內蘊被縫合，「家國之思」得以再現（如郎靜山的攝影），「革命」（反攻、建國）的認同亦得以強化，中橫公路開發的宣傳堪稱代表作。在反攻無望之後，剩餘人力（退伍軍人）的安置成為棘手問題，藉由美援的資助，將退伍軍人投入內需建設的中橫公路，一方面又可以宣傳「愚公移山」、「人定勝天」式的勵志思維以反轉、激勵人心。在《題詠花蓮風物》中有一輯為專門介紹中橫公路（頁26～61），可見駱香林對此的認同、投入。而中橫公路地名的命名，如天祥、大禹嶺，以及景點如蘭亭、岳王亭、豁然亭、慈母橋、文山溫泉以及太魯閣口的中式牌樓（與日治期的鳥居相對照），無一不在提醒眾人台灣山川與「中國」大地的連結，卻與在地的符號斷然切割，也就是在民族國家的論述中「自我」被泯滅，眾多族群變成單一民族，尤其對於原住民的文化衝擊最大。

然而民族國家畢竟是現代的產物，對於認同中國傳統文化的駱香林也不

〔註27〕楊聰榮〈東方社會的東方論〉，《當代》第64期，1991年8月，頁42。
〔註28〕這裡論述的主體當然不是駱香林，而是流亡於台灣的掌權者，駱香林只是主流論述的支持者與傳播者。

是完全沒有衝擊。身為一個地方的儒家型知識分子，在日治時期即抱持傳統文化以對抗異族統治，終戰後更是全力擁抱國民黨政府所宣揚的傳統文化，力抗西方的工業化與現代化。然而國民黨政府一面又接受美援而配合美國的需求，成為美國的衛星國家，全力發展工業以配合美國資本主義發展的需求。現代的工業化使得人口從鄉村向都市集中，改變農業的社會結構，現代社會的多元性使得傳統以家庭為社會單元的一元性社會產生斷裂，也就是說現代化打破既有的組織結構與秩序。越來越多人脫離原來的家族組織奔向都市，生活變得動盪不安、居無定所，因而產生「無家感」〔註29〕。「家」是儒家倫理文化的根源，對儒家型知識分子而言，對於家的解組所產生的倫常破壞，焦慮感更甚於一般人；而來自不同地方，個體與個體之間的差異與矛盾所產生的摩擦，在新的秩序與權威還來不及建立時，傳統文化支持者面對社會種種脫序的狀態備感威脅，乃自覺或不自覺地落入懷舊甚至貴古賤今的情緒中，以維持最後的尊嚴。駱香林原本居於優勢的地位——帝國中心與地方邊陲的調解者與中介者，也是大傳統向小傳統流動的傳播者，所以他在花蓮的地位崇高，備受尊崇，當他目睹臺北的現代化所導致的亂象，心中的惴惴不安表現在《俚歌百首》初集、二集以及《題詠花蓮風物》攝影集中。對駱香林而言，臺北是區域的中心，也是他的鄉愁所在〔註30〕，居住在邊陲花蓮，他肩負教化的使命，然而從現代化的角度來看，台灣是資本主義／帝國主義的邊陲之地，臺北只是一個邊緣的、異化的都市，花蓮的發展緩慢，保留了較原始的人際關係與農村地景風貌，成為充滿鄉愁的地方———一個破壞較少、較接近理想（傳統）原鄉的地方。這時駱香林對花蓮的地方感油然誕生，此時的駱香林則是以一個傳統帝國主義的傳道者力抗新帝國主義，在《題詠花蓮風物·衣食住行》中他沉痛地指出：

> 光復後舉國洋化，所謂陋習輒改之，自起居飲食以至婚喪諸禮，多
> 被革新。經濟既裕，所欲從心，揮霍之奢，上下一體，恐不同化于
> 日，將同化于歐美矣。吾之留此舊片，將以明舊俗耳。雖篳路襤褸，
> 行止樸素，其怡然自得，猶有康衢擊壤之風，今之人雖居處堂皇，

〔註29〕 彼得·L.伯傑，布麗吉特·伯傑，漢斯佛萊德·凱爾納合著〈現代性及其不滿〉，收在汪民安，陳永國，張雲鵬合編《現代性基本讀本》（開封：河南大學，2005年），頁729。

〔註30〕 他的成長與人際網絡大多在台北形成，詳見黃憲作《在地與流離：駱香林花蓮之居與游》，第二章〈居與游（一）〉，頁37～64。

而身心迫促，惶惶然朝以繼夕，其於爲人得失，何如哉？〔註31〕

　　駱香林抵抗的武器就是反身擁抱本土，以鄉土的樸實風貌向現代的異化相抗衡，然而他所宣稱的本土影像「眞實性」不過是一種論述，所擁抱的本土不過是鄉土的刻板印象，反而加深了台灣面對西方文化霸權的「他者性」，失去了自我了解與抗衡立場〔註32〕。例如〈入耳不煩〉（頁 107〔註33〕）所塑造的原住民形象是皮膚白皙的原住民婦女，著傳統服裝，彈口簧琴。駱香林在《題詠花蓮風物》編輯上的用意是與前一頁的〈震耳欲聾〉（頁 106）做對照式的閱讀，以凸顯他所要傳達的價值，後者是西式的表演，有爵士鼓、薩克斯風，薩克斯風吹奏者與歌者誇張的以頭仰天的肢體動作，恐怕是古琴演奏家駱香林所無法接受的音樂形式，所以題詩不過是加強他的所指：「歌唱嗚嗚百不聞，一時金鼓又高喧。古來欲放鄭聲意，況比鄭風腦更昏。」對於這種西方流行音樂，駱香林以鄭風作比，用意極爲明顯，所以〈入耳不煩〉對於原住民音樂的肯定，是因爲符合儒家審美標準——「溫以和」——的音樂，足以「寄幽思」〔註34〕，原住民的音樂與他的古琴一樣，面對西方音樂的大舉入侵而同歸於沉寂，遂被歸爲同類以對抗西方的靡靡之音，他所著重的是中、西的不同，至於原住民音樂與中國古樂的精神相同與否，則不是他眞正關心的。在〈屢舞傲傲〉（頁 104）中他同樣將原住民的歌舞與中國古代鄭聲做類比：「鄭聲之蕩，相去幾許。犵草蠻花，載歌載舞。流鶯在谷，迴旋傴僂。翩乎其來，脈脈栩栩。」（頁 104）詩中以「犵草蠻花」稱原住民男女，而其歌舞與「淫蕩」的鄭聲相去不遠，詩中用字或許並無貶抑意味，在於說明原住民歌舞與中國古代鄭聲之類的歌舞一樣，表達人類原始的愉悅。可是在前一頁的〈手舞足蹈〉，駱香林的態度又不同了，他的題詩說：「跂行騰越體輕柔，妙舞透迤迄未休。正是巴蕾全盛日，舊時歌扇一齊收。」（頁 103）詩中對於芭蕾舞的譽揚不言而喻，可見在駱香林心中對西方文化也有雅俗之別。雖然他在〈迴旋傴僂〉（頁 105）中說：「歌舞示歡樂，無論文與野。一預社會

〔註31〕《題詠花蓮風物》，頁 82。

〔註32〕張美陵〈文化認同的攝影策略〉，《攝影與藝術——攝影學術論文集》（臺北：中華攝影教育學會，1997 年），頁 206。

〔註33〕以下引自駱香林《題詠花蓮風物》之作品，皆於題目後括弧說明頁碼，不另作注。

〔註34〕〈入耳不煩〉的題詩：「習俗因人異，爲樂不同科。所以寄幽思，其聲溫以和。眾人貪靡靡，能者無復歌。君視古七弦，只好供撫摩。」

交，擁抱燈光下。此舞猶舊習，曾不傷其雅。苟存羞恥念，不爲已甚者。」
可見他對於世俗交際的舞蹈，存有貶意，所以從詩題就可以看出褒貶〔註35〕。
同樣是原住民符號，當他面對西方與面對中國，卻產生截然不同的所指，說
明了中心與邊陲的相對性，面對西方，漢人與原住民同處邊緣，面對原住民
則漢人相對處於中心。原住民的舞蹈與服裝，自清治時期以來就不斷被符號
化，可以說是清人「東方主義」式的想像，駱香林以原住民歌舞與「鄭聲」
類比，心中所埋藏的「東方主義」可以說呼之欲出。因此駱香林的「在地」
觀點並不是本土的眞實性再現而是「中國性」的表現，是以中國中心取代西
方中心的霸權觀點，所以駱香林訴諸中國傳統的類比，其實是泯除了花蓮在
地眞實性的文化霸權，消解了花蓮的地方性與特殊性。

　　由此可見駱香林在面對外來文化的挑戰時，因爲社會一般人接受了現代
化與西方文化的生活態度與價值觀，對於原來居於主流價值的維護者，原先
被尊敬的社會身份的退落（withbraw of status respect）產生焦慮感〔註36〕，當
面對這種挑戰時，通常訴諸種族／民族主義是一種有效的方式，所以更原始、
更純化的（民族）傳統價值觀被提出來以凝聚民族的認同感，如晚清的國粹
派面對西方文化的挑戰就是如此，駱香林處於漢文化邊緣的地域〔註37〕，更
是如此，他將原住民視爲文化活化石，透過文化符碼的重新編碼而將之收編，
納入中國傳統文化以爲對抗外來文化之助力，用意是讓原住民文化從邊緣回
歸、壯大漢文化，共同對抗西方文化。

　　駱香林以儒家慣有的意識形態塑造／再現原住民形象，前述攝影集中〈入
耳不煩〉的照片，駱香林在他所主編的《花蓮文獻》第三期特別拿她當封面，
在內頁中說明：「圖中人爲秀林之花……，全省國語比賽第三，白晳明淨，略
無山胞氣息，爲介口琴，請作如是裝飾……。〔註38〕」這段說明特別強調「全
省國語比賽第三」與「白晳明淨，略無山胞氣息」，正可印證駱香林心中的確
預設了原住民「應有的形象」——黑皮膚〔註39〕，他幫助原住民重塑（美化）

〔註35〕「儌儌」出自《詩經・賓之初筵》：「亂我籩豆，屢舞儌儌。」形容人姿勢傾
　　　　斜不能自正；「傴僂」則是一種脊椎彎曲的病體，雖然文中所用是引申義，總
　　　　是給人負面的感覺。
〔註36〕金耀基《中國現代化與知識分子》（臺北市：時報，1982 年），頁 18～19。
〔註37〕花蓮爲二度移民地區，移民本地的漢人大多屬於文化弱勢者。
〔註38〕《花蓮文獻》第三期（花蓮市：花蓮文獻委員會，1955 年 4 月，成文出版社
　　　　1983 年 3 月複印本），封面內頁。
〔註39〕駱香林在〈臨海隨筆〉中再度提到原住民婦女的皮膚白皙：「四年前，偶遊太

其形象，就是把她變得不像原住民（「白皙明淨，略無山胞氣息」），事實上這只是證明了他對原住民的誤解──以爲所有的原住民都是皮膚黝黑，這種偏見自三百年前的郁永河即存在〔註40〕，霍米・巴巴說：

> 膚色作爲刻板印象中文化和種族區別的關鍵能指（signifier），是所有戀物形式中最明顯的特徵，在一系列文化、政治、歷史話語中被認爲是「常識」，並且在殖民社會每天上演的種族劇中扮演著公開的角色。……刻板印象同樣也能被視爲殖民主體所特有的利於維持殖民關係的一種特殊的「靜態」形式，它通過建立一種種族和文化對立的話語形式來施展殖民權力。〔註41〕

當然駱香林並無意消滅原住民文化，但是駱香林所介紹的這位「秀林之花」，駱香林自謂「爲介口琴，請作如是裝飾」，可見其平時並不是這樣的穿著，他能要求「請作如是裝飾」就是一種權力的展現，這樣的服飾只是爲了符號化原住民的形象，而符號化（樣板化）的文化形象正是窄化／消滅原住民文化的元兇〔註42〕，因爲文化原本就是與生活息息相關，是活潑多樣的，所以駱香林〈筐以背之〉照片中批評原住民少女的服裝因爲愛美而改變〔註43〕，就是預設了原住民形象並以此爲評價的爲標準，造成漢人服裝可以現代化，原住民卻不行的雙重標準。

　　　　魯閣，甫入峽，見山胞女約十七八，極白皙，鳳眼蠶眉，臺婦中，吾見亦罕矣。」見氏著《駱香林全集》，頁513。

〔註40〕 郁永河《裨海紀遊》：「自諸羅山至此，所見番婦多白皙妍好者。」頁19；可見在此之前他以爲番婦多黑而醜者，至此始打破觀念，故特別記上一筆。

〔註41〕 霍米・巴巴（Homi K.Bhabha，1949～）〈他者的問題：刻板印象和殖民話語〉，收入羅鋼、顧錚主編《視覺文化讀本》（桂林：廣西師範大學，2003年），頁228。

〔註42〕 霍米・巴巴〈他者的問題：刻板印象和殖民話語〉指出：「要看清刻板印象做爲一種含混的知識和權力的模式，需要從理論上和政治上對形成話語和政治之間的關係的決定論或功能主義的模式提出挑戰，同時還要向教條式和道德上的對任何壓迫和歧視的定位提出質疑。我對殖民話語的理解是，我們挑戰的切入點不應該著眼於對形象的認同是否正確，而應該明白刻板印象話語造就了主體化的過程，並給人以貌似有理的假象。如果要超越政治的普遍性對刻板印象的形象做出判斷的話，則必須摒棄這種刻板印象形象，而不是以另一種形象取代它。」由此可見駱香林塑造原住民形象的刻板印象，是一種殖民話語，是一種含混的知識和權力的模式，貌似有理，卻剝奪了原住民的主體性。同上注所揭書，頁218～219。

〔註43〕 〈筐以背之〉題詩云：「少女生高山，能守高山俗。惟有愛美心，盡改舊裝束。」《題詠花蓮風物》，頁110。

　　國民黨政府接收了日本對台灣的統治，對台灣人或花蓮人來說，殖民統治並沒有結束，所謂的殖民統治，康培德說：

> 殖民現象的發生，一般而言，是先有一文化的接觸，再隨著時間經驗的累積，逐漸發展出不同主體間的宰制關係。因此，在殖民經驗的初期，不同的文化主體在尋求對異己宰制關係的建立時，嘗試著藉由自己的價值經驗去再現對方，以便於了解、形塑彼此的關係，是為常態。而彼此共通價值、經驗的懸殊，所造成的誤讀，有時又是在歷史發展下導致宰制結構關係的重要環節之一。〔註44〕

　　駱香林久居花蓮，卻對地方風俗誤讀，就是出於上述的理由，以自己的價值經驗去再現對方。再如〈靡有孑遺〉照片記錄原住民在美崙溪上競相捕魚的畫面，駱香林在上題詩卻說：「男子節傾社出，菁華橋下水汩汩。地爐烹鮮快朵頤，大小魚兒同時沒。」（頁90）這是一張出色的照片，充滿地方特色的內容，畫面中河裡幾乎擠滿了人，讓人驚訝為何這麼多人同時在河裡捕魚？原來這是原住民的捕魚祭。細究駱香林詩中所謂的「男子節」一詞，是漢人用語被日本人所沿用，指父親節，如今又回到漢族統治，駱香林仍沿用此辭彙。阿美族（或撒基拉雅族）的捕魚祭在六、七月間舉行〔註45〕，離八月八日還有一段距離，可能是捕魚祭禁止女性參加，因此被挪移為漢人的男性節日，或是統治者因為某種原因而改變原住民的節慶日期。然而駱香林既知「風俗所存，民族精神之所存」（頁82），理應更仔細分辨兩種節日的差異。且不說捕魚祭與漢人的男子節畫上等號的殖民心態，節日符號被隨意挪移，舉辦時間也可能被隨意的挪移，果真如此則應該被批評的是祭典本質被轉移、消費，從而導致原住民文化的變質（一如現今的豐年祭），而且駱香林在詩中所擔慮的是「大小魚兒靡有孑遺」，而無視原住民慶典的意義。駱香林的批評，顯露的是對此風俗的誤解與先入為主的偏見，他在意魚兒的生命而忽略民族儀式的意義，殊不知孔子早有「爾愛其羊，我愛其禮」的訓示，對於儒家信徒而言，孰重孰輕不是很清楚嗎？但是他此時站在佛教惜生、愛生的角度看待眾生，卻犧牲原住民文化，如此的文化霸權心態，不得不讓人替原住民感到不平。

〔註44〕康培德《殖民接觸與帝國邊陲：花蓮地區原住民十七至十九世紀的歷史變遷》（台北縣：稻香，1999年），頁102。

〔註45〕從文獻來看，美崙溪沿岸是撒基拉雅族（日前被正式承認為原住民族）的居住地，因故與阿美族混居而被視為阿美族，美崙溪岸的捕魚祭是撒基拉雅族的傳統祭典。

第三節　他者的再現：種族、性別與階級身分的視點

　　攝影是新發明的科技，具有工具理性的客觀性，日治時期被稱為「寫真」，可見一般使用者著重在寫實的機械特性。駱香林的攝影成就不凡，1995 年中國時報於國父紀念館舉辦「台灣：戰後 50 年——土地‧人民‧歲月」攝影展，展出駱香林作品數件，並以其〈提攜哺乳〉作為展場主要宣傳圖版；1998 年花蓮洄瀾文教基金會於花蓮縣立文化中心以「尋找花蓮人的典範」為題展覽駱香林遺作，並出版《駱香林攝影》；2001 年 2 月台灣國際視覺藝術中心舉辦「驚艷鄉林——駱香林攝影回顧展」；2003 年 3 月國立歷史博物館舉辦「回首台灣百年攝影幽光」專題展，收錄 9 件駱香林的攝影作品，2006 年 6 月至 9 月臺北市立美術館舉辦「躡影追飛——駱香林的攝影畫境」攝影展，並出版同名攝影集。由以上的攝影展可見駱香林的攝影備受肯定，尤其國立歷史博物館展出《回首台灣百年攝影幽光》專題展（2003 年 10 月 3 日～11 月 9 日），蒐集自 1871 年至 1970 年代一百年來台灣攝影的代表作品，入選十三位已辭世的攝影家有：鳥居龍藏、林草、張清言、郎靜山、鄧南光、吳金淼、張才、陳耿彬、李鈞綸、湯思泮、林權助、駱香林、姚孟嘉。將駱香林寫入攝影史，可視為駱香林攝影成就的定調之見。

　　人物攝影在某種意義上就是通過觀景窗將人轉化為被觀看的物〔註 46〕，觀看者透過攝影機，以觀者的一隻眼睛為中心（單眼照相機的原理）統攝萬物的透視法，具有固定觀察點的單一視點，使得以觀者為中心的權威猶如他就是世界萬象的中心〔註 47〕，被觀者成為觀看者的占有物。這種攝影的中心性視點與帝國主義雷同，不可否認的，攝影與印刷技術的改良助長了帝國主

〔註46〕 米歇爾‧亨寧〈作為客體的主體：攝影與人體〉，收在吳瓊、杜予編《上帝的眼睛》（北京：中國人民大學，2005 年），頁 109。

〔註47〕 柏格（John Beger）：「透視法是歐洲藝術的特點，始創於文藝復興早期。它是以觀看者的目光為中心，統攝萬物，就像燈塔中射出的光——只是並無光線向外射出，而是形象向內攝入。那些表象俗稱為現實。透視法使那獨一無二的眼睛成為世界萬象的中心。一切都向眼睛聚攏，直至視點在遠處消失。可見世界萬象是為觀看者安排的，正像宇宙一度被認為是為上帝而安排的。」伯格引述蒙太奇的攝影手法與立體派畫家受攝影影響的表現方式，伯格認為：照相機發明之後，透視法單一視點的矛盾逐漸顯露。然而從照相機的機械結構而言，照相機正是透視法的徹底執行者。見約翰‧柏格（John Beger）著，戴行鉞譯《觀看之道》（桂林市：廣西師範大學，2005 年），頁 11。

義〔註48〕，透過圖文雜誌的傳播，歐洲的中產階級才能得知帝國在海外殖民地的「眞實」狀況，並且滿足他們對於異族／「原始人」的好奇心。同樣的情形也在日常生活中上演，女人已經被男人的觀看對象化，男人永遠占據著那個觀看的地位，因此不論在第三世界或歐洲，女人回應男人的觀看，就是將自我物化〔註49〕。這種觀看方式界定了主客關係——觀看主體與被觀看客體，觀看者也就掌握了詮釋與建構的權力，至於被觀看者則被類型化或同質化成爲知識對象——被記錄並被展示的對象，往往和觀者處於一種不平等狀態，觀看者的優越性顯而易見，而被觀看者永遠處於沉默被動的地位〔註50〕。人道主義／理性主義的觀看者認爲攝影出於善意的「凝固」了「原始人」的圖像，否則，現代性掀起的普遍化和同質化的浪潮會將他們洗刷殆盡〔註51〕。這也是我們常聽到的藉口，攝影記錄了歷史，攝影作爲一個工具理性，留下「眞實」的影像（與駱香林出版《題詠花蓮風物》的理由相同），以人道主義爲前提的紀實攝影，窺看的對象偏偏都是社會底層的人物，這當中不全然是種族的問題，同時也存在著階級的問題。基於以上的理由，筆者認爲，駱香林的攝影也同時存在著三種身分視點的現象。

一、種族身分的視點

　　蘇珊・宋妲（Susan Sontag 1933～2004）在《論攝影》中說道：「攝影是一種將被拍攝的東西據爲己有，它意味著將一個人置入『與世界的某種關係』，這種關係令人覺得像是獲得一種知識——因此也像握有某種力量。〔註52〕」手握相機的快門就像扣著板機一樣，鏡頭像槍口一樣對準「獵物」，攝影者莫名

〔註48〕 照相機、賽璐珞膠捲、銅板印刷與後膛槍、格林機關槍、輪船和金雞納霜一樣，都是帝國在海外殖民不可或缺的工具。參見保羅・蘭度〈視覺帝國：攝影與非洲的殖民治理〉，收在吳瓊、杜予編《上帝的眼睛》，頁166。

〔註49〕 柏格：「男性觀察女性，女性注意自己被人觀察。這不僅決定了大多數的男女關係，還決定了女性自己的內在關係，女性自身的觀察者是男性，而被觀察者是女性。因此，她把自己變作對象——而且是一個極特殊的視覺對象：景觀。」見《觀看之道》，頁47。

〔註50〕 周憲〈讀圖、身體、意識形態〉，收在陶東風，金元浦，高丙中主編，《文化研究》第三輯（天津市：天津社會科學院，2002年），頁71～72。

〔註51〕 保羅・蘭度〈視覺帝國：攝影與非洲的殖民治理〉，收在吳瓊、杜予編《上帝的眼睛》，頁169。

〔註52〕 蘇珊・宋妲（Susan Sontag，1933～2003）著，黃翰荻譯《論攝影》（臺北市：唐山，1997年），頁2。

的認爲自己有權記錄世界以再現眞實的世界，因此，攝影行爲就是權力的展現〔註 53〕。在照相機價格高昂的年代，照相機的擁有者自覺或不自覺的站在權威的觀看位置，對於影像具有詮釋與建構之權威殆無疑義。攝影者／觀看者的觀看之道，即他背後所隱藏的論述位置，通常預設著某種觀看的框架，視覺文化研究必須關注的是，這些視覺系統所牽扯的必然涉及文化中有關意識形態以及族群、階級、性別、國家之權力位置的問題〔註 54〕。

駱香林以一個漢人的身分窺看花蓮的原住民，當中有許多身分差異所帶來的誤解，而駱香林缺乏現代系統知識的理解，常用素樸的類比方式來理解他所不知的事物，類比法的謬誤常流於形式的雷同或是以漢文化爲中心的符號重新編碼，對異文化無法達到同情的理解。另外常見的是鏡像式的對照，駱香林在影像編輯上常用此來呈現他的族群觀，例如以漢人吸食各式煙斗〔註 55〕與原住民的〈卷煙以葉〉（頁 102）相對照，相信一般人翻到此頁都會發出驚嘆，前三者吸菸的方式相較之下顯得文雅許多，而「大不容口」的捲菸幾乎塞爆了吸菸者之口，當然也會引來一連串的質疑，以顯現「他們」與「我們」不同的結論；作者處處留心於我族與他族之間的不同做鏡像式的觀照，努力在他者與自我之間尋找差異性與共同性。

雖然駱香林的自覺，避免落入種族中心主義的偏見，然而還是無法避免落入以我族文化衡量他族文化的窠臼，例如〈網以襲之〉以原題詩爲：「尺布遮羞奈若何，舊風阿美恰如倭。」來批評阿美族「如倭」的風俗，比較前者與〈影中影〉的影像，兩者同樣是撈魚的畫面，最大的差別就是後者穿了衣服與短褲，前者只穿了一條丁字褲，然而眞正的差異其實是來自可供辨識的種族特徵，而這種種族身分的差異，其實隱含了種族中心主義的意識形態，

〔註 53〕蘇珊・宋妲對攝影與槍枝的類比有一段妙喻：「不管我們對此一幻想的意識有多模糊，每當我們談到裝底片（「loading」a camera，像裝塡子彈一樣）、對準相機（「aiming」a camera，像瞄準一樣）或者按一張底片（「shooting」a film，像射擊一樣），這種說法是相當微妙的。……但在拍照的舉動裡仍然存有某種掠奪，去拍某些人等於以『某種他們從未用來看自己的方式去看他們』或是『某種他們從未用來認識自己的方式去認識他們』來冒瀆這些人，它把人變成可以象徵性地擁有的物體。相機彷如一種『槍的昇華』，拍攝某人是一種經過昇華的謀殺行爲——一種柔和的謀殺，適合於哀傷的、受過驚嚇的時刻。」見《論攝影》頁 12～13。

〔註 54〕劉紀蕙，〈文化研究的視覺系統〉，《中外文學》，30 卷 12 期（2002 年 5 月），頁 13。

〔註 55〕如〈吹煙以竹〉（頁 99）、〈爐煙以水〉（頁 100）、〈裝煙以斗〉（頁 101）。

卻是以身體觀與服飾觀來表現。這裡表面上批評的是阿美族的丁字褲像日本人而加以貶抑，駱香林只差沒有說出「不知羞恥」這樣強烈的字眼而已，在〈新沐感髮稀〉中他已經脫口而出「無恥」的字眼：「我不慣異俗，譏之謂無恥。彼亦笑我愚，爲禮拘到死。」雖然他以相對主義來呈現這種對異族文化無法接受的心境，然而這樣的種族文化觀點屢遭挑戰，〈袒而沐〉也有類似的畫面，他對這種「化外之民」驚人的舉止感到尷尬，只好解釋說黃帝時代以前未發明衣服，大家也是見怪不怪〔註56〕。對此現象駱香林自我解嘲在別人眼中是愚蠢的──「爲禮拘到死」，究竟是被觀看者「無恥」還是窺視者「愚」？這兩張照片中的婦女都沒有直接面對鏡頭，讓人好奇他們是否同意被拍攝？拍攝者即使再冠冕堂皇的理由，不可否認，手中握有照相機就像擁有特權一般，被攝者的反駁權微乎其微，透過印刷的傳播，滿足觀者窺奇的慾望，題詩中的文化衝突結果爲何，作者沒說，但是答案很明顯，這些被窺看的異族只是默默無聲的他者，甚至是背對鏡頭不知自己已被攝影，他們永遠沒有機會開口爲自己辯駁。

　　當異族文化的差異性太大時，往往引來好奇的眼光，清代的《職貢圖》與《番社采風圖》之類的圖畫，是爲了滿足皇帝對於其所統治的邊疆少數民族的好奇心，這種好奇心也普遍存在一般人心中。攝影的發明助長了窺奇心態，透過攝影鏡頭的單一視點將其形象凝固，以滿足一般觀看者的好奇心，在攝影發明之後，對於這類異族畫面的攝取較之前便利，慾望更加無節制的膨脹，於是鼓勵窺視者以各種名目──如探險家、人類學家、博物學家、記者等──投入這種獵奇畫面的大量製造，某些畫面甚至已經制式化了，拍攝的主題、角度大同小異，如原住民的織布、舂米、豐年祭等畫面已經是日治時期以來各種寫眞集、繪葉書（明信片）與人類學家研究所必攝取的畫面。這些被攝者有的會被要求擺出拍攝者所要的姿勢、構圖，在攝影者的眼中並沒有被攝者個別化的差異，被拍攝者的個性與反應並不是他們所關心的，有的只是族類的差異，也就是說這些被攝者是被類型化、扁平化的，缺乏個性與獨特性。透過窺奇式的觀看，是否就可以一探這些異族之究竟？答案顯然是否定的，例如駱香林在〈餂以戴之〉題詩云：「贅壻風行甘息居，男兒志屈

〔註56〕〈袒而沐〉題詩曰：「赤袒不避人，儴人驚化外。誰爲柳下和，孰似伯夷隘。黃帝作衣裳，未作人不怪。乃今稱時裝，溯回萬千歲。」《駱香林全集》，頁128。

欲何如」（頁 109），駱香林不認同阿美族母系社會的運作，因而以漢人的入贅來理解阿美族的婚姻關係，所以認為「男兒志屈」，又因其「甘息居」而有了否定性的評價。駱香林對原住民婚姻關係的認知也顯現在〈人倫之始〉的題詩上：「婚禮不可無，貧者多簡陋。他日能成家，半出荊布婦。富者多嬌養，不能以禮遇。再婚視當然，各自尋嫁娶。」（頁 116）從這首詩可知駱香林對原住民的母系社會也不是完全無知，但是以漢人社會的婚姻倫理關係來評價阿美母系社會，以為其婚姻略如兒戲，這是因為他對原住民把再婚視為當然的偏見，因此對照片中許多影像細節視而不見，更何況駱香林從頭到尾並未提到這是哪一族的婚禮，可以說把原住民的形象完全類型化、扁平化了，因為泰雅族／太魯閣族並非母系社會，與阿美族的婚姻觀完全不同。在駱香林認知中花蓮的原住民被簡化為太么（泰雅）與阿美兩族〔註 57〕，而為了與漢人文化做對照，原住民又被合為一類，可以說各種族間文化的差異被模糊化了，只剩下原、漢兩種文化的對比。這種對比的作用是為了異族知識的建立，駱香林很清楚照片的檔案作用〔註 58〕，他的攝影是為了「存真」，然而此一「存真」的用心，不但模糊了原住民間文化的差異，也無法建立真正的原住民知識。

二、性別身分的視點

在以男性為中心的社會，女性與異族一樣是被觀看（物化）的對象，觀看主體的男性對於被觀看客體的女性握有詮釋權與建構權，駱香林對於女性的觀看，顯然缺乏他在觀看異族時的自覺，因此意識形態更加明顯的流露。駱香林對於女性形象的建構，首先是男耕女織的刻板印象，所以〈衣被家人〉（頁 97、98）、〈婦倡夫隨〉（頁 120）所呈現的原住民織布者都是女性，性別身分的差異強化了這樣的刻板印象，因此，婦女也是家事的主要承擔者，如

〔註 57〕 《題詠花蓮風物・衣食住行》：「花蓮惟阿美與太么為土著，二者世相仇，阿美族大而強，故太么避居深山不常出。其後漢人東渡，從阿美買地墾耕，且與貿易，故阿美多習漢俗，日據五十年，常卑視之、奴役之，故與漢人尤親。」（頁 82）這段文字顯示駱香林的原住民知識錯誤百出，然而他卻掌握對原住民的詮釋權。

〔註 58〕 《題詠花蓮風物・自序》提到「舊時風物，非廢即改，而余所保多今所難見」，可見他自費印刷攝影集，即有保存檔案與文獻的用意。另外《花蓮縣志》、《台灣省通志稿》都大量運用駱香林所拍攝的照片，《台灣省通志稿》的照片與文字後來單獨出版為《台灣省名勝古蹟集》，都具有殖民帝國知識建構與文獻檔案的作用。

〈可濯可沿〉（頁 112）、〈心乎愛矣〉（頁 113）、〈扶傘以浣〉（頁 132）擔任洗衣工作的都是婦女，而婦女在洗衣做家事時又要同時照顧小孩，常與母愛的形象連結在一起，這種刻板印象就像貞潔一樣，成為對女性的必然要求，〈心乎愛矣〉的題詩可為印證：「兒心不離母，母不離兒身。藹然慈母愛，一笑暖如春。」照片中果然洋溢著母親隔水圳笑看幼兒的母愛光輝，〈提攜哺乳〉的內容是一個母親正在為襁褓中的嬰兒哺乳，與〈不甲而盔〉中老母親為青壯的兒子戴上豐年祭的頭冠，雖然內容不同，呈現母愛不因年齡而有改變的道理是一樣的，因為刻板印象而不見父愛的形象與父子親情的表現，顯然是因為作者的性別身分所造成。猶如柏格所言，女性向來是被觀看的對象，女性為了回應隨時被男性注視，學會了以男性的角度觀看自己，並且為了迎合男性的觀看，以符合男性的期待來塑造自己的形象，形成另一個刻板印象就是女性愛美，這種刻板印象可以說是不分種族與年齡的，〈易剃以絞〉（頁 125）與〈筐以背之〉（頁 110）就是最好的明證。男性對女性在追逐美貌的過程不能認同，如〈易剃以絞〉諷刺女人愛美：「日夕在美容，醜陋如可搞」，卻頗能享受其成果，所以〈林間倩影〉（頁 80）與〈手舞足蹈〉（頁 103）中對女性婀娜的身影與美姿，不但不排斥，反而讚頌有加，而圖中兩位女性在展現美姿容時已設定觀看者是男性，為了迎合男性的觀看，練習踩著芭蕾舞鞋或高跟鞋的艱苦過程，恐怕是駱香林所未想過的，也不必想。

　　在儒家嚴防男女之別的身體觀——「男女授受不親」及「非禮勿視」——等禮教的規範下，益發引來對於女性身體窺探的好奇，在邊緣地帶的民間，禮教束縛的力量較小，個人反而獲得較多的身體自由，所以鄉下地方常見當眾哺乳者，觀者視為平常而不以為意。反之，當駱香林的鏡頭凝視著女性的裸體時，顯然無法以平常心觀看，在驚駭大罵「無恥」之餘，卻又忍不住窺奇的好奇心，他的畫面構圖與無法坦然面對有關，如〈衣被家人〉、〈婦倡夫隨〉、〈袒而沐〉、〈提攜哺乳〉對於女性袒露的胸部，無法像面對〈赤條條來去無牽掛〉、〈兩小無猜〉、〈弄潮〉中袒露的兒童一般自然的觀看，這種不自然的閃避，反而顯現了素來以道德聞名的駱香林對女性的觀看，與一般物化女性的觀看者沒有差別。這種心態，在〈臨深〉（頁 114）與〈淺揭〉（頁 129）兩張男女過河的照片對照中昭然若揭，前者是男性過河，駱香林聯想到的是臨深履薄與雨水足以供應農作的心情〔註 59〕，後者是女性撩起裙擺過河，駱

〔註59〕〈臨深〉題詩：「躡足臨深澗，常存履薄心。田塍差已足，不待謝公霖。」

香林聯想到的是愛情與婚姻〔註60〕，前者與性全然無關，後者與性有關的暗示至為明顯，尤其題目為〈淺揭〉已經引導觀者將焦點放在被撩起的長裙以及美麗的倩影，這是性別差異在駱香林攝影的凝視中所發揮的作用。

三、階級身分的視點

傳統中國的社會階級〔註61〕大致可劃分為三層，上層階級是王公貴族與達官貴人，中層階級是平民百姓，包括士農工商諸行業，下層階級則是乞丐、娼妓、奴隸以及邊陲人民被視為賤民階級〔註62〕。在平民階級中的「士」又被視為四民之首的中上階級，因為士是四民中最有機會透過科舉考試取得功名，向上流動進入上層階級之列，即使是在科舉取消之後，讀書人／知識人仍然因為掌握知識，是社會上具有聲望的中上階級。從生活方式、價值觀念與道德規範來看，駱香林具有強烈的階級身分認同，而且得到當地人士的普遍認同，這是建立在中國傳統士人身分的階級意識，所以駱香林來到花蓮，雖然並不是占有經濟與政治優勢地位，卻仍備受尊敬，在地方上享有極高的聲望與地位〔註63〕，幾乎是「往來無白丁」。因為以傳統士人身分自居，所以駱香林一到花蓮便留心於政治，考察民情、風俗〔註64〕，雖然當時是在日本殖民體制之下，駱香林一介文人，既無從政之路，且有隱逸之志，卻又不忘以士人身分觀察百姓生活。這都說明駱香林儒家型知識分子的自我意識的確在一般人之上，這樣的階級身分，當然影響他觀看事物的角度。

因此看駱香林攝影集的編輯意圖，內容涵蓋天、地、人、物、意造五部，關心的層面廣，頗有參贊天地，化育萬物的宏大企圖，這正是儒家的基本價值。然而士人位居中上階層，功能在於溝通上層與中、下層階級，但是實質上卻是成為上層階級的代言人，以宣傳上層政治意識形態、教化下層階級為

〔註60〕 〈淺揭〉題詩：「倩女離魂事可真，褰裳又見涉溱人。自由不被自由誤，婚嫁人生一大倫。」

〔註61〕 嚴格說來，社會階層與社會階級的意義並不相同，社會階層是一個科學概念，意謂財富地位、身分相同的人士，社會階級更包括政治、心理因素，然而一般人在比較不嚴謹的語詞使用習慣上，兩者易於混用，甚至以後者包含前者。參考張華葆《社會階層》（臺北市：三民，1987年），頁1。

〔註62〕 張華葆《社會階層》，頁2。

〔註63〕 從功能學派的社會階層詮釋，聲譽地位決定政治權利與經濟效益，而聲譽地位源自於社會傳統文化的價值觀。參見張華葆《社會階層》，頁9。

〔註64〕 駱香林〈東臺遊記〉，《全集》，頁547。

己任，因此觀念、價值難免與下層階級有隔閡。以對待動物的態度爲例，庶民階級以滿足口腹之慾爲先，駱香林則以慈悲、果報或齊物論的角度來看，在漁民豐收之際，駱香林的〈沉網設伏〉說：「君視枯魚肆，腥臊那忍聞」（頁83），〈歷劫〉則以強弱果報爲勸（頁84），〈爲口腹造業〉則明白指出宰殺雞鴨血淋淋的畫面是「口腹爲業障」（頁142），〈鵝鴨樂土〉（頁141）、〈鼎鑊之資〉（頁143）表現鵝鴨優雅的姿態，卻宿命的必須淪爲鼎鑊之資，〈以乳則生〉的乳牛在奶水枯竭之後淪爲與雞豚一樣的下場（頁150），在駱香林看來動物與人的生命價值是一樣的，〈舐犢〉（頁148）、〈其子七兮〉（頁140）表現出動物與人相同的母愛，駱香林對於「牛」似乎情有獨鍾，攝影集中大量出現牛的影像，台北市立美術館策展「躡影追飛——駱香林的攝影畫境」時注意到此一現象，因此特別輯爲一個單元，其中有物我的鏡像影射：如〈一貴一賤〉、〈戒之在鬥〉、〈以乳則生〉；也有道德教化的〈群策群力〉、〈扶傘以浣〉、〈載馳載奔〉，還有田園牧歌式的〈騎牛登山〉、〈清溪滌垢〉、〈戲水〉、〈歸牧〉，這些影像，反映出駱香林心中的桃花源就是陶淵明式的「田園牧歌」，這也是中國古代文人的理想生活圖像——「耕讀傳家」，雖然說文人很少親自下田，但是農村似乎是他們理想生活中不可或缺的一部分，尤其在現代化之後，鐵牛漸漸取代水牛，使得農村的田園景象產生質變，這種焦慮就映射在他對牛的觀看中。這些照片都是以悠閒的旁觀者的視點所產生的美感，爲生活奔走的庶民，缺乏悠閒的心境，實在難以對風花雪月或生活中的困頓產生審美感受。因此庶民生活被駱香林美化了，如〈天河晚渡〉（頁94）中農民騎牛過河的情形，被想像成牛郎織女相會、〈清溪滌垢〉（頁95）牛群過河時似乎滌盡辛勞一天的一身塵垢而感到舒暢，〈漁歸必曬〉（頁88）是捕魚苗季節短暫的休息，被駱香林拍成唯美的沙龍照，捕魚苗的漁民強壯的臂膀與胸肌，刻意低頭擺出沉思狀的姿態，顯得不太眞實，顯現出駱香林與勞動階級的距離。因此我們也就不訝異於發現駱香林攝影中被攝者幾乎無一面對／直視鏡頭，這一現象顯示駱香林與被拍攝者並無溝通與交流，甚至是在不知情的情況下被拍攝，而駱香林也無意於與被拍攝者眼神交流，因此駱香林是澈澈底底的旁觀者，而不是參與者，也就是說，這是一種階級身分站在制高點上向下的凝視與詮釋，而這種階級身分的觀看與種族、性別身分已經錯綜纏繞合爲一體。

第四節　小結

在一切具有古老傳統的文明中，文明的傳統特色主要由大傳統所決定。所謂的大、小傳統是人類學家雷德斐爾（Robert Redfield）所提出的區分，「大傳統」是指社會菁英所掌握的文字記載的文化傳統，屬於上層階級、文化菁英所累積、創造出來的精神文明的傳統，「小傳統」則是指庶民的生活、通俗文化傳統，由於鄉民未受教育，所以小傳統無法積累提升，需要大傳統的指導以提升文化層次〔註65〕。可以說，大傳統規範、引導文化方向，小傳統提供現實的文化素材，由於知識階層的創造性活動，使得大傳統成為形塑文明傳統結構的主要驅力〔註66〕。「采詩觀風」可以視為統治者對異文化的再現，它的再現是透過記錄、編碼、監控、檔案化等手段，加以類型化為刻板印象，然後透過教化達到「同化」的最終目的。同化意味著普遍化和抽象化，也就是對「差異」的消解、壓制與遮蔽。駱香林身為儒家型知識分子，自覺的承擔起邊緣地區的大傳統的規範工作，所以秉持「采詩觀風」的態度，觀察、記錄地區性小傳統的風俗，透過諷諭以導正陋俗蠻風。在〈蘇花路〉一詩中駱香林表達了儒家的大傳統濡化之後的理想成果：

> 山胞誠樸今猶人，恩未敷時莫能馴。負嵎往往遭馮婦，憐渠舍勇頑且囂。扶持經濟公且勻，耳提面命何其真。鄉田世世能同井，百家今無一家貧。〔註67〕

原住民在清治時期被稱為「番」，日治時期改用「蕃」字，歧視的意思是一樣的，到國民政府時期改稱「山胞」，勉強把他們當「同胞」看，和駱香林所謂「猶人」，也就把他們「當人看」的意思，所以駱香林特別強調以往尚未「敷恩」，「莫能馴」時的「頑且囂」狀態，偏偏原住民的愚勇就是會遭遇「馮婦」的馴服，從清治到日治時期總是如此，而在現今統治者的「同化」之下，實施類似古代的「井田」之制，從而消除貧窮，在駱香林看來已經達到經濟公平，「百家今無一家貧」的大同世界。而實際的狀況則是原住民因為語言的隔閡，原本賴以為生的固有獵場和耕地被劃歸為公有地〔註68〕，這是從「認

〔註65〕　參考余英時〈漢代循吏與文化傳播〉，《中國思想傳統的現代詮釋》（台北：聯經，1987 年），頁 167〜168；潘朝陽〈書院：儒教在地方的傳播形式〉，《明清台灣儒學論》（台北：台灣學生，2001 年），頁 3〜4。

〔註66〕　陳來《古代宗教與倫理：儒家思想的根源》（台北：允晨，2005 年），頁 22。

〔註67〕　見《駱香林全集》，頁 247。

〔註68〕　黃雅鴻談到原住民的土地從清治到國府時期幾度變歸國有的狀況：「在

同」差異到「認知」差異的全面性宰制。

　　花蓮的邊緣性是全面性的，地理位置、開發時間、現代化、交通、人口……
等等，都明顯落後於台灣其他地區，因此與主流文化的價值差異顯而易見，
駱香林說：「余初到花蓮，首留心政績，察民情，考風俗，除一部山胞外，餘
與西部地方略同。〔註69〕」為什麼在台北持隱居心態的駱香林，一到花蓮卻
留心於政治？很明顯是儒家型知識分子對於邊陲地區教化責任的自我承擔使
然，這就是因為花蓮的邊陲特性有別於台北，所以駱香林除了藉助官方資源
調查原住民部落，編寫《花蓮縣志》、主編《花蓮文獻》，還自費出版《俚歌
百首》、《俚歌百首二集》、《題詠花蓮風物》等書，對於教化之用心與積極的
態度，顯現出他的焦慮感。可是駱香林在此雖然以中心性的主流文化自居，
卻也有被邊緣化的危機，因為他所肯認的傳統文化，與國民黨政府基於民族
國家的需要所建構的傳統文化是有差距的，他所批判的現代化也是由這個政
府的工業化政策所發動的，同樣的矛盾也出現在他的國家認同上，例如他對
大陳義胞、雙槍王（黃）八妹、中橫開發、反攻大陸神話的謬信，使他成為
文化霸權的媒介以及再殖民的協力者，相信這是駱香林所始料未及的。

　　面對現代化的挑戰，駱香林憂心民族文化與精神淪喪，反過身來發現花
蓮的舊俗之樸素有中國擊壤古風，以之為武器力抗西化之風，他常採用鏡像
式對照的方法作為自我建構，在這個過程中將原住民的傳統重新編碼，納入
中國傳統之中，在此同時也就取消了原住民風俗的真實性，使其類型化、扁
平化而失去自我，這也是西方殖民者常用的「東方主義」式再現殖民地的手
法。借用霍米·巴巴的話來說：「『殖民話語』所起的作用就是它既指明了但
卻又否認種族、文化和歷史上的差異。〔註70〕」更不要忘記，駱香林的觀看

　　Karowa 耆老的土地所有權認知中，顯然沒有向國家機關登記以求取認證的
　　概念，在他們的認知中，只要雙方合意土地價金，買方取得土地就算是完成
　　擁有土地的手續，否則當事人不會晚至放領土地公布時，才驚覺自己的土地
　　竟為國家所有。土地被公告放領這件事，宣示的是他們的權利認可方式全數
　　被國家權力否認，只有權力機關認定的規則才稱得上是判斷權利歸屬的基
　　準，這又再次印證上述觀點，即公地的合法性為承認政治下的片面事實。」
　　見黃雅鴻〈他者之鄉：從空間霸權論述談 Karowa 原住民的流離與主體性〉，
　　2003 年東華碩士論文，頁 131。

〔註69〕〈東臺遊記〉，《駱香林全集》，頁 547。
〔註70〕霍米·巴巴〈他者的問題：刻板印象和殖民話語〉，收在羅鋼、顧錚主編《視
　　　　覺文化讀本》，頁 219。

方式是藉助西方的新科技——照相機——這種觀看經常造成理性、眞實的錯覺，被觀看者並沒有拒絕被觀看或詮釋的權利。這種觀看方式隱藏著話語的權力關係，觀看者通常預設著某種立場，在這種立場的視點下呈現，由於學術養成與意識形態所造成的潛意識，駱香林在《題詠花蓮風物》及《俚歌百首》等作品中動輒出現種族、性別、階級身分視點三位一體的觀看方式，透過分析還原，可以清楚的理解駱香林的局限，這樣的局限具有普遍性與時代性，是儒家型知識分子面對現代性的共同挑戰。

第八章 駱香林對殖民性與現代性的回應

　　文化的現代性與社會的現代化共同構成了廣義的現代化〔註1〕，現代化的最根本內涵是工業化，雖然現代化不等於工業化，但是現代社會是建立在十七世紀以來的科技革命的工業化，科技成為改變世界的重要工具，尤其西方世界在工業化之後引發一連串的經濟變遷與社會變革，帝國主義、殖民主義均與此有關。當西方工業化國家率先進入現代化，進而出發向世界其他地區以武力掠奪各種資源，為獲得更高的報酬，更進一步以武力、政治合作、經濟、社會和文化的依賴以控制另一個國家或土地上的人民，這就是我們所熟知的帝國主義，而殖民主義只是帝國主義所產生的結果〔註2〕。殖民地的人民或許會抗拒帝國主義與殖民主義，但是對於現代化所帶來的物質的便利性、經濟上的持續增長與文明的進化則很難抗拒，因為現代化意味著都市化、工業化、世俗化、民主化、教育以及傳播媒體的參與〔註3〕。這種現代化所帶來的進步性，使得殖民地知識分子在歡迎之餘，卻又為其所挾帶的殖民性而矛盾不已，駱香林也不能避免這樣的困擾。此外，由於駱香林的儒家性格，他

〔註1〕 一些西方學者刻意將現代化（modernization）和現代性（modernity）之間做出區隔，例如史華慈就將「現代化」指經濟、政治、法律、軍事和其他行為方面；而將「現代性」專指某些思維模式和感覺模式。見張汝倫〈人文知識分子與現代化〉，收在《知識分子與社會轉型》，頁81～82。

〔註2〕 薩依德《文化與帝國主義》（台北縣：立緒，2001年），頁41。

〔註3〕 塞謬爾・杭亭頓（Samuel P.Huntington）著，張岱云等譯《變動社會的政治秩序》（台北：時報文化，1994年），頁30。

還面臨了另一層困擾。白魯恂說：「民族主義與現代化之間的關係，無疑是中國現代史上一個基本問題。」又說：「在後殖民地世界的其他地方，民族主義與現代化是相互強化的力量，但在中國則主要地一直是二個敵對性的力量。〔註4〕」因爲現代的「民族主義」與傳統的「文化主義」已經成爲知識分子認同與效忠的競爭者，文化主義所欲維護的是文化的獨特性而非國家的完整性，所以中國自古以來的國家意識是模糊的，在西方優勢文化的侵迫下，強國成了第一要務，而傳統文化反而成了阻礙強國的包袱，於是中國人不得不建立以西方民族國家爲內涵的現代國家，這就使得中國在向現代化轉向時，除了現代化的陣痛之外，又平添了被殖民化的憂慮，這樣的困境，在日治時期的日本政府與戰後國民黨政府接收台灣有何不同，駱香林對此的反應，頗耐人尋味。

第一節　日治時期駱香林對殖民性與現代性的批判

一、對殖民性的批判

自古以來，花蓮因爲地理環境的因素，一直處於人口稀少的低度開發狀態，被漢人視爲蠻荒地帶，清朝政府視之爲化外之地，所以一直是地廣人稀，處於二次移民地區，在日治時期與戰後都有大量外來移民移入。對日本人而言，東部不啻是琳瑯滿目的百寶箱，可任其盡情取用〔註5〕。在「日化東部」的政策下，日本一方面鼓勵國人移墾，另一方面則排斥漢人移入，引起台灣人的不滿。1909 年花蓮港獨立設廳，開始籌劃現代化的都市，翌年公告花蓮港街首次都市計畫，舉凡筆直的街道、排水系統、鐵公路交通、自來水等現代化設施陸續建設完成，花蓮港街從一個小村落變身成爲具有旅館、商店、料亭等現代商業機能的都市。1911～1924 年間日本政府以優渥的條件鼓勵日本本地農民移居花蓮，爲之設置移民村，自 1917～1941 年間，日本人占全縣的人口比例，從 20％大幅增加至 52％〔註6〕，難怪當時日本人稱花蓮港街是「距離母國一千浬外，最美麗的內地都市。〔註7〕」駱香林移居時花蓮日化的

〔註4〕　轉引自金耀基〈民族主義與現代中國〉，見氏著《中國社會與文化》，頁 179。
〔註5〕　彭明輝《歷史花蓮》（花蓮：花蓮洄瀾文教基金會，1995 年），頁 90。
〔註6〕　彭明輝《歷史花蓮》，頁 98。
〔註7〕　宮地硬介《台灣名所案內》（松浦屋印刷部，1935 年），頁 61。

程度已相當深，不同於西部的抵殖民文化。此外，因爲開發需要大量的勞動力，薪資條件較台灣西部更優渥，吸引許多漢人移居來此，駱香林於 1933 年移居花蓮時，漢人已經達到相當的數量，駱香林的身分角色——塾師——偏重在漢文化的傳播與捍衛，尤其日治時期的書房，多半具有「延斯文於一線」的功能，而移民文化就是原生傳統社會的連續或延伸，「移民社會」的性質就是傳統社會移植和重建的過程〔註8〕，和遺民捍衛傳統雷同，所不同的是移民的適應性與變通性更強。駱香林既以遺民自居，是傳統與民族文化的捍衛者，此時花蓮的漢人所面對的異文化分別爲日本人與原住民，在當時日本政府採取隔離政策下，漢人、原住民與日本人的族群之間缺乏密切的往來，在文化上的衝擊主要來自於殖民的現代化。雖然以隱居的心態來到花蓮，不過駱香林移居花蓮時是受到移居漢人熱烈的歡迎與期待，因爲在新開發地區，移民一旦生活穩定之後，首要之務就是建立教化機構教育子弟以示不忘本，而透過優勢文化的滲透，將「蠻夷」之地化爲「中國」，是中國文化區逐步擴展的歷史經驗，但是在近代以來，中國文化的優勢不再，駱香林的挫折可想而知。

　　駱香林秉持儒家古訓，在亂世採取心隱的態度，但是基於儒家知識分子的經世思想，來到花蓮之後，駱香林不忘觀察日人的施政，讓他不得不讚嘆日本城市建設的現代化：

　　　地之廣，民之衆，施政之周密，衛生之整潔，商工之展布，建築物
　　　之華麗，不惟東臺無其比，較之西部，亦不多讓焉。〔註9〕

　　這種殖民地建設的進步性經常展現於硬體的物質性上，花蓮港街的城市建設，可以說從無到有，都是在日本人的規劃下誕生，就可見出帝國主義的文化優勢，而花蓮港的築港工程之浩大，更是一個現代化的見證：

　　　我聞江口前花蓮廳長，度地米崙，爲築港豫空地，十五年來，經東
　　　部開發踏查隊之踏查，乃始決定本年四月著手開鑿。經費約八百萬
　　　金，費時八年，蓋尚須七年之久。他日港道完成，可容三千噸船三
　　　隻，大型漁船五十隻云。〔註10〕

　　在讚嘆殖民地的現代化之餘，沒有因此被蒙住眼睛，駱香林直指帝國殖

〔註8〕　陳其南《傳統制度與社會意識的結構：歷史與人類學的探索》（台北：允晨，1998 年），頁 172。

〔註9〕　駱香林〈東臺遊記〉，見氏著《駱香林全集》，頁 541。

〔註10〕《駱香林全集》，頁 543～544。

民地的剝削：

> 課稅之重，雖由於設施事業之多，而有田宅者少，平民之負，往往
> 倍於西部。若花蓮築港工之所收，所以仰事俯畜，且猶不贍，奚暇
> 及他，宜爲政者之同情也。〔註11〕

由於駱香林移居花蓮適值築港之際，駱香林對此的觀察入微：

> 築港工，大都島人山胞參半，山胞由當事者直雇到，工資每日六角。
> 島人以入札，僅五角半耳，而外人莫知之也。每輪船入港，謀工作
> 者擁到，及觀工資低微，有棄而歸者，有路費告罄，勉以服役者，
> 猶十一二也。……蓋受不景氣之苦，細民尤甚，而花蓮之築港，猶
> 爲陷阱〔註12〕。

這樣嚴厲的政治評論，在駱香林的文集中並不多見，而駱香林的關懷並
不分種族，關於日本殖民政府對於原住民的統治，他觀察到：

> 而山胞茫然無所覺，爲政者每耳提而面命之，對公民亦不似西部考
> 察之深良，以民心朴質柔順，對於徵求，無敢反抗。雖其間不無腹
> 非之人，抑塞之，不使汲及。遠客外來，必細察其思想，其防閑苦
> 心，有甚於西部者矣。〔註13〕

因爲歷經威里事件、七腳川事件、太魯閣之役等幾次原住民的反抗，日
本對於花蓮原住民部落監控之嚴密，可想而知。除此之外，他也注意到美崙
的琉球部落與移民村日本農民及其生活方式：

> 自米崙以南，始就平坦，……居是間者，多琉球人，有琉球部落在
> 焉，人口百餘人，戶三十餘戶，皆捕魚爲生。所捕又以龍蝦九孔爲
> 主，不以網不以釣，皆赤身入海求之。每出出（按：原文多一「出」
> 字，疑爲衍字）門，以四人共一舟，……出漁時，四人共扛下水。
> 四人者，無論寒暑，皆赤身，惟以布纏腰，握小刀，懸眼鏡，出至
> 海外，皆投入水，於叢石間搜索魚蝦。問之同業，其在水可耐終日，
> 每一二時，一上水面喘息。……余在花旬餘日，未嘗見一魚生，蓋
> 琉球人所獲，每清曉輒遣婦人賣諸料理業，居民無從染指也，其出
> 產之稀貴，概可想見。〔註14〕

〔註11〕《駱香林全集》，頁 547。
〔註12〕《駱香林全集》，頁 544。
〔註13〕《駱香林全集》，頁 547。
〔註14〕《駱香林全集》，頁 543。

余嘗觀吉野村矣，其居室之錯雜，生活之粗率，與臺農無稍異，而
在本國諸農亦然。及渡台灣，其所收足以仁其妻子，崇其閒闊，享
用擬於豪富，此政府之護念其民，用心亦至矣。〔註15〕

從這裡可以看出駱香林「初到花蓮，首留心政跡」之言非虛，字裡行間
亦可見出他對殖民者、被殖民者的觀察、分類，琉球人於牡丹社事件之後才
被納入日本的領土，地位僅高於台灣人，而日本動員本土而來的農業移民，
地位則高於琉球人，所以照顧也比較多，但是相對於掌權者則等而下之：

有山西向，是謂米崙山，花蓮港神社在焉。其南向山腰，新建築物
鱗比其間，最東為水源地，稍下為陸軍營，及諸將校宿舍。其下米
崙溪旋繞之，有橋可通。沿米崙溪，則高等女學校、公學校、病院，
及在官者之宿舍。或面山，或面海，或面溪，皆不一其向。若登華
岡山上，全景如指掌，蓋全街風光，此最清絕，而臺人無一插足其
間，此勢力不相侔，豈甘心塵垢，不知淨境之為樂哉！〔註16〕

文中所描述的是掌權的官僚，占用了最稱精華的生活環境，既富視野的
美感，又有生活機能之便利，機關、學校、醫院都在附近，而這一精華區域
是台灣人所無法染指的，這就是權力的不對等，在無形中形成的宰制關係。
不過排除了民族主義的意識形態批評，以及資本主義的美學價值批評，駱香
林對現代化生活其實也不是全然排斥，對於日本殖民者花岡山的庶民休閒生
活圈的規劃則頗為讚賞：

花岡山為街民遊園地，其大視台北圓山，上頗平坦，或曰，是以人
工削平者。有公會堂、水浴場、庭球場、野球場等。每夕陽西下，
裙屐紛如，俯瞰遠眺，殆勝圓山；若明月當空，海雲萬里，遊人雙
影，出沒於涼亭綠陰之間，其樂當不減三郎擘釵分合。〔註17〕

從文中可見殖民者雖然獨占了美崙山的精華區，卻也不吝於在花岡山另
闢市民休閒生活的去處，其生活美感與民族文化並無任何扞格之處，所以駱
香林也不吝於讚美，這正說明了現代化的強大說服力。文中說花岡山頂的平
坦，可能是以人工削平，雖似輕描淡寫，但是可以讀出駱香林的震撼，否則
也不必特地記上一筆，這也是現代化以科技之力所達到的境地，是以前的人

〔註15〕《駱香林全集》，頁546。
〔註16〕《駱香林全集》，頁545～546。
〔註17〕《駱香林全集》，頁546。

所無法想像的。另外，駱香林有意地以花岡山與台北圓山相提並論，因為駱香林也曾在劍潭、圓山一帶居住過，所以感受特別明顯，這也正是現代化的一大特色：複製，可見這並非是無意的巧合，而是殖民者透過現代科技之助而不斷複製的城市規劃，在不知不覺間，即使是知識分子也被殖民地現代化之力所滲透。

根據陳紹馨的研究，一九二○年代是台灣社會史上的一個重要轉變，在醫療衛生上有很大的進步，死亡人口降低，教育較普及，農業技術改良獲得成果，交通建設使人民的移動性增加，生活有了改善〔註 18〕，這些都證明台灣社會已經步入現代化。陳芳明指出：「對二○年代新興的知識分子而言，現代意味著一種開明、進步，以及科學、理性等等。這種西方文明的先進性，似乎普遍為台灣青年所接受。〔註 19〕」事實上豈止二○年代的知識青年對現代文明仰慕與嘆服，黃美娥亦指出，稍早（1900 年）的傳統文人吳德功參訪日本，對其各項現代化建設與制度的驚奇欣喜，使得他對日本統治從抗拒到接受，充分流露出舊時代傳統知識分子對於新時代文明的高度興趣與期待〔註 20〕。可以說台灣新、舊知識分子普遍懷有「遲到的現代性」（belated modernity）的焦慮感〔註 21〕，面對先進國家文明的進步自覺落後，只有急起直追而無暇顧及其他。既然甲午戰爭證明了日本已經邁入現代國家之列，日本殖民者已搶先現代化，並且把這種現代性轉化為文化的優越性，因此使得部分被殖民的台灣人誤以為現代性等於日本性，而產生了認同上的危機，以為要達到現代性就是要將自己改變成為日本人〔註 22〕。

但是並非所有台灣的知識分子都混淆了現代性與殖民性，黃呈聰〈應該著創設台灣特種的文化〉一文中提出的看法頗有見地：

> 台灣自割讓帝國以來，移入日本的物質文化很多，……如交通整頓、衛生的設施、產業的開發，這是有益於民眾的生活，我也是贊成的。
> 但是像日本地名的改正、國語的強制、日本式衣食的獎勵、漢文的

〔註 18〕陳紹馨〈台灣的人口變遷與社會變遷〉，《台灣的人口變遷與社會變遷》（臺北：聯經，1979 年初版，1992 年第四刷），頁 127。

〔註 19〕陳芳明〈現代性與台灣第一世代作家〉，見氏著《殖民地摩登》（台北：麥田，2004 年），頁 28。

〔註 20〕黃美娥〈迎向現代──台灣新、舊文學的承傳與過渡（1895～1924）〉，《重層現代性鏡像》（臺北：麥田，2004 年），頁 37。

〔註 21〕陳芳明〈現代性與台灣第一世代作家〉，見氏著《殖民地摩登》，頁 30。

〔註 22〕陳芳明〈自序／摩登與後摩登台灣〉，見氏著《殖民地摩登》，頁 12。

限制、學術研究的束縛等──這是不利於民眾的生活，阻害文化的
進展了〔註23〕。

　　黃氏的言論展現了台灣知識分子的主體性，分辨殖民性與本土性和現代
性三者之間錯綜複雜的關係，當時的知識分子引進西方的民族自決以抵抗日
本的殖民統治，然而一般大眾對於物質文明的誘惑顯然沒有辦法抵抗。日本
為向台灣輸入現代化的種種措施，提高小學入學率，透過小學教育向台灣人
灌輸現代知識，其目的是建立守法治、守時間、便於管理的殖民社會，而並
非著眼於台灣人的經濟生活，現代化與殖民性結合的結果，台灣人的生活並
沒有得到改善，甚至被剝削得更厲害、更為窮困，於是部分台灣的知識分子
「覺悟到現代化是台灣社會的敵人」〔註24〕。

二、對現代性的批判

　　駱香林在日治時期對現代性的抗拒約有二端，一是民族身份的認同所導
致的反殖民性，二是對於資本主義生活美學的不適應。關於前者在第一小節
中已經分析過，關於後者，駱香林面對殖民者的現代化，在〈春興八首〉中
曾云：「文明吹得新風化，禮樂拋殘舊典章。我是毛錐投未得，下帷自甘守淒
涼。〔註25〕」毛錐就是毛筆，代指中國的文化與文明，殖民者帶來的新文明
淘汰了舊典章，駱香林雖然並非出生於前清時期，因為堅守中國傳統文化，
在日本異族統治之下顯得無用武之地，他既不願接受殖民者帶來的新文明，
又無力反抗，只能自甘淒涼。撇開殖民性的政治問題，駱香林的「適應」問
題是所有「適應型」現代化社會必然面對的問題〔註26〕，「適應型」現代化社
會的壓力來自於外部所逼成的，在這個社會、文化變遷的過程是非系統化的、
平衡的，而傳統文化也難免受到衝擊，所以往往會產生「文化脫序」（cultural

〔註23〕黃呈聰〈應該著創設台灣特種的文化〉，《台灣民報》3 卷 1 號，1925 年 1 月 1
　　　　日。
〔註24〕陳芳明〈三○年代台灣作家對現代性的追求與抗拒〉，見氏著《殖民地摩登》，
　　　　頁 66。
〔註25〕《駱香林全集》，頁 325。
〔註26〕任何現代化社會都不脫「創造型」與「適應型」兩種型態，前者來自於社會
　　　　內部，是透過「內發的力量」所造成的；後者則來自社會的外部，是「外發
　　　　的壓力」逼成的。西方社會的現代化大都屬於「創造型」；非西方社會大都屬
　　　　於「適應型」。參見金耀基《從傳統到現代》（台北：時報，1978 年），頁 165。

lag）現象〔註27〕，往日依賴傳統文化建立的社會秩序隨之瓦解，這個過程造成許多令人無所適從的焦慮感，這個部分駱香林在日治時期的著墨不多，反而是到了戰後國民黨政府執政時期才見大量的批判。在此駱香林所指新文明與舊典章，就是殖民現代性對傳統文化、典章制度的衝擊，通常在現代化的過程中率先被淘汰的是物質性的器物與技術，次之則是典章制度，最後才是具有神聖性、象徵性的理念、信仰〔註28〕，這是傳統文化的核心價值，新文明淘汰舊典章才是他所焦慮的，至於器物型的現代化他並非全盤的否定，跟中國的知識分子一樣，在守中與西化間徬徨，不得不擇其一，而他堅守的是象徵性的理念，也就是儒家的價值觀，即使因此而墮入淒涼的處境也自甘如飴。

　　駱香林在文章中強烈否定的，是資本主義的商業運作下的享樂主義生活美學，其不認同的強度並不輸給殖民性。早在台北時期的〈與同人過新莊子〉詩中他就提到：「在村風日清，入市煙塵毒。何當占一邱，與君連茅屋。〔註29〕」在日治時期他已感受到都市與鄉村生活的差異，面對都市生活的環境污染與鄉村生活的清明，他的選擇很清楚，這個選擇來自於他的生活美學——清逸儉樸——這種傳統文人的審美意識與價值觀對現代性的不適應，在〈華岡山納涼會〉中有鮮明的反映：

> 興會納涼按兩日，擾擾華岡增業炭。遊人竄作投網魚，雖有微風安得入。紅燈警吏守諸途，露布群商藏覆笠。旗亭齊唱留聲機，攬客門前出女給。此時遊客礙妻孥，眼中螢火徒熠熠。路旁叫喚賣冰聲，蛋冰一盞錢五十。嬌兒索食索玩具，爺娘巧騙莫止泣。烘烘大地一蒸籠，如入溜槽遭榨汁。諸人豪飲劇鯨吞，醉後婆娑扶僅立。華岡不過一泥丸，瀝酒融冰亦透濕。但聞酒肉臭薰天，忽忘在家馱蟻粒。君看麗服飾妻子，但引遊人視線集。〔註30〕

　　「納涼會」是日本江戶時期現代化的民俗活動，詩中呈現花蓮在日治時期商業活動熱鬧富庶的一面，動用代表國家機器的警察在場維持秩序，食慾（蛋冰、索食索玩具、豪飲）、色慾（女給攬客）與物慾／虛榮（麗服飾妻子）

〔註27〕 見金耀基《從傳統到現代》，頁160。
〔註28〕 葉啟政〈「傳統」概念的社會學分析〉，見氏著《社會、文化和知識分子》，頁81。
〔註29〕 《駱香林全集》，頁338。
〔註30〕 《駱香林全集》，頁293～294。

交織成一幅「酒肉臭薰天」的市井風俗畫，在駱香林眼中皆成負面的印象，俗不可耐的商業活動中物欲橫流，凡夫俗子種種愚駿行徑的描述，顯示出中國傳統士人的反商情結與雅文化的生活美學，在面對商業化社會所衍生的大眾文化嚴重的挑戰下的反應。日治結束，國民政府統治台灣後，駱香林民族身分認同的抵抗因素消失後，如上所述，對於現代化的進步性，即物質文明的現代化這一層面他採取了認同的態度，但是對資本主義社會的價值觀與審美觀，則是始終採取抗拒與批判的態度。

第二節　戰後駱香林對現代化社會的接受與矛盾

一、工業化與民族國家的強國想像

　　紀登斯將「現代性」界定為「工業化的世界」，因為工業主義是指蘊含於生產過程中物質力和機械的廣泛運用所體現的社會關係〔註 31〕。換言之，工業主義意味著製造業的普遍推廣，在推廣的過程中產生了生產流程的制度化，而此一制度化的具體表徵為「工廠」——集中性的生產地點——帶來了人口的集中，人口從傳統農業家庭的解離，造成都市人口集中化的趨勢，改變傳統農業社會的結構，因此都市是現代文化的發源地。此外，工業技術本身不斷的進步，為了要適應這種不斷的變化，教育扮演了關鍵的角色，基礎性的教育，使人具備識字、一定的技術能力、可以持續地與陌生人溝通、共享一種標準的習慣用語和書面用語，乃是為了工業發展所需〔註 32〕。由於識字（方言文字化）與教育的普及，意外的導致民族主義的誕生，進而催生了現代「民族國家」。所謂「民族國家」是兩個概念（民族、國家）的複合體，韋伯對國家的定義是：在社會中壟斷暴力的正當機構〔註 33〕。韋伯的定義預設了西方國家中央集權的特性，所以也適用於向來即為中央極權的中國。而民族國家是指在相同疆域領土、主權之下，認同並分享彼此的文化（共同的語言、宗教信仰、歷史、生活方式），也就是彼此承認共屬於一個民族國家的

〔註31〕安東尼・紀登斯（Anthony Giddens，1938～）著，趙旭東、方文譯《現代性與自我認同》（臺北縣：左岸，2005 年），頁 43。

〔註32〕汪民安《現代性》（桂林：廣西師範大學，2005 年），頁 114。

〔註33〕艾尼斯特・葛爾納（Emest Gellner，1925～1995）著，李金梅、黃俊龍譯《國族與國族主義》（臺北：聯經，2001 年），頁 4。

成員〔註34〕，因此民族國家具有主觀認同的集體意識，而其國家形式乃屬於中央集權，即紀登斯所謂的：「具有特定形式的領土性和監控能力，並對暴力手段的有效控制實行壟斷。〔註35〕」在此前提下，國民黨政府主政下的中華民國，欲「反攻大陸」首先必須強國。而根據西方列強的工業化程度與殖民正相關成果，中國人認定工業化是強國的手段，在發展工業的前提下，對農村進行「榨取式的發展」勢在必行，也就是將勞動力自農村中榨取出來。當農民還沉浸在「耕者有其田」的喜悅中，政府透過提高稅收、以穀代稅、肥料換穀等手段，造成農村生活困難〔註36〕，農民自動走向都市投入工廠以舒緩農村人口壓力，一舉解決工廠勞動力不足的困難，但是人口向都市集中化打破原來的社會結構，帶來更多的社會問題，儒家的倫常觀點遭受嚴厲挑戰。台灣工業化的經濟發展所允諾的美好將來，將工業帶給國家的發展與都市現代化，描述為物質生活的進步及對於未來的想像，駱香林在〈工業社會〉一詩中描述：

> 建國以綱常，未為天所佑。工業歐美化，事事都遷就。自由政自佳，
> 一雨出百漏。利己信有餘，愛人恐無復。全國一廠場，舟車交奔驟。
> 不惜汗與血，勞力總得售。煙囪如密林，接班連夜晝。經濟一以充，
> 前程如錦繡。〔註37〕

　　一開始駱香林認為傳統中國強調綱常已不足以適應社會的變遷，所以不為天所佑，故必須學習西方工業化以強國，以致事事遷就西化，接著駱香林對於民主自由也不信任，認為有很多漏洞，個人主義導致自私利己的社會。可是他所描繪工業化的社會，國家就像一個工廠，舟車交馳與人民流血流汗都是為了工廠的運作，當工廠運作順暢永不停歇，人民的勞力得售，經濟充分發展，國家、人民的前程似錦。從這裡看出駱香林對工業化國家滿懷希望。資本主義所允諾的美好將來，在〈職業婦女〉中已經實現：

> 地方多工廠，兒女多事作。父母亦領薪，得酬不怕薄。時衣有得穿，
> 時食有得嚼。耳目之所及，趁人都趁著。辛勤八小時，交友年相若。
> 相攜出門去，夭桃爛灼灼。時俗有交代，未容過束縛。不為已甚事，

〔註34〕 葛爾納《國族與國族主義》，頁8。
〔註35〕 紀登斯《現代性與自我認同》，頁44。
〔註36〕 參考劉進慶著，王宏仁、林繼文、李明峻譯《台灣戰後經濟分析》（台北市：人間出版社，1995年），頁133～148。
〔註37〕 《駱香林全集》，頁26。

人生庶可樂。〔註38〕

　　詩中所描述的社會，地方有許多工廠不怕失業，工作穩定，每天工作八小時，不會被剝削（得酬不怕薄），在工廠中年齡相近的朋友，下班後相約出遊，時髦的衣著，飲食的享受，不再受時俗的束縛，甚至不忘慰勞父母的辛勞，也給父母一份奉養金，詩中的描述簡直是烏托邦的世界。當已開發國家的工人以罷工為手段為自己爭取權利時，駱香林頗不以為然，在〈罷工〉詩中說：

　　　舉世鬧罷工，我猶不及此。為政務持平，保民如赤子。苟非迫饑寒，
　　　人人思克己。百貨任飛騰，以儉替奢靡。……自由要有限，顧及國
　　　存毀。我每順輿情，先期調薪水。〔註39〕

　　雖然詩中也提到「我每順輿情，先期調薪水」，但是「百貨任飛騰，以儉替奢靡」則已說明了事實的真相，當時因為通貨膨脹而「百貨飛騰」，台灣的勞動階級薪資水準遠低於已開發國家，只能一味的要求發揚「節儉」的美德，對於民主國度的自由還是心懷恐懼，甚至以「自由要有限，顧及國存毀」提醒台灣人，要以國家為重，不應該追隨罷工風潮。這種集體主義的思想，就是傳統社會中「個人」一向被視為家族的一部分，而非一個完整獨立的個體有關，就像當時的宣傳所說的，每個人都是國家、社會小小的一顆螺絲釘，單獨的螺絲釘是不能形成龐大機器的。

　　駱香林的重農思想可以說是典型傳統儒家型知識分子的思想，在〈農民節〉詩中強調「勸歸農」的重要，但是在〈勞動節〉一詩中他又轉而讚頌工業，其目的也是為了強國所做的調整：

　　　立國本於農，工亦有獨到。衣食與住行，何莫非所造。文明在生產，
　　　勞資相投報。勞資得其平，可以息爭噪。辛勤八小時，一天便已過。
　　　回家調兒女，隨笑隨坐臥。服食不讓人，豈惟免飢餓。國際同此日，
　　　表獎加優勞。〔註40〕

　　這首詩與〈職業婦女〉一樣美化了工業都市的生活，雖說工業利潤高於農業，但那是高工時（加班、不休假等）所換來的，所謂「勞資得其平」、「服食不讓人」言過其實，雖然當時台灣經濟已經在起飛階段，但仍與事實有很

〔註38〕《駱香林全集》，頁30～31。
〔註39〕《駱香林全集》，頁97～98。
〔註40〕《駱香林全集》，頁95～96。

大的差距。另外〈社區〉一詩描繪都市集中化的社區生活圖像，將它提升到「耕有田、住有宅」的幻境：

> 社區舊田圍，都市新計畫。填地構層樓，道路隨整飭。鋼筋水泥頂，
> 鋼筋水泥壁。大小及裝修，一樣新形式。建地雖無多，人少未覺仄。
> 飲食就廚房，福廁同一室。居民多小康，未須慮飲食。耕者有其田，
> 住亦有其宅。〔註41〕

對於這種都市計劃下的社區，填平農地，整修道路，大小劃一、形式一致的公寓住宅，居室空間與傳統三合院大不相同，大大改變傳統社會的結構與人際關係，是後來很多都市問題的根源。這種居住方式與傳統三合院具有結構性的差異，所引發的現象——疏離——是現代人重要的課題，完全來自不同地區的陌生人，擁有不同語言、文化，雖然門對門卻可能始終不相往來，所引起的精神上的空虛遠大於物質的滿足，駱香林不但不覺得不妥〔註42〕，甚至歌頌其如同耕者有其田般「住亦有其宅」。

西方的民族國家發展是由工業主義促成，工業社會中個人被物化為機器的一部分，固然有集體主義的傾向，然而從民族意識中產生個體的啓蒙與自主，進而維護個人的權益；中國則正好相反，是由民族國家走向工業主義，中國人在秦代以後就已經透過「書同文」而產生強烈的種族文化一體感，在中央集權的「天下觀」——普天之下，莫非王土——的文化主義之下，漢族並不排斥吸納他族文化，因此在西方船堅礮利的威脅下，晚清儒者很快就提出「師夷長技以制夷」的實用論與「中體西用」的調和論，並且影響深遠，在他們看來西方的應用科學（科技）及其所發展的工業文明若能使國家強大，接受又有何不可？但在精神文明方面中國顯然優於西方，駱香林在〈五年九建設〉一詩中清楚的流露此一想法：

> 五年九建設，技術用人多。供需顧均衡，萬方急張羅。需才不一類，
> 為用必專科。穿山通鐵道，浚海圍波濤。行車用專電，煉鋼定爐鍋。

〔註41〕《駱香林全集》，頁15。

〔註42〕事實上駱香林也觀察到了這種現象，在〈大搬家〉中他有具體的描述：「出門必下鎖，明示內無人。盜來大搬家，貨卡晝臨門。上下有同居，左右有同鄰。皜皜白日下，豈能無見聞。平居如吳越，貌合神則分。盜來懾其勢，出入無敢詢。平時說禦侮，見盜怕累身。必有纓冠念，庶不愧里仁。」《駱香林全集》，頁38～39。但是此詩並未注意到此現象與居住及社會結構的改變有關，而將它指向鄰居懼怕舉發而惹禍上身，所以有愧於里仁之德。

戮力完國策，兵工不辭勞。交通求其暢，人事望其和。興復舊文化，

擊壞起謳歌。〔註43〕

　　詩中所強調的技術性人才，都不是傳統儒家社會所重視的，但是作者並不排斥，反而渴求各方人才，戮力完成強國國策，但是在階段性任務完成後仍然希望回歸到傳統——興復舊文化，絲毫不覺其中有何矛盾之處。從根本上說，中國因為現代化的遲到，產生急功近利的實用主義，在西方本屬價值層面的東西（如自由），到了中國以後常常降到工具層面；反之，本屬於工具層面的東西卻被提升為價值理性（如科學），所以，國家為了達成工業化的目的，教育中解離出一般教育與技術教育——又稱職業教育，使得教育也充滿急功近利（包含一般教育），〈職業教育與工廠〉詩中駱香林指出（職業）技術教育的重要性：

讀書憑理論，實習乃得明。社會多工廠，久鍊乃得精。職業有專校，

工廠需技能。載讀載苦幹，學成藝亦成。人心如日月，晷刻未嘗停。

生涯科學化，無物不須爭。入校以其智，入世以其誠。一身賴家國，

不斷受恩榮。〔註44〕

　　前述〈工業社會〉駱香林將國家比喻為一個工廠，從這首詩可以看出他鼓吹技術教育與國家需求的結合，而且認為個人的價值是國家所賦予的，個人被工具化也是理所當然，所以站在國家發展的立場要為國家所用，這樣的觀點與西方工業社會促成的個人主義的發展，差異甚大。更令人驚訝的是他接受了社會進化論的論點——「無物不須爭」〔註45〕，在現代緊張競爭關係下，一切變動不居，再也沒有永恆不變的東西，人心受到科學文明的刺激，如時鐘般追逐變動不得停歇，寄望於進步的美好生活，就是典型的現代性。現代性對傳統的破壞力之大，遠超乎駱香林的想像，在工業化的過程中，中國傳統文化更深地解組，價值的衡量標準已由權力與威權身分轉向財富，再也不可能在達到現代化之後又回復到樸實無爭的擊壤歌時代〔註46〕。

〔註43〕《駱香林全集》，頁110。

〔註44〕《駱香林全集》，頁101。

〔註45〕進化論又稱社會達爾文主義，強調「適者生存，不適者淘汰」，不適應者因為爭不過強者，將被視為弱者而慘遭淘汰，可以說是帝國主義與殖民主義發展強而有力的理論後盾，中國清末民初的知識分子，亦大多接受此一理論，用以惕勵中國人避免被淘汰，卻也提供集權主義的溫床。

〔註46〕金耀基〈中國現代化的動向〉，收在彭懷恩，朱雲漢編《中國現代化的歷程》（台北：時報，1983年），頁24。

可以說駱香林是站在民族國家的立場而非人民的立場來看工業發展，因此國家發展優先於個人權利。當時台灣的經濟起飛，是在威權體制之下，犧牲農民、勞工的權利所造就的，所以當時雖然在政治上有退出聯合國、在經濟上有能源危機等挫折，整體的經濟仍優於以往，對未來仍充滿希望。在〈十種建設〉詩中，可以看到這種對未來希望的殷切期許與自信：

> 台灣播建設，舉國盡關懷。有如看少棒，個個準時開。卅年經教養，
> 為國盛儲才。設科無不備，為用足專才。籌款二千億，初猶費疑猜。
> 投資有足恃，人多為利來。金馬固金湯，寶島多瓊瑰。將為模範省，
> 凌厲起風雷。〔註47〕

從這首詩可以看到當時民族主義對國家安定的確發揮了相當大的作用，從少棒賽轉播時，家家戶戶熬夜為中華隊加油的狂熱可見出端倪，因此政治上的種種挫折輕易的被轉移，甚至轉化為對執政者有利的情勢，而十大建設的成功讓執政者對往後的計畫性經濟有了更大的信心，從某個角度來看，這的確是台灣的「美好年代」。然而，純粹著眼於經濟發展的一面，人民生活的總體素質仍然存在嚴重缺陷，很難說是已經全面現代化的社會，如〈環境衛生〉一詩中所述：

> 工廠急生產，催工連日夕。空氣積污染，淨化猶無策。環境促衛生，
> 先命清溝洫。蠅蚋出穢朽，掃除須群力。農藥滿天下，專以殺蟊賊。
> 餘毒入海中，海魚莫亂食。人生得溫飽，將身近聲色。衛生只衛身，
> 孰與衛心急。〔註48〕

詩中的景象在日治時期曾經被消除，衛生、有秩序、守法治是一般人對日治時期台灣的共同記憶，而國府接收之後的現代化倒退，台灣社會因為國民黨政府所主導的現代化過程，只重物質性的現代化，至於制度與精神文明的現代化則往往是互相牴觸的（如一方面宣揚孝道，一方面卻又破壞家庭結構），「農藥滿天下」點出心性淳樸的農民亦在逐利的結構下被改變，他看出「衛心」的急迫性，但是在舊的核心價值已崩潰，而新的核心價值又遲遲無法建立之際，社會與文化一直處於脫序狀態，一切以經濟與國家利益為依歸，國家如此，個人也不例外。

〔註47〕《駱香林全集》，頁 118～119。
〔註48〕《駱香林全集》，頁 92。

二、工業化對農業的排擠

　　回顧台灣社會變遷與經濟發展，可分為以下四個時期，一是日本殖民地時期（1895 年至 1945 年），二是戰後初期（1945 年至 1953 年土地改革完成止），三是進口替代時期（1953 年至 1964 年止），四是出口導向時期（1964年以後）。日本殖民地時期在「農業台灣，工業日本」的殖民主義發展政策之下，雖有部分現代化的硬體建設，但台灣的工業化和都市化其實非常有限，整個台灣還停留在農業社會結構。戰後初期因為政治的動亂連帶影響到經濟與社會的穩定，在美國的介入主導之下，土地改革製造大批的小地主（自耕農）階級，農業產值倍增，鞏固了鄉村保守主義和政治社會的穩定，並提供了資本主義發展的有利條件。進口替代時期以農業為基礎的農產品加工業以及政府主導的本土工業成果斐然，然而在 60 年代中期因為內需市場有限而遇到瓶頸。出口導向時期，60 年代世界經濟體系正處於資本主義的黃金歲月，美國停止金援以及為了解決其國內資本主義急於尋找海外投資市場的需求，強力主導台灣政府實施十九點財經改革措施，使台灣與世界連結，此後台灣的經濟進入所謂「起飛」的時代，國民生產毛額（GNP）從 1963 年的 871 億元，增加到 1973 年的 4103 億元，此一時期的經濟快速成長，很明顯的導致產業結構、就業結構、都市結構等各方面急劇的變化〔註 49〕。70 年代可以說是台灣經濟發展的轉捩點，台灣由農業社會轉化為工商社會，創造了所謂的「經濟奇蹟」〔註 50〕。而此一奇蹟的發展來自 1953 年國民政府擬定「以農業培養工業，以工業發展農業」的政策，在這項政策指導下，近二十年間以「發展的搾取」（Developmental Squeeze）〔註 51〕將勞動力自農村中搾取出來，造

〔註 49〕張景旭、蕭新煌〈台灣發展與現代化的宏觀社會學論述〉，羅金義、王章偉編《奇跡背後：解構東亞現代化》（香港：牛津大學，1997 年），頁 58～65。
〔註 50〕黃俊傑《戰後台灣的轉型及其展望》（臺北：正中，1997 年），頁 6。
〔註 51〕所謂「發展的搾取」是指：國民黨政府透過對農民以米穀強制收購與肥料換穀等糧食徵收制度，將徵得的糧食供給軍公所需，減輕軍事財政的負擔，另一方面又控制了米穀市場以維持低米價，構成了有利於官商資本累積的低工資勞動的基礎。戰後台灣經濟發展的過程中，耕者有其田政策雖然造就了眾多小農階級，國民黨政府卻以地主的方式支配、犧牲農民，以支持其軍事財政的資本累積，所以農民雖然「擁有」土地，其所得較之以往卻更為貧困，終於變成單靠農業已經無法維持家族生活，而落入小農以下的零細農地位。而淪為破產的零細農，則成為都市工業發展所需的勞動力來源，因此「以農業培養工業」的背後，就是犧牲農業以增加工業的勞動人口，將勞動力從農村中壓搾出去。參考劉進慶著，王宏仁、林繼文、李明峻譯《台灣戰後經濟

成農村人口開始快速向都市流動〔註52〕。

在台灣的國民黨政權沒有中國時期既得利益者的包袱，得以大刀闊斧的施展土地改革贏得美譽，所以駱香林〈俚歌百首初集〉開篇即是〈耕者有其田〉，詩中稱：

> 人身備百工，到老事稼穡。無田而有田，汗血不虛滴。薦地為地主，陡增萬金值。鵝鴨樂成群，雞棲接豚柵。諸農本窮民，乃今蒙扶植。萬古無此例，何以報罔極。報天天弗受，報人人不德。不如阜其財，用之以報國。〔註53〕

耕者有其田的土地改革，對台灣影響重大，駱香林一面倒的褒揚卻不見地主的反對，即使農民也不見得完全得利，黃俊傑評論說：

> 這位本省老人在戰後初期，看到台灣農民從戰火劫餘中奮起，隨著土地改革政策的實施，注將心力務耕農，他的歡欣之情流露於字裡行間。當然，當他歌頌「耕者有其田」政策的時候，他絕對沒有想到，四十年後的今日，台灣農民因為農業的蕭條而坐困愁城，走上街頭；他不能預見，最近以來中央各決策單位廢除「實施耕者有其田條例」的呼聲，正響徹雲霄！駱老先生寫詩時看到台灣戰後的希望，但是他未能預見戰後台灣經驗中「歷史的弔詭」！〔註54〕

黃俊傑所謂「歷史的弔詭」是指 1949 年之後，大量湧入自中國撤退來台的軍人及軍眷以及其他公教眷屬的米穀配給，除了 1946 年制定的「台灣省田賦（地租）徵收實物實施辦法」，即以米糧代替稅賦之外，又以「肥料換穀」政策以集中米糧〔註55〕。不可諱言，實施「耕者有其田」，在短期內自耕農的

分析》（臺北：人間，1995 年），頁 327～349。

〔註52〕黃俊傑《戰後台灣的轉型及其展望》，頁 6～7。

〔註53〕《駱香林全集》，頁 13。

〔註54〕黃俊傑，〈土地改革及其對台灣農村與農民的衝擊〉，見氏著《戰後台灣的轉型及其展望》，頁 62。

〔註55〕在通貨膨脹急速進行的過程中，對納稅者而言，物納制比金納制在實質上是更重的負擔，換言之，政府是用較低的價格收購高價的米糧，肥料換穀所達到的目的也一樣，因為肥料換穀是以農民對肥料的強烈需求以及農民沒有生產資金的背景，在國民政府肥料專賣制下進行的物物交換，這種交換關係實際上是一種露骨的不等價交換，構成台灣農民主體的零細農的利潤、工資範疇不確定，而在肥料換穀過程中，其剩餘米也被國民政府無償地收奪。見劉進慶《台灣戰後經濟分析》，頁 58～61。更讓人不平的是，在剝削農民以保障軍公教的食物來源無虞的「實物配給制」，駱香林是這樣說的：「庶民昔在官，

比例提高，農民的耕作意願增高，土地的生產額也跟著提高，雖然也有農民因為繳不出分期貸款而將土地退還給地主，因此產生了一些糾紛，總而言之，當時的農村的確是欣欣向榮，但是曾幾何時，從 1960 年代中期開始，農業的年成長率江河日下，專業農民從 47.6%降到 9.0%，兼業農民則從 52.4%上升至 91.0%〔註 56〕。主要是國民政府擬定「以農業培養工業」的政策，造成農業利潤無法養活一家人，只好離鄉背井進入都市成為勞工，以維持留在家鄉業農者的收支平衡。也就是說，為了工業勞動力源源不絕的補充，政府以政策壓低糧價使農村的收入不足以維生，壓榨出農村的勞動力。駱香林此詩寫於 1968 至 1973 年間，已經是農業蕭條時期，駱香林還停留在歌功頌德，渾然不知其所批判的社會文化變遷、道德墮落等問題均與此有關。「以農業培養工業」的政策以國家力量介入經濟發展，卻造成了產業失衡現象，在〈農民節〉一詩中駱香林描述了當時因為發展工業，以致農村人口快速流失，最後導致米糧生產不足的情形：

> 良田改工廠，農豈不如工。少壯多轉業，耕稼誰幫傭。去年缺糧食，
> 在貨一搶空。買進泰國米，是用繼殄饗。貼款十七億，及時止漲風。
> 從此急福利，漸漸勸歸農。融資不以息，貴粟以振窮。自由無厚薄，
> 庶共進大同。〔註57〕

在這首詩中駱香林並沒有深究良田改工廠的原因，等到供需失衡之後，稱讚國家力量介入以平抑物價，但是經濟失衡的原因不正是因為國家發展工業而犧牲農業所造成的嗎？〈平糴〉一詩中也有類似的描寫：

> 米價隨物漲，米亦隨日空。民急不得食，米市日訩訩。我本農業國，
> 傾向商與工。良田化廠地，農民成廠工。賴有倉廩存，平糴奏膚功。
> 迷途實未遠，顧工兼顧農。卅億平準金，無息俾融通。駐軍二十萬，
> 將以助收冬。〔註58〕

對於以農立國的國家竟產生缺糧現象，孰令致之，作者不曾深究。在 1970

代耕以給祿。今於薪俸外，餘惠及眷屬。廩人繼其粟，庖人繼其肉。職小如諸吏，人人得果腹。醫藥有公保，居處有華屋。衣食既無虞，盡心作公僕。物資防跳動，薪俸恐不足。顧官兼顧民，用情一何篤。」見《駱香林全集》，頁 70。

〔註56〕黃俊傑，〈土地改革及其對台灣農村與農民的衝擊〉，見氏著《戰後台灣的轉型及其展望》，頁 73。

〔註57〕《駱香林全集》，頁 82。

〔註58〕見《駱香林全集》，頁 88。

年代以前，土地是農民生死以之的安身立命之所，農業則是他們的生活目的，不過這種農業生活的「神聖性」到了 70 年代以後，已經被「世俗性」所取代，農業變成是一種謀生的手段，而土地也逐漸商品化了〔註 59〕，因此農民不再安土重遷，當工業的利潤大於農業時，農民毫不猶豫的轉而投入工業，不就是政府所期待的走向？

《題詠花蓮風物》中有一幅〈鹽寮春耕〉的攝影，照片中遠眺山腳下，農夫一字排開正在播種，遠處有已插完秧者，未插秧的田映著天光，在攝影構圖上無疑是成功的，駱香林成功的吸引觀者的眼光集中在播種者那一行人身上，以及宜人的田園風光，在唯美的畫面中，駱香林真正要表達的意思在題詩中：

> 諸農憑血汗，爭取一頓食。不同倚市門，得錢如瓦礫。君看一粒粟，
> 需人多少力。得之愈不易，用之愈知惜。守望相為助，耕稼相與役。
> 溝洫緣水源，南北交阡陌。聞古有桃源，似此亦足適。豈不慕文明，
> 侈心日加劇。勞以壯其身，淡以靖其魄。要知禍與福，皆己自招得。

〔註 60〕

駱香林有傳統士人重農輕商的觀念，因此多方讚美農業社會與農人的守望相助、知福惜福等美德，但是對於那些不在畫面中，愛慕文明心生奢侈之念而奔赴都市的農人，批評其「侈心日加劇」，以致禍福自招，其實並不公平。當時那些離開農村的農民就是因為上述政策下的犧牲者所做的無奈的抉擇，因此駱香林的批判顯然搞錯對象。

第三節　戰後駱香林對現代化的抗拒與批判

艾森斯塔（S. N. Eisenstadt）的名作《現代化：抗拒與變遷》中早已說明現代化對於社會產生的衝擊：

> 現代化會使社會中一切主要領域產生持續變化的事實，說明了它固
> 然因著接踵而來的社會問題、各類團體間的分類和衝突，以及抗拒、
> 抵制改變的運動，而包含著解體和脫節的過程。因而解體和脫節可

〔註 59〕黃俊傑〈戰後台灣農村社會的發展──楊懋春的觀點及其局限〉，見氏著《戰後台灣的轉型及其展望》，頁 147。

〔註 60〕《題詠花蓮風物》，頁 72。

以說構成了現代化的一個基本部分，每個現代化和現代化中的社會
都必須面對它們。這些過程包含了兩個密切相關的層面：一為各類
團體既有生活模式的解體；一為諸團體之間日增的交互關聯——既
朝向共同的架構之中，也具有彼此間相互的衝突。都市化的持續進
行，人民不停地自鄉間移居城市，經常瓦解了農村社區與舊式的都
市環境，而且特別是在初期的階段中，造成許多社會解體和全然悲
慘的現象。〔註61〕

　　台灣社會大概歷經兩次的現代化衝擊，一次是在日治時期，另一次則是
在二十世紀的 70 年代開始的經濟起飛所帶來的，駱香林對於前者比較多著墨
在殖民性的批判，對於 70 年代的現代化衝擊，與艾森斯塔（Eisenstadt）所言
若合符節，可見這是普遍性的問題，而駱香林以儒家的角度的批評，則是艾
氏所說的「秀異分子」對文化傳統和標準腐蝕的抗拒，並且試圖以擁護各種
傳統和「相近的」秀異主義者的價值集結，來抵禦「群眾」對文化消費所做
的無原則的腐蝕發展〔註62〕。

一、都市化與現代生活

　　都市既是現代性的載體也是其表徵，都市與工業主義、資本主義有著複
雜的互為因果關係。工業化導致貿易和製造業的發展，進而要求集中的生產、
分配、交換和信貿場所，促發現代都市成形，改變社會人口結構，而龐大的
人口數量、中心性地域、新型態的交通等現代化都市形式，反過來強化和再
生產工業主義。當 1970 年代的台灣社會已經跨越需求階段進入欲求階段之
後，都市的物質生活與鄉村有了巨大的差距，駱香林來到臺北後對於都市文
明的感受深刻，〈國際都市〉一詩描述當時的臺北：

　　出門豫期程，歸來未及半。自笑鄉下老，起居實未慣。驅車入城市，
　　快若穿梭亂。登樓有電梯，尋人按鈴喚。室不見天日，寒暑隨調換。
　　在室暖如春，出門齒欲戰。影院排長龍，百貨恣遊玩。歌廳與舞池，
　　情熱如擁炭。衣服緊捆身，短者未及骭。今我襲重裘，彼猶舒皓腕。
　　萬商飾太平，五色紛爛縵。高樓拔重雲，虹霓燦綺練。歸來對親朋，

〔註61〕 艾森斯塔（S. N. Eisenstadt），嚴伯英，江勇振譯，《現代化：抗拒與變遷》（台
　　　　 北：黎明文化，1979 年），頁23。
〔註62〕 艾森斯塔《現代化：抗拒與變遷》，頁39。

問我何所見。所見實已多，無錢不能戀。〔註63〕

　　駱香林以鄉巴佬自嘲的心情，描述久違的臺北，他所看到 20 世紀 70 年代的臺北，已經具備都市的規模，詩中描述臺北的現代化生活：電梯大樓、電鈴、空調、電影院、百貨公司、歌廳、舞池，這是物質上的差異；緊身／裸露的衣服、熱情的擁舞、無節制的消費，這是精神上的差異，在這雙重的落差之下，駱香林感受最深的應是失序現象，外在行為的失序最明顯的是交通，所以駱香林反覆言之，雖然〈臺北市〉詩中說：「馳車平交道，遙遙注紅燈。罰款日已重，車禍日已輕。車道與人道，無敢越軌行。〔註64〕」也就是說在都市中的交通已經體現現代化必須經由法律（罰款）與制度（紅綠燈）的運作，以維持公眾的共同利益（交通順暢），但事實卻不然，當時的人尚未完全適應現代化生活，在〈計程車〉一詩他說：「群車交橫馳，各自知迴避。往往在轉彎，時時鬧禍事。步行非不安，舉趾多顧忌。〔註65〕」詩中所述比較符合實際的交通狀況，又如〈斑馬線〉：「止足斑馬線，人行我始行。……管制有微辭，外人嘗評我。時聞闖紅燈，當事傷透腦。罰款不在款，防他再惹禍。守法豈為人，本是要他好。借鏡固無嫌，得失須檢討。超速與轉彎，少安且勿躁。〔註66〕」又〈鐵牛車〉：「鐵牛如貨卡，一味貪超儎。驅馳鬧市中，多少為患害。……交警嚴守崗，專走鬧市外。真如捉迷藏，早晚伺其懈。〔註67〕」以及〈高速公路〉中說：「驚險一已過，超速仍如故。生存競爭中，人人死不懼。〔註68〕」在這些詩中所交織出的都市交通亂象，法治社會只有靠法律來維護秩序，但是傳統社會尚未適應現代化的法治社會，所以造成市民與警察捉迷藏的現象。這些脫序現象除了尚未建立法治社會之外，更重要的是因為人一旦被抽離了原來的組織或社群結構時，發現自己已經不再是在結構上被置於一個關係本位的社會網絡之中，在這種情況下，儒家的價值規範就不再具有道德的約束力了，道德失效，法治觀念又尚未建立，「自我主義」便開始甚囂塵上〔註69〕。「自我主義」不同於「個人主義」，是一切價值皆以

〔註63〕　《駱香林全集》，頁 21～22。
〔註64〕　《駱香林全集》，頁 17。
〔註65〕　《駱香林全集》，頁 36。
〔註66〕　《駱香林全集》，頁 41～42。
〔註67〕　《駱香林全集》，頁 34。
〔註68〕　《駱香林全集》，頁 29。
〔註69〕　金耀基〈儒家學說中的個體和群體〉，見氏著《中國社會與文化》，頁 12～13。

「己」作為中心的主義，也就是費孝通所謂以己為中心的「差序格局」〔註70〕，在此「差序格局」的概念下，只有私德而沒有公德〔註71〕，如梁啓超所說的：「我國民所最缺者，公德其一端也。〔註72〕」梁啓超所說公德是從群己關係出發，偏重在國家觀念的愛國心與公益性質的道德，可是除了少數人之外就連知識分子對於公德的認知也是很模糊的，例如駱香林在〈爾丟我撿〉詩中宣導當時政府所宣傳的新生活運動的教條，他說：

> 社會論公德，人我莫深求。人丟我必撿，人撿我不丟。人丟莫肯停，
> 我撿莫便休。相持以歲月，有日將自羞。人孰無羞恥，懷之以愛柔。
> 天地無不容，善惡無不收。謂我不如人，先從無我修。萬眾同一心，
> 不強不我愁。〔註73〕

在西方社會團體中人與人之間以及人與團體的分際是非常明確的，權利與義務分明，沒有模糊地帶，駱香林一開頭就說「人我莫深求」就已經模糊了人我的分際，所以他想透過道德感化的方式來讓對方因為羞恥心而加入公德的行伍，在現實上是不可能實現的。因為他還是將道德停留在私德的階段，這是因為他對公德也沒有清楚的認知所致，只能用儒家的舊觀念來看現代的新思想。與公德心的缺乏相較而言，駱香林更焦慮的是敗壞的私德所導致治安的問題，《俚歌百首》初、二集中屢述治安與幫會問題，如〈大搬家〉、〈牢獄〉、〈管訓〉、〈不良幫會〉、〈治安〉、〈吸毒〉、〈竊盜團〉、〈觀護人〉、〈迷幻藥〉、〈囚犯奔喪〉、〈新設監獄學校〉等，勃格（P.Berger）指出現代人的困局是「家的一種形上的喪落」（a metaphysicd loss of「home」）〔註74〕，也就是說

〔註70〕 費孝通：「以『己』為中心，像石子一般投入水中，和別人所聯繫成的社會關
係，不像團體中的分子一般大家立在一個平面上的，而是像水的波紋一般，
一圈圈推出去，愈推愈遠，也愈推愈薄。在這裡我們遇到了中國社會結構的
基本特性了。我們儒家最考究的是人倫，倫是什麼呢？我的解釋就是從自己
推出去的和自己發生社會關系的一輪輪波紋的差序。」見《鄉土中國》（北京：
北京出版社，2004年），頁34～35。

〔註71〕 費孝通：「依我以上所說的，在差序格局中並沒有一個超乎私人關係的道德觀
念，這種超己的關係必須在團體格局中才能發生。孝、悌、忠、信都是私人
關係中的道德要素。」見《鄉土中國》，頁45。

〔註72〕 梁啓超《新民說》（台北：台灣中華書局，1978年），頁12。

〔註73〕 《駱香林全集》，頁38。

〔註74〕 轉引自金耀基〈現代化與中國的發展〉，見氏著《中國社會與文化》，頁212。
金耀基在〈中國現代化的動向〉中提出他個人的看法：「我以為中國文化傳統
落根處在家，中國文化復興之著力處亦必在家。特別是自五四以來，傳統的

生命的飄蕩無根狀態，因爲現代化的代價是傳統價值與信仰失墜，制度解體，因爲家庭功能和活動範圍的限縮，造成世代間的緊張和疏離，同時促成各類犯罪和浪蕩行爲的加劇，所以駱香林在〈治安〉一詩中特別強調這一點：

> ……昔我尊德育，守身自爲治。孝道已放寬，兒女故放恣。德育亦不存，所逢多匪類。〔註75〕

駱香林雖然看到治安與家庭結構之間的關係，但是他所提倡的「德育」與「孝道」並無法解決現代化的都市因爲原來結構被破壞後所衍生出的問題，因爲儒家的泛道德主義的自律，必須配合家庭／家族倫理結構的他律，才能發揮實際作用，一旦家族結構被破壞或取消，想要依賴自律性的道德發揮作用，不但缺乏效率，而且缺乏普遍性的作用。

事實上中國儒家傳統的「禮治」思想，幾千年來一直將「信任」建立在「克己復禮」之上〔註76〕，由於禮缺乏強制性，只能從「克己」做起，但是這套信任模式到了現代社會已經不足以適應瞬息萬變的人事物，不得不改弦更張。西方社會的法治來自於「系統信任〔註77〕」（system trust）的建立，因爲現代生活型態由雞犬相聞的「社區」轉變爲以大都會爲主的「社會」，人們日常接觸的對象不再以親戚、鄰里的熟人爲限，「系統信任」有逐漸取代「個人信任」（personal trust）的趨勢〔註78〕，在這個變遷過程中，

『家』（實是家族……）受到最大的批評與攻擊，家幾乎成爲中國落後的罪源。在一片家庭革命的浪潮中，中國傳統之家的問題確是——被暴露出來了，但傳統之家的『文化邏輯』卻不曾得到深刻與公平的思考。而今日台灣在工業化的影響下，傳統的家之結構與功能更發生了巨大的質變。」見氏著《中國現代化的歷程》，頁27。

〔註75〕《駱香林全集》，頁93～94。

〔註76〕孔子曾以「足食，足兵，民信之矣」來概括爲政之道，若必不得已而去其二，他寧願選擇去兵、去食，因爲「民無信不立」，可見他認爲「信任」是社會國家存在的基礎。

〔註77〕社會學家盧曼（Luhmann, N.）認爲：面對次級團體中的「陌生人」時，由於熟悉度與資訊不足，信任行爲的「風險」程度相對增加，如果沒有另一層制度性的保障，許多分工合作的關係根本無從建立。「系統信任」便是指人們的信任目標無關於個人的人格特質，卻移轉到某個社會系統的運作機制上，並假定所有的參與者皆會遵循一致的遊戲規則。參見顧忠華〈法治與信任〉，見氏著《社會學理論與社會實踐》（台北：允晨，1999年），頁253。

〔註78〕個人對初級團體，如家庭、朋友、同學等熟人的關係，通常抱著理所當然的信任關係，即稱之爲「個人信任」（personal trust）。參見顧忠華〈法治與信任〉，見氏著《社會學理論與社會實踐》，頁253。

法律系統扮演關鍵性的角色——「公正第三者」，國家投入大量資源建立司法機構，執法者（法官、檢察官、警察、監獄管理人員）並不介入衝突，制度化有利於減緩衝突與鬥爭，以追求公平與正義等價值，使得法律樹立其自身權威的「正當性」，凝聚社會成員對它的「系統信任」，這就是西方以司法的超然與獨立為前提的「法治原則」。台灣雖然模仿西方的立法與司法架構，卻無法擺脫「人治」色彩，特權與司法黃牛橫行，或某些司法人員「揣摩上意」而枉法裁判，因此無法建立「法律」的權威性〔註79〕，當然也就無從建立人民對於法律的「系統信任」。由於民眾對法律的信任度低，以至於對轉型期的社會脫序的秩序重建，產生不良的影響，至今遲遲無法建立法治社會〔註80〕。

二、資本主義的價值觀與現代生活

資本主義是一個複雜的概念，貝爾（Daniel Bell）認為：「資本主義是一種經濟文化複合系統。經濟上它建立在財產私有制和商品生產的基礎上，文化上它也遵照交換法則進行買賣，致使文化商品化滲透到整個社會。〔註81〕」然而資本主義所賴以建立的性格結構——清教徒的節慾與職業的天職意識——已遭瓦解，以致經濟與文化的矛盾日益凸顯。資產階級社會與傳統農業社會不同的是它所要滿足的不是需求，而是欲求，欲求超過生理本能進入心理層次，因而勾引的是無限的欲望，這種欲望在工業化的大量生產技術成熟之後，輕易可以被滿足，於是過去被視為奢侈品的東西在社會上被普通化，不斷地降級為必需品，比如冰箱、洗衣機、電視、汽車等以前是富豪之家才享用得起，如今已是國民的生活必需品。這些東西必須大量製造才能使商品的成本降低，於是鼓勵大量消費，因此，物質的消費已經無法滿足欲求的消費心理，於是轉而尋求符號的消費，追求奢華與名牌的消費習慣成為普遍的社會現象。當物質欲望較以往更容易被滿足的經濟生活模式建立，接著改變人們的道德觀、家庭結構與社會結構，即使美國的新資本主義在經濟和文化上

〔註79〕 根據中研院社會科學研究所於民國八十年八月所做的調查，有 66.7％的人不相信任何執法人員，參見顧忠華〈法治與信任〉，見氏著《社會學理論與社會實踐》，頁 261。

〔註80〕 參考顧忠華〈法治與信任〉，見氏著《社會學理論與社會實踐》，頁 251～272。

〔註81〕 丹尼爾‧貝爾（Daniel Bell）著，趙一凡、蒲隆、任曉晉譯《資本主義的文化矛盾》（台北：桂冠，1999 年），頁 11。

都出現矛盾〔註82〕，更何況台灣在缺乏西方理性主義發展基礎之下的現代性，接受美援成為美國的經濟、文化殖民地以後，美國資本主義文化也一併的輸入台灣，這種文化對台灣社會來說其衝擊更是巨大。

資本主義為了獲利，鼓動人性中的欲望，人性的物欲傾向在資本主義社會得到鼓勵之後，為了獲取更多的享受必然陷入利益的徵逐，這將是一個無終止的利慾循環。當時台灣的工業以代工的製造業為主，為了快速獲利，只好投入「薄利多銷」的低價競爭，〈廠商〉一詩描述台灣商人在「出口導向」時期已落入資本主義的利益循環以及價值觀改變的情形：

> 立國詡文明，笑窮不笑奢。事物大眾化，有我亦有他。人人急生產，
> 心多如亂麻。殺價售外商，自用反要加。售貨以票據，時刻不容差。
> 票多頭寸少，常年如帶枷。又如蝜蝂蟲，負重不勝爬。一蹶即復起，
> 一起又再挐。〔註83〕

駱香林所述的是 20 世紀 70 年代，美國正處經濟的黃金時代，帶動了台灣經濟發展的榮景，幾乎人人不自覺地被捲入這樣的時代風氣中，工廠到處林立，為了搶訂單而削價競爭，廠商在這股經濟景氣的時機中不斷的擴張信用，經常在軋銀行三點半的最後期限，陷入危機卻又無法自拔，猶如柳宗元筆下的蝜蝂小蟲〔註84〕。資本主義與工業革命聯手打造了大量生產、大量消費的社會，人性的欲望猶如被打開的潘朵拉盒子，不但改變人們的道德觀，也改變了原有的價值觀——笑貧不笑娼。台灣社會由農業社會轉變成為工商社會之後，開始步入西方資本主義文化的後塵，面對這種經濟、社會結構變遷之後的物欲徵逐，駱香林也莫可奈何。〈黃金〉一詩他只能提醒人們「且用看後頭」：

> 黃金何為者，逐逐無時休。豈維貪婪輩，狎弄及時流。是物解百患，
> 奇貴莫與儔。男兒仗財賄，所向儘自由。載行小轎車，居處大洋樓。
> 侈口論享受，金盤盛庶羞。充渠一席資，貧者月所求。是誠遵何道，
> 且用看後頭。〔註85〕

〔註82〕貝爾《資本主義的文化矛盾》，頁 85～86。

〔註83〕《駱香林全集》，頁 28。

〔註84〕柳宗元〈蝜蝂傳〉描述蝜蝂小蟲遇物則負於背，愈負愈重，終至不起，人或憐之，為去其負，而負重如故，又好爬高，終至墜地而死，隱喻人因欲望過重，超出自己的負荷，以招致死亡的危險。

〔註85〕《駱香林全集》，頁 22。

詩中以黃金為象徵，貪婪之輩徵逐不休，洋樓、轎車、珍饈等物慾的享受已超越一般人的需求，貧富的差距愈來愈大，富者一席宴之資是貧者一個月的生活費，於是產生「笑窮不笑奢」的價值觀的轉變。這種情況是馬克思所描述的資本主義社會的普遍性：物質生活的生產方式制約著整個社會生活、政治生活和精神生活的過程，其結果是社會的存在方式決定人們的意識，而非人們的意識決定人們的存在方式。社會的物質生產力發展到一定的階段，生產關係便與人們的社會生活開始產生矛盾〔註86〕。因為資本主義社會主要圍繞著商品的生產、交換和消費的結構組織而成，商品生產以利潤為根本目的，商品的價值從使用價值轉換為交換價值，商品澈底被符號化，不但改變人們的價值觀，也改變消費方式，產生了大量製造與過度消費，通貨膨脹隨之而來。從〈止漲〉：「美元自貶值，日紓失依傍。臺幣只略提，萬貨多看漲。〔註87〕」詩中可看出當時通貨膨脹的趨勢，〈限價〉所述情形也雷同：「金價猛飛漲，萬貨追不及。慌殺諸廠商，日夕自焦急。奇貨莫便居，限價法已立。〔註88〕」另外〈哄抬與囤積〉也是描述當時民間囤積居奇的情形：「哄抬聲愈高，搶購力愈強。囤積風愈盛……〔註89〕」詩中可以看出當時的經濟秩序並不穩定，台灣的經濟基礎完全依賴出口，故易受國際景氣波動的影響與人為的哄抬〔註90〕。然而經濟的成長是不爭的事實，人們享受經濟成長的結果，開始追求奢侈品的享受與身分地位的表徵，也就是前述的「符號化的消費型態」，這時的商品所著重的不是使用價值，而是炫耀財富的象徵符號，駱香林的態度很清楚，〈禁奢侈品進口〉一詩他說：

> 奢風早當戒，今始斷其源。稍後又開禁，功恐不補患。人生富與貴，
> 非儉無以安。習俗論享受，不斷競追攀。窮奢力不逮，朋比且為奸。

〔註86〕馬克思〈《政治經濟學批判》序言〉，收在中共中央馬克思恩格斯列寧斯大林著作編譯局編《馬克思恩格斯選集》，第二卷（北京：人民出版社，1995年），頁32。
〔註87〕《駱香林全集》，頁48。
〔註88〕《駱香林全集》，頁51。
〔註89〕《駱香林全集》，頁72。
〔註90〕1973～1974年的第一次石油危機導致全球經濟重挫，台灣在這波危機中國民生產毛額大幅下挫，另一次經濟危機則是1978年底的中美斷交，亦導致嚴重的經濟衰退，工廠倒閉、出現糧荒、大量失業人口回流農村、通貨膨脹、資金外流等現象，反覆出現，造成台灣人心浮動，社會上充滿嚴重的短視近利，只追求眼前的利益，並且出現暴發戶心態，揮金如土，這就是駱香林所批判的諸種現象的背景。

以寬不以猛，爲政良獨難。同爲炎黃裔，敵後多飢寒。苟無胞與念，
援溺誰當先。〔註91〕

　　駱香林對於奢侈成風懷著戒慎恐懼的心態去面對，因爲奢侈風氣一
開，隨之而來的是更多的欲望以及以不當手段追逐金錢所帶來的治安敗壞
的疑慮，因此鼓勵儉樸以爲社會安定的基礎，但是那個儉樸社會猶如桃花
源一般，已經是回不去的世界。站在發展經濟與促進民生的立場，現代科
技與物質文明已經是無法抵擋的潮流，對此駱香林也是可以接受的，如〈農
耕機〉一詩中他說：「凡物以利論，得失莫謾驚。我昔戒機心，今非機不成。
事半功幾倍，非牛所能爭。〔註92〕」傳統文化所強調的價值如「樸拙」、「不
爭」，在西方科技文明之下節節敗退，因此從昔日「戒機心」到今日的「非
機不成」，傳統的價值面對西方物質文明的雄辯，顯得啞口無言，只能在務
實的大旗下接受它。〈擁擠〉詩中駱香林也說：「古者義不爭，今非爭不濟〔註
93〕」，可見傳統的價值觀在西方現代文明的競爭優勢下，不得不改變。然
而這種「機心」的發展，正如莊子所預言，人性的純眞一去不復返，傳統
價值觀完全被顛覆了，〈鐵牛車〉一詩反映了這種「機心」一旦開啓便無法
遏制的現象：

鐵牛如貨卡，一味貪超儎。馳驅鬧市中，多少爲患害。巨石萬千斤，
車小力偏大。道路瀝柏油，往往遭輩壞。交警嚴守崗，專走鬧市外。
眞如捉迷藏，早晚伺其懈。憐渠恐懼心，多提胞與愛。輔之以轉業，
未聞力不逮。〔註94〕

　　可見物欲的擴張不只發生在富人身上，下階層者亦無不汲汲趨利，這種
由物質到精神的轉變，顯然不是駱香林接受西方文明的本意，對駱香林而
言，接受西方文明只是爲了提高國家競爭力與增進國民福祉，但是「機心」
一旦開啓，樸實的傳統價值也就很難回復了，類似的卡車超載而與警察大玩
捉迷藏的情形至今仍屢見不鮮。但是西方解決此問題的方法是強調法治的落
實，儒家型知識分子則強調回復道德的自律，這是東西方對同一現象的不同
反應。

〔註91〕　《駱香林全集》，頁120。
〔註92〕　《駱香林全集》，頁45。
〔註93〕　《駱香林全集》，頁117。
〔註94〕　《駱香林全集》，頁34。

三、大眾文化與現代生活

　　台灣對美國政治、經濟的依賴，以致大量美式西方文化引進，台灣社會盲目模仿與複製而自以為進步的心態，使得傳統主義者引以為憂，駱香林真正關心的是社會風氣、倫常、道德等受到西方文明的衝擊所引起的文化變遷。現代化使得文化產生變異以適應現代化與工業化的社會環境，而這種變異的速度之快不同於以往，因此產生世代間高度的文化落差，傳統主義者對於現代化抱持疑慮與不安，這種感覺駱香林在《題詠花蓮風物·自序》中充分表露：

> 人情多厭故而喜新，然新者未必佳，而故者未必惡，猶嬉痞之留長髮、穿破衣，囚首喪面，自謂時代之革新，真鴟鴞嗜鼠，螂蛆甘（鉗）帶，去正味遠矣。〔註95〕

　　「厭故而喜新」，「故」者指傳統文化，「新」者是指西方文化，「正味」當然是指中國傳統文化，這種正統與異端之辯，在變動的時代與新文化輸入之際，經常可見保守主義分子舉起傳統的大旗奮力抵抗。六○年代的台灣尚處於威權統治的半封閉狀態，而經濟雖漸漸改善，對外面的世界卻一知半解，在壓抑與封閉的社會中有一股蠢蠢欲動的力量要尋找突破口，對於西方文化囫圇吞棗不辨優劣的接收，這股盲動的力量使駱香林感到憂慮，在《俚歌百首二集·自序》中憂心忡忡：「今群眾醉心洋化，薄視倫常，恐邯鄲學步，未得國能，先失國行者是真可慮耳。〔註96〕」這是儒家知識分子一貫尚古懷舊與托古改制的思想，面對劇烈變動的時代環境，對新事物心懷戒懼，因此標舉舊傳統（風俗）以鑑得失，《題詠花蓮風物·衣食住行》的一段話可以補充上述之意：

> 蓋風俗所存，民族精神之所存也。光復後舉國洋化，所謂陋習輒改之，自起居飲食，以至婚喪諸禮，多被革新。經濟既裕，所欲從心，揮霍之奢，上下一體，恐不同化于日，將同化于歐美矣。吾之留此舊片，將以昭舊俗耳。雖篳路藍縷，行止樸素，其怡然自得，猶有康衢擊壤之風。今之人雖居處堂皇而身心迫促，惶惶然朝以繼夕，其於為人得失何如哉？有親而不須養，此歐美之風也，我國青年多所贊同，其本已搖，尚望枝葉之扶疏，何哉？〔註97〕

〔註95〕《駱香林全集》，頁5。
〔註96〕《駱香林全集》，頁57。
〔註97〕《駱香林全集》，頁82。

對於迎來的西方物質文明，與後來的脫序社會之間究竟有無因果關係，在駱香林看起來答案是肯定的。資本主義鼓勵消費，將個人推向享樂主義的極端，在追逐慾利的循環當中而迷失自我，理性主義的自我節制也失去作用，因自我的喪失而導致社會的失序，貝爾指出資本主義的文化正當性已經由享樂主義取代，即以快樂為生活方式〔註 98〕。工業化國家國民生產所得提高，產生了中產階級，以中產階級為基礎的大眾文化已經是資本主義經濟的必然趨勢，台灣的資本主義已經改變舊社會的結構，舊道德與舊價值觀遭到新的消費模式的挑戰，〈服裝〉詩中描述新時代的審美觀與價值觀顛覆傳統：

> 服裝求新穎，雖貴所不論。忙死設計師，不時動腦筋。牛袴欲其束，
> 喇叭欲其寬。左衽欲其貼，舞裙欲其軒。歐美為之倡，我亦為之傳。
> 能助曲線美，不難博眾歡。閨秀尤闊綽，一穿不再穿。盡室列衣架，
> 用作壁上觀。〔註 99〕

從女性的裙子忽長忽短，褲子忽寬忽緊，駱香林注意到時尚與消費的關係，所以只要服裝夠新穎，再貴也無所謂，可是這些衣服只穿過一次，新鮮感／時尚一過，就束之高閣。資本主義鼓勵消費，因此不斷推陳出新，穿衣已不只是取暖與美化的作用，而是時尚與展現自我的表現，但是令駱香林不以為然的是，一穿不再穿的闊綽，滿架的衣服只「用作壁上觀」，看似客觀的描述，「忙死設計師」的反諷意圖已昭然若揭。《俚歌集》中類似的詩還有〈舞蹈〉（《駱香林全集》頁 16）、〈迷爾裝〉（《駱香林全集》頁 16）、〈尼龍衣〉（《駱香林全集》頁 45）、〈露背裝〉（《駱香林全集》頁 83）、〈裸體跑〉（《駱香林全集》頁 84）、〈日光浴〉（《駱香林全集》頁 87）、〈整容〉（《駱香林全集》頁 105）、〈美容〉（《駱香林全集》頁 106）……等大量的關注，可見駱香林對此的不以為然，但也莫能奈何，時代文化的趨勢已經無法抵擋。

大眾文化深受大眾傳播媒體所引導，電視是一個櫥窗，既反映社會現象也引導時代潮流，所以駱香林對於電視這個傳播力量強大的新媒體所造成的影響，大加撻伐。然而，群眾喜愛那些駱香林所謂猥褻與新奇的節目，正是群眾掙脫傳統社會的束縛之後，對自由的追求與個人自主意識的表現。具有娛樂指標作用的流行歌曲，以及妖嬈多姿的女星，具有極大的煽惑力，在〈淨

〔註 98〕貝爾《資本主義的文化矛盾》，頁 17。
〔註 99〕《駱香林全集》，頁 14～15。

化歌曲〉中他說:「豔歌自得意,敢唱不敢聽〔註100〕」,可見其反感之意,〈淨化歌曲四十九首〉詩中則將流行歌曲比喻爲商紂時期的淫樂〔註101〕,〈流行歌〉一詩駱香林更是大力抨擊當時的豔歌:

> 媚俗多豔歌,學者不難唱。出自歌星喉,搬在螢幕上。爲表曲中情,
> 扭捏不一狀。羨殺痴戀人,愛情愈高漲。如火附乾柴,如風扇巨浪。
> 豈無豪士曲,作此兒女相。爲政方向明,礙眼成魔障。比之黃色刊,
> 內心幾盡喪。〔註102〕

詩中將愛情歌曲比做黃色刊物,煽動人心的慾望,視之如魔障,一再提議將這些歌曲禁唱,以端正風俗,電視上只能播出「淨化歌曲」,這樣的主張與當政者的作爲不謀而合,甚至有過之而無不及,戒嚴時期嚴格控制電視、廣播的歌曲篩選,規定每十五首歌就要有五首「淨化歌曲」〔註103〕。駱香林不只對於流行歌曲主張淨化,對於布袋戲與歌仔戲也頗有意見:

> 雲州大儒俠,婦孺罔弗喜。是猶郢中人,但能識下里。人情愛誇張,
> 荒誕莫與比。文化倡復興,不知焉處此。有舌莫爲捫,有手莫爲指。
> 人家邁太空,我猶泥神鬼。星星燎原火,不戰將自毀。彈劾非不嚴,
> 伯兮如充耳。〔註104〕

〔註100〕 駱香林〈淨化歌曲〉:「豔歌自得意,敢唱不敢聽。年年說淨化,依舊唱不停。古有子夜歌,是否同此聲。變本更加厲,載唱載調情。情海多生波,溺者且喪生。必假作曲手,導之於無形。作者願自愛,不時顧冥冥。要爲兒孫計,懷德兼懷刑。」《駱香林全集》,頁92。

〔註101〕 駱香林〈淨化歌曲四十九首〉:「紂昔爲淫樂,靡靡動眾聽。更爲北里舞,傾身入陷穽。少年喜戀歌迷惘神不定,歌星完一曲。掌聲急起應,多時說淨化。乃今始聞命,斥除四九種。前此不知病。其實何只此,多人迷不醒。真欲正國俗,要待改法令。」《駱香林全集》,頁104。

〔註102〕 《駱香林全集》,頁74。

〔註103〕 中國自古以來即了解禮樂與教化的關係緊密,故戒嚴時期即嚴格控制電視、廣播的歌曲篩選,規定每十五首歌就要有五首「淨化歌曲」,除此之外,對於不適當的歌曲還會採取禁唱、禁播的管制,當時所發布的十大查禁原因,包括:(一)意識左傾,爲匪宣傳;(二)抄襲共匪宣傳作品之曲譜;(三)詞句頹喪,影響民心士氣;(四)內容荒謬怪誕,危害青年身心;(五)意境誨淫,妨害善良風俗;(六)曲詞狂蕩,危害社教;(七)鼓勵狠暴仇鬥,影響地方治安;(八)反映時代錯誤,使人滋生誤會;(九)文詞粗鄙,輕佻嬉罵;(十)幽怨哀傷,有失正常。至解嚴以來,被禁的歌曲恐超過千首,在這麼嚴格的管控之下,駱香林對於播出的歌曲仍有意見,可見他的標準之嚴比當政者更過,與社會有很大的落差。

〔註104〕 〈布袋戲〉《駱香林全集》,頁46。

生憎歌仔戲，不離啼與哭。眾人賠眼淚，至此猶未足。戲劇本勸人，事實多歪曲。諸農釋未耜，午飯剛下肚。粉墨已登場，老少一簇簇。豈無高水準，惟此開心目。聞將減方言，所虧誰補復。暮四與朝三，賦芧仍持續。〔註105〕

　　這兩首詩中對於當時布袋戲、歌仔戲在電視演出時的轟動現象，站在有知者的立場，以理性的心態，批判民間「戲不夠，神仙湊」的戲劇表現，詩中他對「人家邁太空，我猶泥神鬼」的傳統低階文化不敢苟同，對於淚腺發達的哭哭啼啼、歪曲歷史的劇情，駱香林站在雅文化的立場對大眾文化或俗民文化嚴厲的批評，然而在執政當局對「文化倡復興」正風風火火的推動，布袋戲、歌仔戲所傳遞的傳統技藝、思想不是再洽當不過的嗎？事實上執政當局當機立斷以語言的因素讓當紅的布袋戲、歌仔戲消失於螢光幕前，實非駱香林所能想像。而駱香林有感於精緻文化的退步，可看出其對於國家民族競爭力低落的焦慮感，至於詩中所述，傳統戲劇透過電視媒體的播出，激起庶民娛樂的認同，導致農村老幼荒廢工作與學業，最後招來當政者以限制方言節目而停播，則與威權統治的政府立場不謀而合。

四、自由與個人主體

　　台灣社會在短短三十年之內從農業社會轉型為工業社會，其中因為轉變的速度過快，以致產生脫序的現象，而且政治、教育等並沒有同時轉變，所以產生上層社會與下層社會的不同認知與分離發展。以儒家思想為基調的知識份子並不排斥西方工業文明，只是大都還停留在「中體西用」的模式，強調中國傳統道德、精神文明的優越性，這種論點就出現在《俚歌百首初集·後序》中：

人生鮮不以富貴為尊榮，自由為逸樂，然必民主之政，二者乃可得而兼之。社會之啓發，工商之競立，國民致富之原也。原多必爭，爭則不顧詭詐。民主之民多自由，自由將不受禁戒，故法自法，行自行，社會之治安，無寧日矣。必也民有羞恥心，商有正義感，庶自由而不觸法，競爭止於自奮，則吾國自有之德教尚矣。〔註106〕

〔註105〕〈歌仔戲〉《駱香林全集》頁47。
〔註106〕《駱香林全集》，頁55。

　　黑格爾指出，特殊性與主體自由的出現是現代性的特色〔註107〕，特殊性凸顯是指個體性被承認，個人不僅僅是整體的附屬物，而是一個具有權利的存在物；而主體性自由是指個人意志得到應得的地位，在現代社會中，社會的組織奠基在個人意志之上，並無超乎此而先在的自然或神祇的存在，因此，社會中每個人的欲望、要求、意見及判斷，只要他們不妨害或傷害他人的意志，都應該被允許〔註108〕。換言之，自由與民主構成現代性的根源，黑格爾認爲由於缺乏主體自由及自覺意識，中國人不了解道德乃是精神透過自由創造而產生的，因此，道德對於人們來說不但不是主體精神的客觀化，反而成爲束縛人們的外在力量。荀子的話剛好可以印證這一觀點：「人生而有欲，欲而不得，則不能無求，求而無度量分界，則不能無爭，爭則亂，亂則窮，先王惡見其亂也，故制禮義以分之，以養人之欲，給人之求。〔註109〕」由此可知儒家對於欲望的追求所導致的混亂知之甚詳，因此訴諸外在的禮與內在的義以爲節制，但也說明了禮是由外部（聖人）制定而不是所有人共同制定的，是外在強加於他們的約束。駱香林的觀念來自儒家，希望透過禮義的節制，既可滿足人的欲望，又不致過度。故反過來，駱香林認爲自由所帶來的是逸樂與脫序的社會，中國自古以來重農抑商，可以說就是爲了防止工商發展所帶來的詭詐心智，如今爲了強國而必須現代化，從農業社會轉型爲工業社會，一旦轉型之後社會模式亦隨之轉化，很難一方面既想要維護傳統，一方面又想要從工業化獲利。工業社會的基礎即市民社會，黑格爾給市民社會下了這樣的定義：

> 市民社會，這是各個成員作爲獨立的單個人的聯合，因而也就是在形式普遍性中的聯合，這種聯合是通過成員的需要，通過保障人身和財產的法律制度，和通過維護他們特殊利益和公共利益的外部秩序而建立起來的。〔註110〕

　　市民社會是由每一個獨立存在的個人爲單位（而不是家庭），每一個存在個體都具有特殊性，這個特殊性必須被承認，而這些特殊的單一個體的欲望

〔註107〕黑格爾《法哲學原理》第124節附釋：「主體的特殊性求獲自我滿足的這種法，或者這樣說也一樣，主觀自由的法，是劃分古代和近代的轉折點和中心點。」黑格爾著，賀自昭譯《法哲學原理》（新竹市：仰哲，1984年），頁137。

〔註108〕石元康《從中國文化到現代性：典範轉移？》（北京：讀書・生活新知・三聯書店，2007年），頁217。

〔註109〕王先謙《荀子集解・禮論》（臺北：華正，1988年），頁231。

〔註110〕黑格爾《法哲學原理》，第157節，頁187～188。

與需要必須被滿足，在這種利己的目的需求下，個體與個體之間建立提供滿足的互相依賴機制，也就是說，它以利己爲目的，透過抽象普遍性聯合，維護和保障彼此的特殊利益與公共利益。

市民社會以個人平等爲基礎所衍生出的民主政治是資本主義的保障，但是民主政治來自於自由主義，自由主義思想的核心是對於個人權利（尤其是自由）的保護，由此基礎出發的自由主義表現爲一種「個人主義」（Indivialism），認爲個人對於一切事物來說是最根本的存在，高於社會與國家的存在，個人的自由、財產等權利是不可剝奪的。要做到這一點，國家的統治就必須得到被統治者的同意，自由主義成爲西方建立現代國家的思想基礎〔註 111〕。就這一點而言，台灣的民主政治與民族國家的形成過程迥異於西方國家，以至於民主、法治思想無法與工業主義、資本主義同時成長。一面自稱是「自由中國」，一方面卻無法容忍《自由中國》雜誌關於自由、民主、法治的要求。駱香林的態度與官方同調，一方面認定民主政治爲資本主義的基礎，一方面又認爲台灣社會的脫序現象是民主、自由所造成的，所以他才會有這樣的見解：「民主之民多自由，自由將不受禁戒，故法自法，行自行，社會之治安，無寧日矣。」在〈裸體跑〉詩中則批評嬉痞的自由太過；「出自文明國，文明乃爾恌。嬉痞亦美產，爲世創新潮。自由不知止，同惡常相招。〔註 112〕」詩中對於不知自制的自由，導致「同惡相招」深感憂心，因此在許多描述治安敗壞的詩中，都隱隱指向這是自由太過氾濫所造成的結果，如〈竊盜團〉：「法有惻隱心，人無羞恥面。自由政愈寬，奸犯力愈健。〔註 113〕」詩中所述，似乎將科刑太寬（法有惻隱心），導致犯罪率節節高升，歸因於自由之政。要知當時尙屬戒嚴時期，並非執行一般時期的法律，有許多刑責引據軍法，是集權式的民主政體，這樣的法律駱香林還認爲太寬，這牽涉到中國傳統儒家以法律壓制人的行爲，來自於應報刑的概念，也就是殺人償命、以牙還牙、以暴制暴的觀念，而民主國家的法治則是保障人的權益，大抵爲矯正刑。對於西方國家，民主只是手段，自由才是目的，沒有法律充分保障自由的民主不是眞正的民主〔註 114〕，民主的「程序理性」就是法治，金耀基說：

〔註 111〕陳嘉明《現代性與後現代性十五講》（北京：北京大學，2006 年），頁 17。

〔註 112〕《駱香林全集》，頁 84。

〔註 113〕《駱香林全集》，頁 103。

〔註 114〕韋政通〈三十多年來知識分子追求自由民主的歷程〉，見氏著《歷史轉捩點上的反思》（台北：東大，1989 年），頁 222。

「西方一部民主自由的歷史，實是一步步建立『程序理性』的歷史〔註115〕」，
與台灣徒具形式之民主而缺乏法治的自由實有天壤之別。

　　自由主義的極端表現──嬉痞風──包括吸毒、留長髮、裸奔等放浪形
骸之事也被引進台灣，年輕人起而傚尤，對駱香林來說更是忍無可忍。事實
上嬉痞風無端的出現在台灣社會，更可見出台灣作為美國文化殖民地文化的
無根現象，以台灣當時的政治體制與社會風氣並無嬉痞成長的土壤，因此留
長髮者被警察當眾逮捕強迫剪髮，是當時頗令人印象深刻的集體記憶，〈嬉痞〉
一詩駱香林表達他的看法：

> 長髮披兩鬢，出入嘯成群。譬如傍地兔，雌雄竟莫分。崇洋崇到此，
> 父母非不聞。素絲易為染，蒼鷹自小馴。剪刀無厚薄，月逮百數人。
> 迷途初示警，甚者且罰鍰。自由儘自由，禮貌必須存。眾人齊拍手，
> 警伯立功勳。〔註116〕

　　詩中表現出當時社會多數人對這類嬉痞風的無法接受，否則不會眾人齊
拍手，但值得注意的是「月逮百數人」這也不是小數目啊，可見懷有崇洋思
想與自我表現慾望的人其實也是一股不小的力量。這種現象在社會學家看來
是工業化的過程中，傳統農業的生存經濟型態逐漸瓦解，與農業經濟密切相
關連的威權社會結構也在瓦解，他人取向的性格特質自然也失去原有的功
能，工業化的經濟型態與資本主義結合，激發了個人獨立自主的意識，逐漸
養成若干自我取向的性格特質〔註117〕。在文化適應所造成陣痛，陣痛期長短
端視自我意識的覺醒與文化主體性之間的建立與否，在筆者看來，這股文化
的拉鋸，時至今日仍然持續著。

第四節　小結

　　殖民性與現代性是後進工業國家所面臨的困難抉擇，一旦選擇現代性，
等於接受文化殖民，於是傳統的保守主義勢力反撲，使得後進工業國家在文
化、制度上勢必略作修改，現代化的程度與先進工業國家就會產生差距。知
識分子基於民族國家的利益思考現代化的問題，其過程有諸多複雜的轉折，

〔註115〕金耀基〈「五四」與中國的現代化〉，見氏著《中國的「現代轉向」》，頁34。
〔註116〕《駱香林全集》，頁15。
〔註117〕楊國樞〈工業化過程中國人性格與行為的矛盾現象〉，收入氏著《中國人的蛻
　　　　變》（台北：桂冠，1988年），頁294。

一般人接觸異文化時，卻是直覺的趨向更好更方便的生活，所以物質文化是異文化接觸時最容易被接受的，尤其是較優越的物質文明總會將較質樸的物質文明淘汰。然而一旦在物質上被征服，很快的文化也會被改變，帝國主義憑藉著現代的優先性，向世界輸入其文明，從而統治世界。日本明治維新成功的原因不是本文探討的重點，從結果來看，日本明治維新的現代化顯然比晚清的自強運動成功，導致台灣成爲日本的第一個殖民地，在日本的統治下，駱香林有機會第一手觀察日本的現代化成果，卻因爲民族主義的意識形態而排斥這一切。反之，在國民黨政府統治下的殖民性也因爲民族主義的意識形態而被漠視，從這裡可以看出儒家型知識分子的保守主義導致對中國現代性認知陷入矛盾的困境。

晚清知識分子在物質文明上不得不承認西方的優越性，從戰術發展出「師夷長技以制夷」的策略，但結果卻是淪爲西方文化的殖民地，殊不知物質的製造，牽涉到的不只是技術，而是思想、制度的改變，但是又因爲意識形態的堅持，無法眞正改變，形成半吊子式的改革。因此我們看到晚清知識分子對於西方的工業化與民族主義之間多所辯證，對於物質文明卻饒富興趣的接受，如鐘錶、望遠鏡、留聲機、無線電……等，在晚清詩界革命的新題詩中，無不對此「奇技淫巧」嘖嘖稱奇，且毫不遲疑地接受。日治時期的台灣知識分子亦然，至國民黨政府主政下，駱香林對此也欣然接受，洗衣機、電冰箱、冷氣機、農耕機、電視、電鍋、煤氣爐、塑膠……等都成爲筆下的書寫對象。以〈電視〉爲例﹝註 118﹞，電視的發明是電子科學長足進步的結果，且是影響人類文化最大的娛樂產品之一，對於大眾通俗文化傳播的穿透力，是發明之初所始料未及的。電視發明之後很快就從奢侈品變成日常必需品，任何傳統性再強的地區無不拜倒在它的魅力之下，更何況這種物質文明的威力不是任何個人力量可以抵制的。這種娛樂產業在無形中傳播文化帝國主義，默默的改變當地原來的價值觀，這是傳統主義所害怕忌憚的，所以駱香林對此批判甚烈。再如〈塑膠〉詩中駱香林寫道：「惜物已非時，物賤不怕壞」（《駱香林全集》，頁 38），因爲塑膠便宜耐用的器物特性，所以原來在農村時代惜物愛

﹝註 118﹞駱香林〈電視〉：「電視初問世，莫不驚神奇。隔空收音影，維電爲之基。科學日長進，人智若無涯。改卻農業國，邁入太空時。兒童愛卡通，或以因致知。居家所必備，樂此不知疲。生活日向上，受用方自滋。天線如衣桁，節目迅轉移。」《駱香林全集》，頁 23。

物的價值觀也不知不覺的改變了，這種物質文化帶動價值觀的改變較不易被發覺，即便如此，還是被駱香林發現了。較容易被發覺的道德、倫常方面，駱香林更是大力批判，感慨傳統倫常、風俗在西化後淪喪，這樣的感慨在許多詩中都可以看到，尤以〈外資〉一詩對這個過程的描述最為詳盡〔註119〕，從這首詩可以發現駱香林一改之前對於工業社會的歌頌，對於台灣為了爭取外資，棄農就工以躋身文明國的結果是變國俗、掃倫常，雖然社會表面上歌舞昇平，犧牲的卻是傳統價值，儒學地位日漸低下，因此駱香林自諷「莫自詡儒冠」，以免惹來一身腥。這首詩與前述的〈工業社會〉、〈職業教育與工廠〉詩中對未來充滿光明的想像，對工業化充滿肯定與期許，顯然差異甚大，在這裡駱香林看到的是儒學在現代社會被邊緣化的無奈，以及傳統價值被破壞的無力〔註120〕。《俚歌集》中駱香林的矛盾同時也是後進工業國家在接受現代性時的困境，迎來了工業發展，卻破壞了生態環境，都市化帶來便利，傳統文化與價值卻因為社會結構的改變而流失，在新的社會結構未穩定前，脫序的社會現象也就不可勝數。

　　國民黨政府統治台灣初期尚無面對現代性的問題（當時因為戰亂而經濟倒退），到了20世紀70年代之後，工業化的發展導致社會結構劇變，現代性的問題已經無可迴避，駱香林的態度與晚清張之洞等人的觀點並沒有離開太遠，仍然站在「中體西用」的觀點，對西方現代性採取半套式的接受，肯定其物質文明而走向工業主義，對於中國的精神文明仍懷有信心，這種半套式的接受註定要走向失敗，已有前例可為殷鑑。因為工業主義的集中化管理有助於民族國家的集權，符合當政者的利益，工業主義所帶動的經濟與民生，對民族國家的發展有利，而且也與儒家所關注的「利用厚生」相同。但是工業化的過程中，傳統農業的經濟型態逐漸瓦解，與農業經濟密切相關連的家族長威權社會結構也就跟著瓦解，他人取向的性格特質自然也失去原有的功能。工業化的經濟型態與資本主義結合，激發了個人獨立自主的意識，逐漸

〔註119〕《駱香林全集》，頁24。

〔註120〕如〈洋化〉所云：「生活求舒適，萬事多洋化。洋人薄其親，我孝亦日下。洋人學我針，我針始稱霸。在昔未學我，我常自咒罵。我射幾千年，久已束高架。洋人一研習，我今亦復射。文藝我固有，用夷來變化。名利冀兼收，為學求親炙。」詩中所稱「用夷變夏」對一個儒家知識分子而言是多麼的沉痛，這是因為中國人缺乏民族自信心的崇洋表現，以致萬事洋化，甚至連固有的技藝、文化也是在洋人的嘉許下才回頭重新肯定自我。《駱香林全集》，頁53。

養成若干自我取向的性格特質〔註121〕，凡此皆與傳統價值不符。從好的一方
面來看，因爲「個體性」的覺醒，價值觀方面則從傳統的遵從權威、孝親敬
祖、安分守成、宿命自保及男性優越觀點，朝向現代的平權開放、獨立自主、
樂觀進取、尊重感情及兩性平等觀點的轉變。從不好的方面來看，資本主義
爲了獲利而鼓勵過度消費，從而鼓動個人內心的慾望，因此社會陷入利慾徵
逐的循環，而都市化改變社會結構，傳統的社會約束力──道德、孝道──
失去節制的作用，造成人際疏離與治安敗壞的脫序現象，這都是駱香林《俚
歌集》所批判的，因此期待傳統文化與道德價值的重新發揚，他沒有注意到
他所批判的現象正是他所讚揚的工業化所帶來的，正本清源是停止工業化重
回農業社會，但這已經是不可能走的回頭路。傳統與現代的價值如何兼顧或
融合，在全球化的趨勢下，仍然是一個待解的難題，駱香林陷於兩難的矛盾，
仍然是今日必須面對的課題。

〔註121〕楊國樞〈工業化過程中國人性格與行爲的矛盾現象〉，見氏著《中國人的蛻
　　　　變》，頁 294。

第九章 結 論

　　從啓蒙時代以來，現代性最顯著特徵的「知識／權力」共生現象被確立，這種共生現象是現代初期兩種新趨勢共同作用的產物：一種是包含著多種多樣全能的新型國家權力的誕生；另一種是與此相對的自治性的進行自我管理，後者的努力導致前者所預設的秩序模型世界的產生與實踐〔註1〕。後者對於前者既是協力者也是批判者，後者是典型的現代型世界觀，認爲世界在本質上是一個有序的總體，表現爲一種可能性的非均衡性分布的模式，這就導致了對事件的解釋，解釋如果正確，就會成爲預見和控制事件的手段。控制的有效性依賴於對「自然」秩序的充分了解。在理論上，這種了解是可以獲致的，科學研究的理性和實證性保證了知識的正確性，這就導致科學主義的無限上綱，對於自然科學研究的正確性與自信心被複製到社會的研究與控制，現代型國家的科層化制度就是複製了科學的普遍性與控制手段，漠視了「地方性」與「特殊性」。這種控制幾乎總是命令性的行爲，以君臨一切的心態，賦予上層社會合法性的特權〔註2〕，因此現代型國家對於社會的滲透，較之封建國家有過之而無不及。由此視之，現代型知識分子對於眞理、正義以普遍主義的堅持，孕育了文化霸權，這是葛蘭西、盧卡奇、韋伯等人所普遍體認到的新意識形態霸權〔註3〕。在這個意義下，知識分子的雙重性導致知識分子後來的發展產生矛盾，從立法者變成闡釋者，從社會良心變成與社會脫

〔註1〕 齊格蒙‧鮑曼著《立法者與闡釋者》（上海：上海人民，2000年），頁3。
〔註2〕 鮑曼《立法者與闡釋者》，頁4～5。
〔註3〕 博格斯（Boggs, Carl），李俊，蔡海榕譯《知識分子與現代性的危機》（南京市：江蘇人民，2006年），頁100。

節，只能在一定的專業體系內用學術的話語交流，這樣的知識分子無法符合社會期待，難怪有人喊出「知識分子已死〔註4〕」。事實上知識分子並未死亡，只是以普羅的形態出現在現代社會中，現代社會在教育普及之後，知識不再被壟斷，只要受過教育，掌握知識的專業能力，擁有參與公共領域的熱情，敢於對權勢說真話的勇氣，就可以成為現代知識分子。

知識分子並非外來的產物，每個族群文化中都會有知識分子階層產生，他們是掌握知識，甚至壟斷知識，並且運用他所掌握的知識解釋宇宙人生，透過象徵符號去界定宇宙觀與價值意義的一群人。他們對社會具有強烈的責任意識和使命感，在理想上他們是一群可以為他所認定的理想價值而努力付出，甚至不惜犧牲自己性命的人。在實務上，知識的壟斷者通常為領導階層，有時為了自身的利益不得不以權威鎮壓，或者是妥協於更大的權威，又或者逃避現實，消極以對。西方的「知識分子」一詞在「德雷福斯事件」之後有了新的涵義，是指具有批判意識與社會良知，關心社會正義更甚於國家秩序；重視人權更甚於國家權威的維持，他們是具有獨立生活能力的職業人，不必依賴國家體制與資源而存活的一群人，在公共領域因為公眾問題而聚集，而他們的發言受到言論自由的保障，可以說，這是西方進步的一大力量。這一切有賴於成熟的市民社會的發展，社會與國家相制衡，個人權益、自由、民主、人權受到高度保障。簡單地說，西方知識分子是現代性的產物，沒有階級意識，中國儒家型知識分子則是傳統帝國的產物，本身是四民之首，有向上流動的可能，所以比較傾向站在上層階級的視野說話，對於下層社會慣於用「教化」的態度來對待。簡言之，中國的儒家型知識分子是有階級意識的，在現代化的浪潮下反而成為改革的對象。所以說儒家型知識分子缺乏現代性的價值觀，對於現代化採取功利主義的取向，產生了價值理性工具化的現象，因此碰觸到現代化問題，有了接受民主卻排斥自由的怪象，也就是說，儒家型知識分子對於政治的監督或公眾利益的維護，取決於國家利益而非社會利益，所以當儒家型知識分子與現代化相遇，著眼於富國強兵與救亡圖存，對於現代化有了扭曲的認知，甚至更極端的，像被胡適稱為歐化最深的人——丁文江——說，「如果蔣介石要獨裁，而獨裁能夠救國，獨裁有什麼不好。〔註5〕」

〔註4〕 陶東風〈導言〉，陶東風編《知識分子與社會轉型》（開封：河南大學，2003年），頁1。
〔註5〕 參見杜維明《現代精神與儒家傳統》（台北：聯經，1995年），頁313。

同樣的，如果「民主」或「現代化」無法提供強國的可能，中國的知識分子會馬上轉身離去，因為在中國積弱的國運之下，救國圖存比啓蒙更重要。

　　由於知識分子的理念期望角色，隨著歷史、政治、社會及文化傳統的性格而改變，因此欲了解知識分子的普遍內蘊意義，唯有從歷史、文化中去追尋知識分子性格的本質。中國在春秋戰國時期進入軸心時代，啓蒙的思想如曇花一現，很快就被強國的需求所掩蓋，各種類型的知識人向各國諸侯兜售強國之術，以孔子為代表的儒家雖然也到各國尋求機會，由於他的論述缺乏短期可預見的結果，並不受諸侯的青睞，而孔子堅定信念，弦歌不輟，終於建立儒家型知識分子的典範。但是原始儒家「道尊於勢」的堅持在漢代已經遭到破壞，公孫弘等儒者為了取得權勢而「枉道以從勢」甚或「曲學以阿世」，破壞了儒家理想的知識與權力之間的對應關係，儒家從此壟斷了學術權威，但是儒家型知識分子的墮落也由此開始。徐復觀曾說：「漢代的選舉制度雖有流弊，但其所表現的基本精神，則確是趨向眞正民主的這一條路上。大體說，這是中國知識分子和政治關係最為合理的時代，也是中國文化成就最大的時代。〔註6〕」必須注意他的前提是在「選舉制度」下，士人要取得社會的認同，因此不能與社會脫節，因此含有民主的意義，調節大一統專制的氣氛〔註7〕。話雖如此，但是他也認為中國的知識分子自戰國時期的「游士」、「養士」開始，就是政治的寄生蟲，統治集團的乞丐〔註8〕。這話說得很重，但點出中國知識分子無法獨立於政治之外的歷史事實。西方知識分子的游離、無根性造就出獨立自主的知識分子，中國知識分子的無根性，反而造就了知識分子對政治的依賴而無法獨立自主，其間的差異就在於社會的存在與作用，傳統中國是「政治強過社會」〔註9〕，因此無法產生西方中世紀「自治城邦」的「城市法」，市民（公民）社會無由產生，甚至可以說，中國的家族作用大過於社會，所以社會無法產生制衡的作用，儒家政治理想是「齊家」、「治國、「平天下」的企圖心與責任感，可以很清楚的看出來，從「家」直接跳到「國」，「社會」彷彿並不存在，或許可以說這裡的「家」是指「家族」，但是家族與社會

〔註6〕　徐復觀〈中國知識分子的歷史性格及其歷史的命運〉，見氏著《學術與政治之間》（台北：台灣學生書局，1985年），頁184。
〔註7〕　同上注所揭書，頁183。
〔註8〕　同上注所揭書，頁182。
〔註9〕　金耀基〈中國現代化的動向〉，收在彭懷恩，朱雲漢編《中國現代化的歷程》，台北：時報，1980年，頁22。

畢竟不同，而家族無法取代社會是因爲家族就是朝廷的縮小版，朝廷的皇權就是以「家天下」來運作，很難產生西方知識分子立足於社會的內涵，即「公民──社會──國家」三者鼎立的結構，個人無法抵抗國家的政治權威，自然無法產生「民主」。

　　韋伯看到儒家的特色，便是爲了適應世界，很容易承認現實的合理性和合法性，常常和現實妥協，所以推崇中庸之道，因此無法發揮革命精神，強調的是社會的安定、國家太平〔註10〕，對於社會秩序的穩定有超乎想像的執念，即使社會現實並非如他所願，爲了避免破壞現有的秩序，也很少站出來抗議或批判，多半選擇隱居或妥協的明哲保身。儒家相信透過自我道德修養，可以產生內在的超越，這也就是爲什麼駱香林在日治時期採取隱居的心態，雖然隱居對於現實世界並沒有太大的助益，卻眞眞實實的實踐了儒家「日用常行」的精神。日治時期駱香林因爲堅持漢文化的延續，選擇安貧樂道，付出的代價是家毀人亡，妻死子散，這代價不可謂不高，因此隱居花蓮時，獲得花蓮人的尊敬，這種精神人格的影響太過崇高，無法量化，但影響也不可小覷。可是綜觀駱香林在日治時期的生活，失去制度化儒家的依靠，退回私領域的內在超越，固然成就了個人的節操與德行，放在日治時期的社會結構來看，現代知識分子中最活躍的是左翼社會主義運動分子和右翼的民族主義分子，都是積極的行動派。反觀儒家型的知識分子有一部分則是接受殖民政府委任官職或紳章而成爲政權的協力者，所以我們也可以看到日治時期的儒士，如王石鵬、吳德功、蔡啓運等人，對於新政府態度的轉變，可略窺見儒士對於現實的妥協性，就如韋伯所說的，它是適應世界而不是改變世界，所以更容易折衷理想。至於駱香林則屬堅定的文化──民族主義理想型的儒者，以遺民的生活型態默默堅守理想。但是大部分傳統儒家對於文化主義的堅持更甚於民族主義，只要文化獲得保障，是否爲外來政權或統治者的種族並非最重要的，像駱香林的好友魏清德這類儒家型知識分子，甚至爲了維持社會地位而接受殖民者的籠絡，而將漢詩導向遊藝性質，成爲被攻擊的對象，這也是導致新舊文學論戰的部分原因。像駱香林一樣地堅持民族主義者以書房爲他們的戰場，看起來這是一種無聲的戰爭，這場戰爭中儒家型知識分子失去體制的支持注定要失敗，卻贏得了社會的同情。但是這類型知識分子又可分爲兩種，一種是堅持民族主義，不與當權者妥協，另外一種則是應變不

─────────

〔註10〕杜維明《現代精神與儒家傳統》，頁338。

及，除了教授漢文並無法以其他技能謀生，顯見一部分的漢文教師，也就是以往的儒學之士，對現代性適應不良而顯得躊躇不前，無法接受新觀念或新思想，這一類則是許多新知識分子的回憶或小說中所描述的書房（私塾）先生，大多是守舊、落伍、落魄、悽涼的圖像，新知識分子對於他們則是嘲諷多於同情。文化協會的知識分子在與殖民者抗爭過程中，曾經以四書等儒家經典連續演講數月，殖民者也莫可奈何，所以日治時期的新知識分子並不反對儒學或漢學，只是現代化與反殖民才是他們的當務之急。而儒家型知識分子卻只能採取逃避或妥協，而不敢強力爭取個人與公眾的利益，兩相對照益發顯現儒家型知識分子面對社會劇烈變遷的無力感。其實殖民政府也並非完全禁止書房的設置〔註11〕，而是將它制度化成為公學校教育的輔助機構，巧妙的將書房教師轉化為日本化教育的協力者，所以即使堅持書房教育的儒家型知識分子也不得不與殖民者合作，從這裡就可以看出現代型知識分子與儒家型知識分子，面對衝突的基本態度不同。而堅持漢文化的儒家型知識分子的另一戰場——詩社——也被日本人滲透，被導引成為遊藝的競技場域，即使以駱香林為顧問的奇萊吟社也無法避免。在《洄瀾同人集》中有日本人入社，駱香林無力制止，至於駱香林所反對的擊鉢吟，在詩社中也照樣進行，從這裡可以看出駱香林在日治時期的消極態度，就是儒家理想中的遺民／逸民的處事態度，面對非我族類的的統治者，採取不任官、不為所用的明哲保身觀念，與現代型知識分子勇於批判的性格有相當大的落差，因此其影響力要到戰後才能發揮。

　　二次世界大戰結束，日本戰敗，台灣由中華民國政府接收，當時台灣人視為祖國的接收官員無視於台灣人民的熱情仰望與孺慕之情，把台灣當作日本的一部分而以戰勝者的姿態君臨，很快台灣人就發現所謂的祖國只存在想像中，而現實中奴隸身分的枷鎖依舊存在。所以接收官員在貪污之餘，仍不忘盡責地提醒台灣人被奴化的原罪，而要洗刷奴化印記的第一步就是說「國語」，當然此「國語」非日治時期的「國語」，雖然當時大家搞不清楚到底中國有幾種國語，但是沒有人反對，孜孜矻矻的勤練「國語」，就是為了回到「祖

〔註11〕　其實日本在朱子學尊王攘夷的觀念下，加速還政於天皇，引起一連串的革新運動，所以對於儒學基本上並不排斥，初期派遣來台官員大多是飽讀儒學經典之士，這也是台灣儒家型知識分子可以認同殖民者並進而合作的一部分原因。

國」懷抱。無奈一次小小的查緝私煙衝突，把一切祖國的表象都炸開了，知識分子看清了祖國落後於台灣的事實，在二二八事件過後，這些知識分子不是被殺就是噤聲無語，我一直很疑惑，在二二八事件中駱香林到底扮演什麼角色？對於二二八事件他的態度究竟爲何？張七郎是他的好朋友張采香的胞弟，許錫謙是他的學生，這些人的犧牲他不可能不知情，而他沒有挺身爲他們說句話，反而爲帶隊殺人的 21 師獨立團團長何軍章立傳，是否已經說明了他的立場？從儒家型知識分子的歷史考察中，我終於了解，他的態度是一貫的，他並不是抗議型的知識分子——大部分的儒家都不是，所以他在觀察與適應，努力尋找最好的參與方式。在二二八事件最緊張的危機稍停之後，透過他的關說而救出百餘位無辜受牽連者，可以認定這是他認爲最好的方式，就是減少傷亡，讓事件盡快落幕。從他爲何軍章立傳，將楊蔭清納入花蓮文獻委員會〔註12〕，可以說明確有其事。透過這次事件的介入展現他的影響力，此後駱香林開始活躍於花蓮地方上，恢復傳統中國地方型知識分子的活力，在政治上扮演協調者的角色是一般人所津津樂道的，更重要的，眞正的影響是在文化上，透過《花蓮縣志》等「大敘述」建構「中國化」的歷史共同記憶，塑造移入政權統治的合法性與正當性，其實就是在執行儒家型知識分子自覺承擔的意識形態與文化霸權的建構。

國民黨政府在中國內戰失敗後「轉進」台灣，台灣在此之前才經歷過二二八事件，對於祖國的態度已經大不如前。在這種緊張時刻，國民黨政府如何在台灣建立統治的合法性，除了一點運氣，即韓戰改變美國的態度之外，主要是國民黨經歷過深刻的改造，確立領導威信，形成以黨領政的「黨國體制」威權政府。在政治上延續了二二八的清鄉與白色恐怖的警察國家統治手段，在文化上則持續「再中國化」政策，尤其是「中華文化復興運動」以鋪天蓋地之勢，涵蓋黨、政、軍、教、輿論、娛樂等無所不包的意識形態灌輸，這些若無地方型知識分子的協力，很難產生作用，而儒家型知識分子因爲民族認同的關係，自願承擔協力者，發揮了無形的穩定力量。駱香林在意識形態之下，自覺地承擔起傳播意識形態的工作，較之日治時期的遺民心態，駱香林在政治上顯得更積極主動，尤其以大傳統文化標準檢視庶民文化，較官方更爲嚴峻，例如對於淨化歌曲的態度，駱香林不但認爲該禁，而且禁得更

〔註12〕何軍章爲 21 師獨立團團長，二二八事件中奉命「綏靖」花蓮，楊蔭清則是軍法官，善待被捕的一百餘人。

厲害，許多官方認可的歌曲在他看來還是過於淫靡，歌仔戲與布袋戲在他看來更是該禁。這就是儒家型知識分子理性化的道德觀，但是對於蔣介石的造神運動，從駱香林的詩作中可見他毫無懷疑的接受，視之為中興明主，這是儒家傳統的「聖王」邏輯，導致毫無懷疑的接受神才領袖為唯一能帶領眾人通過危機的領導者。雖然遭遇二二八事件的亂流，卻不能改變儒家型知識分子對中國的國族認同，在此意識形態的作用下，儒家型知識分子的批判精神是發揮在對於敵人——共產黨——以及一般庶民的批評，對於共產黨的批評，駱香林遠在花蓮，與共產黨素無接觸何來認識？其對於共產黨的認識來自於完全接受黨政高層所發動的論述，對於國共鬥爭的認知也是錯誤百出，從雙槍王（黃）八妹的錯誤即可見出端倪，可見他的再傳播就是被利用為文化霸權的工具。至於駱香林對庶民文化的批評，乃是基於大傳統對小傳統傳播的儒家型知識分子的義務，希望透過他的批判而加以「改正」，但是從他的批評正可看出儒家思想的局限，尤其是對於個人主義的自由等權利的批判，更顯現出儒家型知識分子對於現代化的認知粗淺，接受工業化卻拒絕資本主義以及其所帶來的社會結構、文化價值的轉變，仍不脫晚清「中體西用」式的思維。

　　台灣社會歷經日治時期的殖民現代化之後，事實上已經比中國更早現代化，國民黨政府企圖透過文化民族主義的建構，拉近兩者之間的距離，但是政治因素使台灣的現代化產生倒退，雖然現代化是不可逆的，但當時因為國共內戰以及通貨膨脹的經濟衝擊，以及接收官員貪汙舞弊、殖民性作為（如排擠台灣人，外行領導內行），以至於造成現代化的倒退現象。在戰爭進入冷戰之後，重新回到現代化的軌道上，因此駱香林發現幾年不見的台北，竟然已經變成一個陌生的城市，他的鄉愁必須回到花蓮來尋，因此才有《俚歌百首》一、二集與《題詠花蓮風物》等看似不相干卻又相輔相成的著作。

　　關於駱香林的花蓮傳統文化建構，我們不得不引述薩依德的「東方主義」：

> 我們必得嚴肅地考慮維科（Vico）的偉大觀察：人們製造了他們自己的歷史，他們所能得知的便是他們已經製造出的那些。將此推展至地理學：作為一地理實體同時也是文化實體——且不提歷史實體——例如坐落地點、地區（regions）、地理區（geographical sectors）等的「東方」和「西方」，都是人製造出來的（manmade）。〔註13〕

〔註13〕薩依德《東方主義・緒論》（台北縣：立緒，1999 年），頁 6。

現代社會與傳統社會的差異在於現代社會「民族國家」的特徵是傳統社會所無，中國的傳統社會國家意識薄弱，所謂「天高皇帝遠」，國家對老百姓的生活，除了完糧納稅之外，影響很小。對於儒家型知識分子而言，天下比國家更重要，但是在近代救亡圖存的前提下，天下與國家的關係被反轉。中國並非西方的民族國家，每個地方／區域的語言、文化都不一樣，有條件形成像西方一樣的民族國家，但是自秦代的文字統一之後，知識分子以文字挽合文化，大一統的天下意識被建構成爲以文化爲主體的國家意識形態。這一過程通常是由上而下的整合，由政府或國家有計畫地推展，使政治地圖與文化地圖合而爲一，通常稱之爲「民族同化」。通常爲了達成民族同化的目的，必須「製造」出此文化區不同種族的相同歷史，過程就像霍布斯邦（Eric Hobsbawm）所說的「被創造的傳統」或安德森（Benedict R. Anderson）所謂「想像的共同體」，這些「想像」都是被「創造」出來的，此時「知識分子」就被派上用場，成爲象徵意義的創造者與詮釋者。特別是將某些此一地區從來不曾存在或已消逝的文化特質，加以重建／建構，透過政治意識形態的書寫與傳播，伴隨著國家慶典儀式中重要象徵符號的強調，以及教育機構中的學校教育，政治意識形態在倫理道德層面被理性化，然後轉換成文化霸權。這就好像薩依德說的：「東方之所以會被東方化，不只是因爲它是被一般的十九世紀歐洲人以各種相當平常的方式發現而成爲「東方」的，而且是由於它是有可能被（could be）——受屈服而被——製造（made）成東方。〔註14〕」很顯然的，台灣被「中國化」就像薩依德的東方化理論一樣，因爲二二八事件屈服而被視爲「可能被製造」成爲中國的地方。

駱香林對於原住民也是如此，將原住民符號化而重新編碼，歷史消跡，貶低其文化，這就是中國化文化再創造的過程，就像歐洲白種人自認爲較非歐洲人優秀的道理一樣，而被殖民者是「白種人的負擔」，因爲要不斷的「教化」他們，使他們變「文明」。中國人在東亞地區一向也是如此，自認是一種較優越的種族與文化，熱心的「教化」被日本奴化的台灣人與原住民其實就是認爲這些「非中國人」有待教化。因此《花蓮縣志》成爲花蓮歷史的起點，他的觀點與「歷史」的「大敘事」在不斷引述中，協助花蓮人的認同「花蓮」與中國的歷史血脈相連，他甚至熱心的自費出版《題詠花蓮風物》，透過花蓮影像的「凝視」，塑造了花蓮的形象。

〔註14〕薩依德《東方主義·緒論》，頁8。按：粗體爲原文所有，非筆者所加。

　　駱香林矛盾的地方在於他所認爲優越的中國文化，到了台北卻已經大量
的被侵蝕、退縮以至讓渡給西方的資本主義文化，「中華民國」已經是現代化
的「民族國家」，而不是傳統的文化中國，民族國家是在工業化下發展出來的
新國家型態，跟工業生產、資本主義緊密連結，傳統中國已經被顛覆，儒家
思想也已被大量清洗。可是儒家型知識分子的思維，儒家傳統肯定集體主義，
在國家與個人之間，顯然選擇犧牲個人而成就國家。所以爲了國家的存續，
儒家必須自我調整，因爲儒家歷代就是適應型的實用主義。儒家傳統有三個
柱石，第一個是小農經濟，可以說儒家的理論是建立在小農經濟的基礎上，
小農經濟的保守性格，形成自給自足的安定性，甚至頑固、封閉，有利於封
建統治。儒家思想的第二個基礎是以家族範圍爲家庭結構所建構的倫常觀，
家族制有強烈的等級傾向與男性中心主義，因此父權特別突出，依此建構出
結構謹嚴的三綱——君臣、父子、夫妻，成爲家庭與國家緊密聯繫的核心思
想。第三個基礎是權威政治，雖然漢代獨尊儒術，實際上是王霸雜用的實用
主義，結合法家的治術已經是帝王千年以來不言而喻的統治技術〔註15〕。中
國自古以來的農業社會，發展成爲一個封閉性的文化傳統，儒家思想的價值
系統都與農業社會密不可分，如今爲了強國接受工業化而走向民族國家，等
於拔除了中國文化的根，因此在這個變遷的過程，難免有許多衝突與矛盾。
首先爲了發展工業必須犧牲農業，所以小農經濟立刻遭到破壞，其次因爲工
業的集中化產生都市化，人口向都市集中的結果，大家族的家庭結構隨之瓦
解，最後只剩下權威政治還留下來〔註16〕，難怪儒家傳統被現代知識分子視
爲破壞國家進步的最大障礙。事實上，儒家型知識分子並不反對現代化，反
而積極的從儒家內部實現現代化的正面意義，例如駱香林的攝影，具體而微
的表現了「中體西用」的思想，他以西方科技器物——攝影機——作爲「采
風」與「教化」的利器。因此問題不在於現代化／現代性的善與惡或適不適
合東方，而在於儒家型知識分子的自我定位，如果儒家型知識分子依舊定位
在上層結構，協助當權者「向下」「教化」與協助文化霸權的建立與維護，則
終將會被現代社會所淘汰，因爲它仍然是屬於「依附性」的知識分子，無法

〔註15〕杜維明《現代精神與儒家傳統》，頁397。
〔註16〕很巧合的，兩岸的政治發展，不論是利用儒家的蔣介石還是反儒家的毛澤東，
　　　　都走向威權的集權政治，只是台灣在解嚴之後漸漸走向眞正的民主體制發
　　　　展，雖然還有很大的一段路要走，但是已經拉開兩岸不同的政治發展模式。

獨立於體制之外，仍然在「知識——權力」的結構之下運作，現代性的知識分子已經普羅化，運用知識已經不是特定階級的特權，因此它要向誰「教化」呢？這是現代儒家型知識分子應該要思考的問題。

參考書目

一、駱香林相關文獻

1. 駱香林編,《花蓮文獻》,花蓮市:花蓮文獻委員會,1955 年,成文出版社,1983 年複印本。

2. 駱香林編著,《花蓮縣志》,花蓮市:花蓮縣文獻委員會,1974。

3. 駱香林,《題詠花蓮風物》,作者自印,1976 年。

4. 駱香林,《台灣省名勝古蹟集》,台北:台灣省文獻委員會出版,1965 年。

5. 駱香林著,王彥編,《駱香林全集》,花蓮:花蓮縣文獻委員會,1980 年。

6. 不著編者,《洄瀾同人集》,花蓮:洄瀾詩報社,昭和十(1935)年 11 月。

7. 不著撰者,《駱香林先生紀念集》,無出版年月與出版者。

8. 田啓文,〈尺錦見眞淳:駱香林《臨海隨筆》探析〉,收入《台灣古典散文研究》,台北:五南,2006 年。

9. 花蓮洄瀾文教基金會編輯,《駱香林攝影》,花蓮:花蓮洄瀾文教基金會,1998 年。

10. 杜萱,〈說碩精舍日月長——重陽前夕話花蓮耆老駱香林〉,《台灣新生報・新生副刊》,1992 年 12 月 3 日。

11. 吳冠宏,〈洄瀾雙文的巡訪——談駱香林與王彥的詩〉,收在《第一屆花蓮文學研討會論文集》,花蓮:花蓮縣文化局,1998 年。

12. 吳冠宏,〈重見江山麗,再使風俗淳:駱香林《題詠花蓮風物》初探〉,收在《地誌書寫與城鄉想像:第二屆花蓮文學研討會論文集》,花蓮:花蓮縣文化局,2000 年。

13. 邱麗卿執行編輯,《躡影追飛——駱香林的攝影畫境》,台北市:北市美術館,2006 年。

14. 周郁齡,〈用影像構築一個修辭——試論駱香林的攝影藝術〉,《典藏・今藝術》2006 年 7 月。

15. 孫世民，〈「洄瀾」在駱香林詩中的意義——一個客居者對花蓮的觀察〉，《靜宜人文社會學報》第 1 卷 1 期，2006 年 6 月。

16. 黃瑞祥，〈花蓮瑰寶駱香林〉，《更生日報》，1992 年 8 月 5 日。

17. 黃憲作，〈後山桃花源——論駱香林「桃花源」理想世界的追尋與「後山」的地方認同、建構〉，《大漢學報》第 18 期，2003 年 11 月。

18. 黃憲作，《在地與流離：駱香林花蓮之居與游》，花蓮：花蓮縣文化局，2009 年。

19. 劉淑娟，《駱香林文學研究》，逢甲大學中文系在職專班碩士論文，2010 年 6 月。

20. 歐純純，〈駱香林俚歌初探〉，《台灣文學評論》第 5 卷 3 期，2005 年 7 月。

21. 賴秀美主編，〈「打開故居那扇門」專輯〉，《東海岸評論》第 196 期，2004 年 11 月。

22. 龔顯宗，〈駱香林貞不絕俗〉上、下，《城鄉生活雜誌》第 36、37 期，1997 年 1、2 月。

二、古籍

1. 《詩經》，《十三經注疏》本，台北：藝文印書館，1976 年。

2. 《論語》，《十三經注疏》本，台北：藝文印書館，1976 年。

3. 《孟子》，《十三經注疏》本，台北：藝文印書館，1976 年。

4. 《禮記》，《十三經注疏》本，台北：藝文印書館，1976 年。

5. （宋）朱熹，《四書集註》，台北：世界書局，1983 年。

6. （戰國）荀子著，梁啓雄釋，《荀子簡釋》，台北：木鐸，1983 年。

7. （戰國）陳奇猷集釋，《韓非子集釋》，台北：莊嚴，1984 年。

8. 《國語》，台北縣：漢京，1983 年。

9. 《左傳》（十三經注疏本），台北：藝文印書館，1976 年。

10. 《史記》，台北：鼎文，1987 年。

11. 《漢書》北京：中華書局，2005 年。

12. （漢）董仲舒，《春秋繁露》，台北：中華，1984 年台二版。

13. （漢）應劭著，王利器校注，《風俗通義》，台北：明文，1982 年初版，1988 年再版。

14. （漢）桓譚，《桓子新論》，收在《四部備要》，台北：台灣中華，1985 年台二版。

15. （漢）班固著，陳立疏證，吳則虞點校，《白虎通疏證》，北京：中華，1997 年。

16. （晉）陶潛著，逯欽立校注，《陶淵明集》，台北：里仁，1985 年。

17. （唐）白居易著，朱金城箋注，《白居易集箋校》，上海：上海古籍，1988 年。

18. （明）文震亨著，海軍、田君注《長物志圖說》，濟南：山東畫報，2004 年。

19. （清）高拱乾，《台灣府志》，台北：台灣銀行，台灣文獻叢刊第 65 種，1960 年。

20. （清）郁永河，《裨海紀遊》，台北：台灣銀行，台灣文獻叢刊第 44 種，1959 年。

21. （清）丁紹儀，《東瀛識略》，台北：台灣銀行，台灣文獻叢刊第 2 種，1957 年。

22. （清）丁曰健，《治台必告錄》，台北：台灣銀行，台灣文獻叢刊第 17 種，1959 年。

23. （清）尹士俍，《台灣志略》，北京：九州，2003 年。

24. （清）吳贊誠，《吳光祿使閩奏搞選錄》，台北：台灣銀行，台灣文獻叢刊第 232 種，1966 年。

25. （清）鄧傳安，《蠡測彙鈔》，台北：台灣銀行，台灣文獻叢刊第 9 種，1958 年。

26. （清）夏獻綸，《台灣輿圖》，台北：台灣銀行，台灣文獻叢刊第 45 種，1959 年。

27. （清）羅大春，《台灣海防與開山日記》，台北：台灣銀行，台灣文獻叢刊第 308 種，1972 年。

28. （清）黃叔璥，《台海使槎錄》，台北：台灣銀行，台灣文獻叢刊第 4 種，1957 年。

29. （清）黃逢昶，《台灣生熟番紀事》，台北：台灣銀行，台灣文獻叢刊第 51 種，1960 年。

30. （清）蔣毓英，《台灣府志》，南投：台灣省文獻委員會，1993 年。

31. （清）蔣師轍，《臺游日記》，台北：台灣銀行，台灣文獻叢刊第 6 種，1957 年。

32. （清）藍鼎元，《東征集》，台北：台灣銀行，台灣文獻叢刊第 12 種，1958 年。

三、中文專著

（一）專書

1. 干春松，《制度化儒家及其解體》，北京：中國人民大學，2003 年。

2. 方豪，《方豪教授台灣史論文選集》，台北：捷幼，1999 年。

3. 王育德，《台灣──苦悶的歷史》，台北：自立晚報，1993 年。

4. 王文進，《仕隱與中國文學──六朝篇》，台北：台灣書店，1999 年。

5. 王晴佳，《台灣史學五十年（1950～2000）：傳承、方法、趨向》，台北：麥田，2002 年。

6. 王巍，《相對主義：從典範、語言和理性的觀點看》，北京：清華大學，2003 年。

7. 尤西林，《闡釋並守護世界意義的人》，臺北縣：空庭書苑，2008 年。

8. 中國論壇編輯委員編，《知識分子與台灣經濟發展》，台北：中國論壇雜誌社，1989 年。

9. 戶曉輝，《現代性與民間文學》，北京：社會科學文獻，2004 年。

10. 石元康，《從中國文化到現代性：典範轉移？》，北京：讀書‧生活新知‧三聯書店，2007 年。

11. 江寶釵，《台灣古典詩面面觀》，台北：巨流，1999 年。

12. 台灣省諮議會編著，《台灣省參議會、臨時省議會暨省議會時期口述歷史訪談計畫：吳水雲先生訪談錄》，台中縣：台灣省諮議會，2004 年。

13. 汪民安，《現代性》，桂林：廣西師範大學，2005 年。

14. 余英時，《中國思想傳統的現代詮釋》，台北：聯經，1987 年初版，2004 年第九刷。

15. 余英時，《史學與傳統》，台北：時報文化，1982 年初版，1994 年二版二刷。

16. 余英時，《中國知識階層史論（古代篇）》，台北：聯經，1980 年初版，1989 年第三刷。

17. 余英時，《中國文化與現代變遷》，台北：三民，1995 年。

18. 余英時，《文化評論與中國情懷》，台北：允晨，1993 年。

19. 余英時，《知識人與中國文化的價值》，台北：時報文化，2007 年。

20. 余英時，《現代儒學論》，美國紐澤西：八方文化，1996 年。

21. 余美玲，《日治時期台灣遺民詩的多重視野》，台北：文津，2008 年。

22. 何容等編，《台灣之國語運動》，台北：台灣省教育廳，1948 年。

23. 邱貴芬，《仲介台灣‧女人》，台北：元尊，1997 年。

24. 李南衡，葉芸芸編註，《台灣人物群像》，台北：時報文化，1995 年。

25. 李筱峰，《台灣近現代史論集》，台北：玉山社，2007 年。

26. 李澤厚，《中國美學史》，台北：里仁，1986 年。

27. 李瑄，《明遺民群體心態與文學思想研究》，成都：巴蜀書社，2008 年。

28. 李世偉，《日據時代台灣儒教結社與活動》，台北：文津，1999 年。

29. 杜小眞編，《福柯集》，上海：上海遠東，1998 年。

30. 杜維運，《史學方法論》，台北：華世，1979 年。

31. 杜維明，《現代精神與儒家傳統》，台北：聯經，1995 年。

32. 吳親恩、張振岳，《人文花蓮》，花蓮市：花蓮洄瀾文教基金會，1995 年 5 月。

33. 吳濁流，《無花果》，台北：前衛，1990 年四刷。

34. 吳文星，《日據時期台灣社會領導階層之研究》，台北：正中，1992 年。

35. 吳夢周著，吳瑞雲編《枕肱室詩草》，台北：自印，1998 年。

36. 呂正惠，《抒情傳統與政治現實》，台北：大安，1989 年。

37. 金耀基，《中國現代化與知識份子》，台北：時報，1977 年出版，1984 年 11 版。

38. 金耀基，《中國社會與文化》，香港：牛津大學出版社，1992 年。

39. 金耀基，《從傳統到現代》，台北：時報，1978 年。

40. 金耀基，《中國的「現代轉向」》，香港：牛津大學，2004 年。

41. 林果顯，《「中華文化復興運動推行委員會」之研究（1966～1975）》，台北縣：稻香，2005 年。

42. 來新夏，《中國地方志》，台北：台灣商務，1995 年。

43. 周陽山主編，《知識份子與中國》，台北：時報文化，1980 年初版。

44. 周婉窈，《日據時代的台灣議會設置請願運動》，台北：自立，1989 年。

45. 胡萬川，《民間文學的理論與實際》，新竹市：清華大學，2004 年。

46. 施淑，《兩岸文學論集》，台北：新地，1997 年。

47. 孫晶，《文化霸權理論研究》，北京：社會科學文獻，2004 年。

48. 夏黎明，《清代台灣地圖演變史》，台北縣：知書房，1996 年。

49. 徐復觀，《學術與政治之間》，台北：台灣學生，1985 年。

50. 徐復觀著，蕭欣義編，《儒家政治思想與民主自由人權》，台北：台灣學生，1988 年。

51. 徐復觀，《無慚尺布裏頭歸──徐復觀最後日記》，臺北：允晨文化，1987 年。

52. 韋政通，《歷史轉捩點上的反思》，台北：東大，1989 年。

53. 唐君毅，《中國文化之精神價值》，台北市：正中書局，1979 年。

54. 陶東風主編，《知識份子與社會轉型》，開封市：河南大學，2004 年。

55. 康培德，《殖民接觸與帝國邊陲：花蓮地區原住民十七至十九世紀的歷史

變遷》，台北縣：稻香，1999 年。

56. 許紀霖編，《20 世紀中國知識分子史論》，北京：新星，2005 年。

57. 許紀霖編，《公共性與公共知識分子》，南京：江蘇人民，2003 年。

58. 梁啟超，《新民說》，台北：台灣中華，1978 年。

59. 曾鼎甲，《論《台灣省通志稿》之纂修》，台北縣永和市：花木蘭，2007 年。

60. 國立歷史博物館編輯委員會編，《回首台灣百年攝影幽光》，台北市：史博館，2003 年。

61. 國家圖書館特藏組編，《台灣歷史人物小傳——明清暨日據時期》，臺北：國家圖書館，2003 年。

62. 張純甫著，黃美娥編，《張純甫全集》，新竹：新竹市文化中心，1998 年。

63. 張我軍著，張光直編，《張我軍詩文集》，台北：純文學，1989 年 2 版。

64. 張家菁，《一個城市的誕生——花蓮市街的誕生與發展》，花蓮市：花蓮縣立文化中心，1998 年元月二刷。

65. 張華葆，《社會階層》，台北市：三民，1987 年。

66. 張建華，《俄國知識分子思想史導論》，北京：商務印書館，2008 年。

67. 張德勝，《儒家倫理與秩序情結：中國思想的社會學詮釋》，台北市：巨流，1989 年。

68. 張昆山、黃政雄主編，《地方派系與台灣政治》，臺北：聯經，1996 年。

69. 陳香，《花蓮縣人物掌故》，花蓮：花蓮縣文獻委員會，1982 年。

70. 陳芳明，《殖民地摩登》，台北：麥田，2004 年。

71. 陳明，《儒學的歷史文化功能》，上海：學林，1997 年。

72. 陳紹馨，《台灣的人口變遷與社會變遷》，台北：聯經，1979 年初版，1992 年第四刷。

73. 陳昭瑛，《儒家美學與經典詮釋》，台北：台大出版中心，2005 年。

74. 陳昭瑛，《台灣與傳統文化》，台北：台灣書店，1999 年。

75. 陳建忠，《日據時期台灣作家論：現代性、本土性、殖民性》，台北：五南，2004 年。

76. 陳建忠，《賴和的文學與思想研究》，高雄：春暉，2004 年。

77. 陳嘉明，《現代性與後現代性十五講》，北京：北京大學，2006 年。

78. 陳其南，《公民國家意識與台灣政治發展》，台北：允晨，1992 年。

79. 陳其南，《傳統制度與社會意識的結構：歷史與人類學的探索》，台北：允晨，1998 年。

80. 陳鳴鐘，陳興唐主編，《台灣光復和光復後五年省情》，南京出版社，1989 年。

81. 陳翠蓮，《台灣人的抵抗與認同（1920～1950）》，台北：遠流，2008 年。

82. 黃英哲，《「去日本化」「再中國化」：戰後台灣文化重建》，台北：麥田，2007 年。

83. 黃俊傑主編，《理想與現實》，台北：聯經，1982 年。

84. 黃俊傑，《戰後台灣的轉型及其展望》，台北：正中，1997 年。

85. 黃俊傑，《台灣意識與台灣文化》，台北：正中，2000 年。

86. 黃俊傑，《儒學傳統與文化創新》，台北：東大，1983 年。

87. 黃美娥，《重層現代性鏡像》，台北：麥田，2004 年。

88. 黃瑞祺，《現代與後現代》，台北：巨流，2002 年二版。

89. 彭明輝，《歷史花蓮》，花蓮市：花蓮洄瀾文教基金會，1995 年。

90. 趙園，《明清之際士大夫研究》，北京：北京大學，1999 年。

91. 賴和著，林瑞明編，《賴和全集》，台北：前衛，2000 年。

92. 賀昌群，《賀昌群文集》，北京：商務，2003 年。

93. 葛荃，《權力宰治理性——士人、傳統政治文化與中國社會》，天津：南開大學，2003 年。

94. 葉啓政，《社會、文化和知識分子》，台北：東大，1984 年。

95. 葉啓政，《傳統與現代的戰鬥遊戲》，台北：巨流，2001 年。

96. 楊念群，《儒學地域化的近代形態：三大知識群體互動的比較研究》，北京：生活・讀書・新知三聯書店，1997 年。

97. 楊國樞，《中國人的蛻變》，台北：桂冠，1988 年。

98. 熊十力，《原儒》，台北：明文書局，1988 年。

99. 費孝通，《鄉土中國》，北京：北京出版社，2004 年。

100. 廖炳惠，《台灣與世界文學的匯流》，台北：聯合文學，2006 年。

101. 潘繼道，《清代台灣後山平埔族移民之研究》，板橋市：稻鄉，2001 年。

102. 潘朝陽，《明清台灣儒學》，台北：台灣學生，2001 年。

103. 蔡英文、江宜樺主編《現代性與中國社會文化》，台北：新台灣人基金會，2002 年。

104. 蔡文輝，《社會學理論》，台北：三民，2006 年，修訂三版一刷。

105. 蔡培火等著，《台灣民族運動史》，台北：自立晚報出版社，1971 年。

106. 蕭永盛，《畫意・集錦・郎靜山》，台北市：雄獅，2004 年。

107. 羅中峰，《中國傳統文人審美生活方式之研究》，臺北市：洪葉文化，2000 年。

108. 藤井志津枝，《近代中日關係使源起——1871～74 年台灣事件》，台北市：

金禾出版社，1994 年 6 月初版二刷。

109. 顧忠華，《社會學理論與社會實踐》，台北：允晨，1999 年。

110. 龔宜君，《「外來政權」與本土社會》，台北縣：稻香，1998 年。

（二）單篇論文

1. 文崇一，〈中國知識分子的類型與性格〉，收在中國論壇編委會編，《知識分子與台灣發展》，台北：聯經，1989 年。

2. 王明珂，〈過去、集體記憶與族群認同〉，收在中央研究院近代史研究所編輯，《「認同與國家：近代中西歷史的比較」論文集》，台北：中研院近史所，1994 年。

3. 史華慈（Benjamin Schwartz），〈中國政治思想的深層結構〉，收在余英時等著，《中國歷史轉型時期的知識分子》，台北：聯經，1992 年。

4. 朱雲漢，〈現代化與政治參與：台灣的發展經驗〉，收在彭懷恩，朱雲漢編《中國現代化的歷程》，台北：時報，1980 年。

5. 何義麟，〈光復初期台灣知識分子的日本觀（1945～1949）〉，收在黃俊傑編，《光復初期的台灣：思想與文化的轉型》，台北：台大出版中心，2005 年。

6. 呂興昌，〈論鄭坤五的「台灣國風」〉，收在胡萬川編《台灣民間文學學術研討會論文集》，南投：台灣省政府文化處，1998 年。

7. 金耀基，〈中國現代化的動向〉，收在彭懷恩，朱雲漢編，《中國現代化的歷程》，台北：時報，1980 年。

8. 周憲，〈讀圖、身體、意識形態〉，收在陶東風，金元浦，高丙中主編，《文化研究》第三輯，天津市：天津社會科學院，2002 年。

9. 吳乃德，陳明通，〈政權轉移和菁英流動：台灣地方政治菁英的歷史形成〉，收在張炎憲，李筱峰，戴寶村編，《台灣史論文精選》，台北：玉山社，1996 年。

10. 吳密察，〈「歷史」的出現〉，收在黃富山，古偉瀛，蔡采秀主編，《台灣史研究一百年：回顧與研究》，台北：中研院台史所籌備處，1997 年。

11. 施懿琳，〈五○年代台灣古典詩隊伍的重整與詩刊內容的變異〉，收在東海大學中文系主編，《戰後初期台灣文學思潮論文集》，台北：文津，2005 年。

12. 馬戎，〈中國傳統「族群觀」與先秦文獻「族」字使用淺析〉，收在喬健等主編《文化、族群與社會的反思》，高雄：麗文，2005 年。

13. 張景旭，蕭新煌，〈台灣發展與現代化的宏觀社會學論述〉，收在羅金義，王章偉編，《奇跡背後：解構東亞現代化》，香港：牛津大學，1997 年。

14. 張美陵，〈文化認同的攝影策略〉，收在《攝影與藝術──攝影學術論文

集》台北：中華攝影教育學會，1997 年。

15. 陳昭瑛，〈啟蒙、解放與傳統：論 20 年代台灣知識份子的文化省思〉，收在黃俊傑，何寄彭主編，《台灣的文化發展：世紀之交的省思》，台北：台灣大學，1999 年。

16. 陳逢源，〈對於台灣舊詩壇投下一巨大的炸彈〉，原載於《南音》第 1 卷 2 號、3 號，1932 年 1 月 17 日、2 月 1 日，收在在李南衡編《日據下台灣新文學·明集·文獻資料選集》，台北：明潭，1979 年。

17. 黃得時，〈台灣新文學運動概觀〉，原載《臺北文物》，第 3 卷 2、3 期，第 4 卷 2 期，收在李南衡編，《日據下台灣新文學·明集·文獻資料選集》，台北：明潭，1979 年。

18. 黃麗生，〈儒家「天下」思想的內涵及其當代意義〉，收在黃俊傑編，《傳統中華文化與現代價值的激盪與調融》，台北：喜瑪拉雅研究基金會，2002 年。

19. 葉明勳，〈不容青史盡成灰——二二八親歷的感受〉，收在台灣新生報編，《衝越驚濤的時代》，台北：台灣新生報，1990 年。

20. 傅偉勳，〈知識分子還需要儒家嗎？〉，收在陳映真等著《知識分子：台灣知識菁英極具深度的 12 篇精采演講》，台北：立緒，2006 年。

21. 蔡采秀，〈解嚴與自我殖民〉，收在中央研究院台灣研究推動委員會編輯，《威權體制的變遷：解嚴後的台灣》，台北：中研院台史所籌備處，2001 年。

22. 楊永彬，〈日本領臺初期日臺官 紳詩文唱和〉，收在若林正丈，吳密察主編，《台灣重層近代化論文集》，台北：播種者文化，2000 年。

23. 楊國樞，〈傳統價值觀與現代價值觀能否同時並存？〉，收在楊國樞編，《中國人的價值觀：社會科學觀點》，台北：桂冠，1994 年。

24. 楊國樞，〈中國人的孝道概念分析〉，收在楊國樞編，《中國人的心理》，台北：桂冠，1988 年。

25. 潘朝陽，〈存在空間的一個詮釋〉，收在季鐵男編，《建築現象學導論》，台北市：桂冠圖書，1992 年。

26. 劉紀曜，〈仕與隱——傳統中國政治文化的兩極〉，收入黃俊傑主編，《理想與現實》，台北：聯經，1982 年。

27. 薛化元，楊秀菁，〈強人威權體制的建構與轉變〉，收在人權理論與歷史國際學術研討會籌備處編，《人權理論與歷史論文集》，台北縣：國史館，2004 年。

28. 鄭梓，〈戰後台灣行政體系的接收與重建〉，發表於《思與言》第 29 卷第 4 期，1991 年 12 月，收在張炎憲，李筱峰，戴寶村編，《台灣史論文精選》，台北：玉山社，1996 年。

四、期刊論文與報章文章

1. 王世慶，〈日據時期台灣官撰地方史志的探討〉，《漢學研究》，第 3 卷第 2 期，1985 年 12 月。

2. 王世慶，〈參與光復後台灣地區修志之回顧及對重修省志之管見〉，《台灣文獻》，第 35 卷第 1 期，1984 年 3 月。

3. 王振寰，〈台灣的政治轉型與反對運動〉，《台灣社會研究》季刊，第 2 卷 1 期，1989 年 3 月。

4. 全會華，〈驚艷 鄉林 台灣文人精神的延續者——駱香林〉，《自立晚報》，2001 年 2 月 5 日，17 版。

5. 李有成，〈知識分子的消沉〉，《文訊》，253 期，2006 年 11 月。

6. 何義麟，〈媒介真實與歷史想像〉，《台灣史料研究》，第 24 號，2006 年 3 月。

7. 吳文星，〈日據時代台灣書房之研究〉，《思與言》，第 16 卷 3 期，1978 年 9 月。

8. 吳文星，〈日據時期台灣總督府推廣日語運動初探（上）〉，《台灣風物》，第 37 卷 1 期，1987 年 3 月。

9. 吳文星，〈日據時期台灣書房教育之再檢討〉，《思與言》，第 26 卷 1 期，1988 年 5 月。

10. 林毓生，〈中國傳統的創造性轉換〉，《歷史月刊》，1996 年 4 月。

11. 林玉茹，〈地方知識與社會變遷——戰後台灣方志的發展〉，《台灣文獻》，第 50 卷 4 期，1999 年 12 月。

12. 姚人多，〈認識台灣：知識、權利與日本在台之殖民治理性〉，《台灣社會研究》季刊，第 42 期，2001 年 6 月。

13. 高志彬，〈台灣方志之纂修及其體例流變略述〉，《台灣文獻》，第 49 卷 3 期，1998 年 9 月。

14. 許雪姬，〈台灣光復初期的語文問題〉，《思與言》，第 29 卷 4 期，1991 年 12 月。

15. 陳世慶，〈星社〉，《台北文物》，第 4 卷 4 期，1956 年 2 月 1 日。

16. 陳奕麟，〈論東方人的東方論〉，《當代》，第 108 期，1995 年 4 月。

17. 張蒼松，〈真正的文人——懷念駱香林〉，《中國時報》，2001 年 2 月 19 日，22 版。

18. 張隆志，〈從「舊慣」到「民俗」：日本近代知識生產與殖民台灣的文化政治〉，《台灣文學研究集刊》，第 2 期，2006 年 11 月。

19. 黃師樵，〈聚奎吟社〉，《台北文物》，第 4 卷 4 期，1956 年 2 月。

20. 黃呈聰，〈於官選協議會中的質問要項和感想（二）〉，《台灣新民報》，第

346 號，1931 年 1 月 10 日。

21. 黃呈聰，〈應該著創設台灣特種的文化〉，《台灣民報》，第 3 卷 1 號，1925 年 1 月 1 日。

22. 黃俊傑，〈論東亞遺民儒者的兩個兩難式〉，《台灣東亞文明研究學刊》，第 3 卷 1 期，2006 年 6 月。

23. 黃美娥，〈日治時代台灣詩社林立的社會考察〉，《台灣風物》，第 47 卷 3 期，1997 年 9 月。

24. 廖漢臣，〈新舊文學之爭——台灣文壇一筆流水賬〉，《台北文物》，第 3 卷 2 期，1954 年 8 月。

25. 蔡采秀，〈從中體西用到西體中用〉，《思與言》，第 29 卷 1 期，1991 年 3 月。

26. 趙彥寧，〈國族想像的權力邏輯——試論五〇年代流亡主體、公領域、與現代性之間的可能關係〉，《台灣社會研究》季刊，第 36 期，1999 年 12 月。

27. 楊聰榮，〈從民族國家的模式看戰後台灣的中國化〉，《台灣文藝》，第 138 期，1993 年 8 月。

28. 楊聰榮，〈東方社會的東方論〉，《當代》，第 64 期，1991 年 8 月。

29. 賴麗娟，〈《海音詩》觀風問俗析論〉，《成大中文學報》，第 9 期，2001 年 9 月。

30. 劉紀蕙，〈文化研究的視覺系統〉，《中外文學》，第 30 卷 12 期，2002 年 5 月。

31. 顏崑陽，〈台灣當代「期待性知識分子」在高度資本化社會中的陷落與超越〉，《文訊》，第 253 期，2006 年 11 月。

32. 顏崑陽，〈哀大學〉，《聯合報》2003 年 3 月 28 日。

33. 簡榮聰，〈台灣省文獻委員會推動全面修志概述〉，《台灣文獻》第 46 卷 3 期，1995 年 4 月。

五、學位論文

1. 曾士榮，〈戰後台灣之文化重編與族群關係——兼以「台灣大學」為討論案例（1945～50）〉，台灣大學歷史所碩士論文，1994 年。

2. 陳艷紅，〈後藤新平在台灣殖民政策之研究〉，淡江大學日本研究所碩士論文，1986 年。

3. 黃雅鴻，〈他者之鄉：從空間霸權論述談 Karowa 原住民的流離與主體性〉，東華大學族群關係與文化研究所碩士論文，2003 年。

六、外文譯本

（一）專書譯本

1. 中村孝志著，吳密察，翁佳音譯，《荷蘭時代台灣史研究（上卷）：概說‧產業》，台北縣：稻香，1997 年。

2. 丹尼爾‧貝爾（Daniel Bell）著，趙一凡，蒲隆，任曉晉譯，《資本主義的文化矛盾》，台北：桂冠，1999 年。

3. 司馬遼太郎著，李金松譯，《台灣紀行》，台北：台灣東販，1995 年。

4. 矢內原忠雄著，周憲文譯。《日本帝國主義下之台灣》，台北：海峽學術，1999 年。

5. 布魯斯‧羅賓斯（Robbins,B.）著，王文斌等譯，《知識分子：美學、政治與學術》，南京：江蘇人民，2002 年。

6. 加斯東‧巴舍拉（Gaston Bachelard）著，龔卓軍，王靜慧譯，《空間詩學》，台北：張老師，2003 年。

7. 尼‧別爾嘉耶夫著，雷永生，邱守娟譯，《俄羅斯思想》，北京：生活‧讀書‧新知三聯書店，1995 年。

8. 弗‧茲納涅茨基（F. Znaniecki）著，郟斌祥譯，《知識人的社會角色》，南京：譯林，2000 年。

9. 卡爾‧博格斯（Carl Boggs）著，李俊，蔡海榕譯，《知識分子與現代性的危機》，南京：江蘇人民，2006 年。

10. 安東尼‧紀登斯（Anthony Giddens）著，趙旭東，方文譯，《現代性與自我認同》，台北縣：左岸文化，2005 年。

11. 安東尼‧紀登斯（Anthony Giddens）著，胡宗澤，趙力濤譯，《民族國家與暴力》，台北縣：左岸文化，2005 年。

12. 安東尼‧紀登斯（Anthony Giddens），克里斯多福‧皮爾森（Christopher P.）著，尹弘毅譯，《現代性：紀登斯訪談錄》，台北：聯經，2002 年。

13. 安東尼‧紀登斯（Anthony Giddens）著，簡惠美譯《資本主義與現代社會理論：馬克思‧涂爾幹‧韋伯》，台北：遠流，1994 年。

14. 列文森（Joseph R. Levenson）著，鄭大華、任菁譯，《儒教中國及其現代命運》，桂林：廣西師範，2009 年。

15. 艾愷著，王宗昱、冀建中譯，《最後的儒家——梁漱溟與中國現代化》，南京：江蘇人民，1996 年。

16. 艾森斯塔（S. N. Eisenstadt），嚴伯英、江勇振譯，《現代化：抗拒與變遷》，台北：黎明文化，1979 年。

17. 艾尼斯特‧葛爾納（Emest Gellner）著，李金梅、黃俊龍譯，《國族與國族主義》，台北：聯經，2001 年。

18. 艾德華·薩依德（Edward W. Said）著，單德興譯，《知識分子論》，台北：麥田，1997年。

19. 艾德華·薩依德（Edward W. Said）著，王志宏等譯，《東方主義》，台北縣：立緒文化事業，1999年。

20. 艾德華·薩依德（Edward W. Said）著，蔡源林譯，《文化與帝國主義·緒論》，台北縣：立緒，2001年。

21. 米歇爾·維諾克著，孫桂榮、王一峰譯，《法國知識分子的世紀·巴雷斯時代》，南京：江蘇教育，2006年。

22. 伊能嘉矩，未著翻譯者，《台灣文化志》，南投：台灣省文獻會，1991年。

23. 杜維明著，錢文忠，盛勤譯，《道學政：論儒家知識分子》，上海：上海人民，2000年。

24. 希爾斯（Edward Shils）著，傅鏗等譯，《知識分子與當權者》，台北：桂冠，2004年。

25. 吳濁流著，鍾肇政譯，《台灣連翹》，台北：南方叢書，1987年初版，1988年三版。

26. 貝爾納-亨利·雷威著，曼玲，張放譯，《自由的冒險歷程：法國知識分子歷史之我見》，北京：中央編譯社，2000年。

27. 法蘭克·富理迪（Frank Furedi）著，王晶，戴從容譯，《知識分子都到哪裡去了？》，台北：聯經，2006年。

28. 伯林（Isaiah Berilin）著，彭淮棟譯，《俄國思想家》，臺北：聯經，1987年。

29. 阿宏（Raymond Aron）著，蔡英文譯，《知識分子的鴉片》，台北：聯經，1990年。

30. 威廉·馮·洪堡特（Wilhelm von Humboldt）著，姚小平譯《論人類語言結構的差異及其對人類精神發展的影響》，北京：商務，1999年。

31. 若林正丈著，洪金珠，許佩賢譯，《台灣：分裂國家與民主化》，台北：月旦，1994年。

32. 約翰·柏格（John Beger）著，戴行鉞譯，《觀看之道》，桂林市：廣西師範大學，2005年。

33. 馬泰·卡林內斯庫（Matei Calinescu）著，顧愛彬、李瑞華譯，《現代性的五副面孔》，北京：商務，2002年。

34. 恩格爾等著，張明貴譯，《意識形態與現代政治》，台北：桂冠，1990年四版。

35. 理查德·A·波斯納（Richard A.Posnet），徐昕譯，《公共知識分子——衰落之研究》，北京：中國政法大學，2002年。

36. 曼海姆（Karl Mannheim）著，張明貴譯，《意識形態與烏托邦》，台北縣：桂冠，2005 年。

37. 凱斯‧詹京斯（Keith Jenkins）著，賈士蘅譯，《歷史的再思考》，台北：麥田，1996 年。

38. 黑格爾（G.W.F.Hegel）著，賀自昭譯，《法哲學原理》，新竹市：仰哲，1984 年。

39. 博格斯（Carl Boggs），李俊，蔡海榕譯，《知識分子與現代性的危機》，南京市：江蘇人民，2006 年。

40. 瑪克斯‧韋伯（Max Weber）著，簡惠美譯，《中國的宗教：儒教與道教》，台北：遠流，1989 年。

41. 瑪克斯‧韋伯（Max Weber）著，顧忠華譯《社會學的基本概念》，台北：遠流，1993 年。

42. 費孝通著，惠海鳴譯，《中國紳士》，北京：中國社科，2006 年。

43. 塞謬爾‧杭亭頓（Samuel P.Huntington）著，張岱云等譯，《變動社會的政治秩序》，台北：時報文化，1994 年。

44. 齊格蒙‧鮑曼（Zygmunt Bauman）著，洪濤譯，《立法者與闡釋者》，上海：上海人民，2000 年。

45. 賴澤涵，馬孟若，魏萼著，羅珞珈譯，《悲劇性的開端》，台北：時報文化，1993 年。

46. 羅蘭‧巴特（Roland Barthes）著，許綺玲譯，《明室》，台北市：台灣攝影工作室，1995 年第一版。

47. 羅素‧雅各比（Russell Jacoby）著，傅達德譯，《最後的知識分子》，台北縣：左岸文化，2009 年。

48. 諾伯舒茲（Christian Norberg-Schulz）著，施植明譯，《場所精神——邁向建築現象學》，台北市：田園城市文化，1997 年。

49. 劉進慶著，王宏仁、林繼文、李明峻譯，《台灣戰後經濟分析》，台北：人間，1995 年。

50. 劉易士‧科塞（Lewis Coser），《理念的人》，臺北：桂冠，1992 年。

51. 霍布斯邦（Eric J. Hobsbawm）著，李金梅譯，《民族與民族主義》，台北：麥田，1997 年。

52. 邁克爾‧伯恩斯（Michael Burns）著，鄭約宜譯，《法國與德雷福斯事件》，南京：江蘇教育，2006 年。

53. 蘇珊‧宋妲（Susan Sontag）著，黃翰荻譯，《論攝影》，台北市：唐山，1997 年。

54. Arthur Rothstein 著，李文吉譯，《紀實攝影》，台北市：遠流，2004 年二版。

55. Mike Crang 著，王志宏、余佳玲、方淑惠譯，《文化地理學》，台北市：巨流，2003 年。

56. Robert Wuthnow 等著，王宜燕，戴育賢譯，《文化分析》，台北：遠流，1994 年。

（二）單篇譯本

1. 皮爾埃斯特（Jan Nederveen Pieterse）＆巴雷克（Bhikhu Parekh），〈意象的轉移——「解殖」、「自內殖民」和「後殖民情狀」〉，收在許寶強，羅永生選編，《解殖與民族主義》，北京：中央編譯社，2004 年。

2. 米歇爾‧亨寧，〈作為客體的主體：攝影與人體〉，收在吳瓊、杜予編，《上帝的眼睛》，北京：中國人民大學，2005 年。

3. 艾蘭‧普瑞德（Allan Pred），〈結構歷程和地方——地方感和感覺結構的形成過程〉，收在夏鑄九、王志弘編譯，《空間的文化形式與社會理論讀本》，台北市：明文，1994 年。

4. 布迪厄，〈攝影的社會定義〉，收在羅崗、顧錚主編，《視覺文化讀本》，桂林市：廣西師範大學，2003 年。

5. 米歇爾‧亨廷，〈作為客體的主體：攝影與人體〉，收在吳瓊、杜予編，《上帝的眼睛》，北京：中國人民大學，2005 年。

6. 彼得‧L.伯杰，布麗吉特‧伯杰，漢斯弗萊德‧凱爾納，〈現代性及其不滿〉，收在汪民安，陳永國，張雲鵬主編，《現代性基本讀本》，開封：河南大學，2005 年。

7. 波特萊爾（Charles Baudelaire），〈現代公眾與攝影術〉，收在顧錚編譯，《西方攝影文論選》，杭州：浙江攝影，2003 年一版，2005 年二刷。

8. 周克勤，林宛瑩譯，〈戰後國民政府儒家思想：西學為體、中學為用？〉，收在黃俊傑，何寄澎主編，《台灣的文化發展》，台北：台灣大學，1999 年。

9. 馬克思，〈《政治經濟學批判》序言〉，收在中共中央馬克思恩格斯列寧斯大林著作編譯局編，《馬克思恩格斯選集》，北京：人民出版社，1995 年。

10. 保羅‧蘭度，〈視覺帝國：攝影與非洲的殖民治理〉，收在吳瓊、杜予編，《上帝的眼睛》，北京：中國人民大學，2005 年。

11. 海德格（Martin Heidegger），〈建‧居‧思〉，收在季鐵男編，《建築現象學導論》，台北市：桂冠圖書，1992 年。

12. 霍米‧巴巴（Homi K.Bhabha），〈他者的問題：刻板印象和殖民話語〉，收在羅鋼、顧錚主編，《視覺文化讀本》，桂林：廣西師範大學，2003 年。

七、日文專書

1. 田代安定，《台東殖民地豫察報文》，台北：台灣總督府民政部殖產課編

印，明治 33（1900）年，台北：成文出版社，1985 年 3 月複印本。

2. 台灣總督府編，《大東亞戰爭と台灣》，台北：台灣總督府，昭和 18（1943）年。

3. 台灣教育會編，《台灣教育沿革志》，台北：台灣教育會，1939 年。

4. 花蓮港廳編，《花蓮港廳勢》，大正四（1915）年，台北：成文出版社，1985 年 3 月複印本。

5. 宮地硬介，《台灣名所案內》，松浦屋印刷部，1935 年。